北京市教委人文社会科学研究项目
北京市重点学科北方工业大学思想政治教育学科专项资助
北方工业大学出版基金资助

老龄伦理研究

LAOLING　　LUNLI　　YANJIU

刘喜珍 著

中国社会科学出版社

图书在版编目（CIP）数据

老龄伦理研究/刘喜珍著 . —北京：中国社会科学出版社，2009.4

ISBN 978 - 7 - 5004 - 7669 - 6

Ⅰ. 老 ...　Ⅱ. 刘 ...　Ⅲ. 伦理学：老龄问题—研究Ⅳ. C913.6　B824

中国版本图书馆 CIP 数据核字（2009）第 031920 号

选题策划　卢小生　　（E - mail: georgelu@ vip. sina. com）
责任编辑　卢小生
责任校对　刘　娟
封面设计　杨　蕾
技术编辑　李　建

出版发行　中国社会科学出版社
社　　址　北京鼓楼西大街甲 158 号　　　　邮　编　100720
电　　话　010 - 84029450（邮购）
网　　址　http://www.csspw.cn
经　　销　新华书店
印　　刷　新魏印刷厂　　　　　　　　　装　订　丰华装订厂
版　　次　2009 年 4 月第 1 版　　　　　　印　次　2009 年 4 月第 1 次印刷
开　　本　710×1000　1/16　　　　　　　插　页　2
印　　张　16. 25　　　　　　　　　　　　印　数　1 - 6000 册
字　　数　265 千字
定　　价　35. 00 元

目　　录

序 ……………………………………………………………………… 1

导论 ……………………………………………………………………… 1

一、老龄伦理研究的现实依据与历史渊源 …………………… 2

　（一）老龄伦理研究的现实依据 …………………… 2

　（二）老龄伦理研究的历史渊源 …………………… 5

二、老龄伦理研究的现状与意义 …………………………… 10

　（一）社会学关于老龄问题研究的伦理视阈空缺 …… 10

　（二）老龄伦理研究的进展 ……………………… 12

　（三）老龄伦理研究的意义 ……………………… 15

三、研究方法与研究视角 …………………………………… 15

　（一）研究方法 …………………………………… 15

　（二）研究视角 …………………………………… 18

第一章　老龄伦理概述 …………………………………… 23

第一节　老龄问题的学科研究视阈 ……………………… 23

　一、老龄的划界 …………………………………… 23

　二、社会学意义上的老龄问题 …………………… 25

　三、伦理学视阈下的老龄问题 …………………… 26

第二节　老龄伦理的含义 ………………………………… 27

　一、道德与伦理 …………………………………… 27

　二、老龄道德与老龄伦理 ………………………… 29

第三节　老龄伦理提出的根据、主要内容及其基本特征 …… 31

　一、老龄伦理提出的根据 ………………………… 31

　　二、老龄伦理的主要内容 ……………………………… 34

　　三、老龄伦理的基本特征 ……………………………… 39

第二章　公正论：代际伦理 ……………………………… 54

　第一节　代际伦理的根本原则与代际关系的两个极端 ……… 54

　　一、代际公正：代际伦理的根本原则 ………………… 54

　　二、老龄霸权与老龄歧视 ……………………………… 57

　第二节　代际公正的基本理念 ………………………… 62

　　一、代际平等 …………………………………………… 62

　　二、代际互惠 …………………………………………… 66

　　三、代际补偿 …………………………………………… 68

　第三节　代际公正模式 ………………………………… 72

　　一、精算公正模式 ……………………………………… 72

　　二、非精算公正模式 …………………………………… 75

　第四节　代际公正的制度伦理建构 …………………… 79

　　一、制度的含义及其社会功能 ………………………… 79

　　二、代际公正的制度伦理设计 ………………………… 83

　　三、代际公正的制度伦理实施 ………………………… 86

　　四、"亲亲互隐"的道德"合法性"辩难 …………… 90

第三章　继替论：让贤伦理 ……………………………… 98

　第一节　让贤的伦理依据 ……………………………… 98

　　一、社会继替的伦理规则 ……………………………… 98

　　二、文化传承的代际机制 ……………………………… 101

　　三、一种新的老龄发展形式 …………………………… 102

　　四、让贤的历史源流 …………………………………… 105

　第二节　老龄道德资源的代际传承及其伦理效力 …… 110

　　一、老龄道德资源的内涵与形式 ……………………… 110

　　二、老龄道德资源的代际传承 ………………………… 114

　　三、老龄道德资源的伦理效力 ………………………… 118

第四章 厚生论：养老伦理 ……………………………………… 123

第一节 养老的伦理根基、原则及其目标 …………………… 123

一、养老伦理的社会生活依据 …………………………… 124

二、养老的伦理根基 ……………………………………… 128

三、养老的伦理原则 ……………………………………… 133

四、养老的伦理目标 ……………………………………… 141

第二节 养老伦理的时代差异 ………………………………… 145

一、特权、救济与权利、普惠：养老性质之差异 ……… 146

二、物质赡养与精神赡养：养老内容之差异 ………… 150

三、家庭养老与居家养老：养老形式之差异 ………… 152

四、多子养老与独子养老：责任分担之差异 ………… 159

第三节 中西方养老伦理差异及其趋同 …………………… 160

一、"反哺式"与"接力式"：代际财富流动模式的差异 ……… 160

二、家庭亲情回馈与"有距离的亲密"：情感回报模式的
差异 ……………………………………………………… 165

三、两种模式的趋同 ……………………………………… 172

第五章 偶合论：再婚伦理 ……………………………………… 175

第一节 老龄丧偶群体及其再婚的伦理价值 ……………… 175

一、老龄社会的老龄丧偶群体 ………………………… 175

二、老龄再婚的伦理价值 ……………………………… 177

第二节 老龄再婚现状、障碍及其社会伦理援助 ………… 180

一、老龄再婚现状 ……………………………………… 180

二、老龄再婚的三大障碍 ……………………………… 182

三、老龄再婚的社会伦理援助 ………………………… 185

第三节 代际婚姻与非婚同居的伦理分析 ………………… 185

一、代际婚姻的伦理规则 ……………………………… 186

二、非婚同居的风险 …………………………………… 188

第六章　善终论：丧葬伦理…………………………………… 192

　第一节　死亡焦虑及其消解………………………………… 192
　　一、死亡焦虑及其原因…………………………………… 193
　　二、死亡焦虑的消解……………………………………… 194
　第二节　临终需求与临终关怀的伦理原则………………… 207
　　一、临终关怀的含义、起源及其发展概况……………… 207
　　二、老龄人的临终需求…………………………………… 208
　　三、临终关怀的伦理原则………………………………… 210
　第三节　丧葬伦理论………………………………………… 219
　　一、传统丧葬制度的伦理根基及其伦理意涵…………… 219
　　二、丧葬现状及厚葬析因………………………………… 229
　　三、文明丧葬的伦理选择………………………………… 232

主要参考文献………………………………………………… 237

后记…………………………………………………………… 250

序

　　人生有童年、青年、壮年和老年，而不同的年龄会有不同年龄所面临的问题。社会亦如此。一种社会制度一经建立，便开始了它的从童年向青年、壮年和老年的发展历程。就像人到了垂暮之年会有死亡一样，一种社会制度到了老年时期便弊端丛生，不能再适应社会生产力的发展，无论人怎样努力也不能改变其走向灭亡的大趋势，最终必然会被一种新的社会制度所取代。像中国清朝末期的封建社会便是如此。这是政治学和历史观意义上的老年社会，伴随它的是社会革命。

　　本书的主题词"老龄社会"却不是在上述意义上谈的。如果从社会学的视角看一个社会中人口的年龄结构，当老龄人占到全部人口的一定比例时，这个社会就称之为老龄社会。在21世纪到来的时候，中国65岁以上的人口已经接近全国人口的7%，这也就意味着中国已经基本上步入了老龄社会。尽管老龄问题始终伴随着人类生活，但现代老龄社会中的老龄问题却有其不同的性质、内涵和类型。老龄社会的来临使老龄问题变得异常突出。目前超过1.4亿的老龄人的问题对于中国社会有着异乎寻常的意义。以此观之，老龄问题非常值得关注，尤其是从社会伦理视角研究老龄问题更具有理论意义和实践价值。

　　伦理学本来不是书斋里的学问。关注现实问题并为现实问题的解决找出一条合乎伦理的道路，可以说是伦理学的本有的特色和使命。从传统的研究视角看，老龄问题一直是社会学、人口学的重要研究对象，这方面的著作已有很多，而老龄问题的伦理学研究被这种厚重的底色所掩盖，造成了老龄问题的伦理研究视阈空缺。老龄问题不仅是一个社会学、人口学问题，而且与代际公正、代际伦理地位转换、养老伦理、再婚伦理、临终伦理关怀等问题密切相关，因此，它也是一个伦理学问题。随着我国老龄社会的到来，由于人口老龄化所带来的一系列相关的社会伦理及个体伦理问题日益凸显。刘喜珍博士抓住这一具有重大现实意义的社会伦理问题并聚焦于老龄伦理问题进行研究，充分反映了她所具有的关注现实的理论热情。这本《老龄伦理研究》就是刘喜珍博士在其博士论文基础上修改而成的，也是她自读硕士研究生以来，对老龄问题进行思考、研究的一个总结。

如何看待中国人口老龄化的社会影响？在社会学、人口学界有两种观点。一种观点认为，我国人口年龄结构从成年型人口转变为老年型人口，带来了一个为期40年的"人口机会窗口"，直到2030年左右才会关闭，目前正处于人口老龄化的"红利期"。另一种观点是"未富先老"论，它作为中国人口老龄化的重要特点而得到学界普遍认可。持这种观点者强调，人口老龄化对我国社会经济发展提出了严峻挑战，应对这种挑战成为中国社会发展的当务之急。发达国家在走向老龄社会的过程中，一般都经历过人口"红利期"。不能否认，目前我国正处于这样的一个"红利期"，然而这并不意味着人口年龄结构的老化不会带来一系列的社会问题。尽管"未富先老"论在学界还存在诸多争议，但其中所包含的忧患意识应当得到肯定。

《老龄伦理研究》正是立足于中国老龄社会的基本国情，以老龄阶段必然会经历的主要事件为线索，从代际公正、让贤伦理、养老伦理、再婚伦理、善终伦理诸方面依次进行探讨，系统地研究了老龄伦理问题，以解决我国老龄社会来临之际的社会矛盾，为应对人口老龄化挑战提供了有益的社会伦理参考，同时为老龄人幸福度过人生最后阶段设计了一些可操作的伦理方法。

论著围绕以老龄群体为核心的老龄人与其他群体及整个社会之间的伦理关系，以及实现该关系的公正调节、促进该关系协调发展，提出并论证了"老龄伦理"的概念及其相关观点。老龄人基本上可以视为社会的弱势群体，因为他们日益丧失着生存能力、丧失着希望和被不幸越来越频繁地光顾；老龄群体的弱势性更重要地体现为现代社会的老龄歧视。然而，在中国传统社会中，老龄人曾在其所处的不同群体中具有经济和日常事务管理方面的宰主地位，曾是传统伦理所尊崇的社会群体之一，即使在现代社会，他们也是从宰主的地位上下来的，因而享有一定的"霸权"。论著从批判老龄霸权与老龄歧视两种现象出发，从社会伦理关怀视角探寻代际公正的基本理念、模式及其制度伦理建构，提出代际平等、代际互惠、代际补偿是代际公正的基本理念；借用社会保障精算原理，建立并论证了精算公正与非精算公正两种模式；同时，从制度伦理设计与实施两个层面进行制度伦理建构。从老龄社会伦理关怀视角研究代际公正有别于以往的论著从社会公正的一般原则对代际关系的阐述。

作者认为，在老龄人与其他群体的人际关系的调节中，老龄群体并非总是处于一种被动的地位。道德延伸就是从老龄群体作为道德主体的视角看待代际伦理关系的调节问题。具体而言，它是指老龄人通过以生养心提高自身道德品性，并以让贤、传道、教化的方式实现余生价值的道德实践。让贤是对传统的老有所为的重新诠释。

论著对养老伦理问题进行了新的历史背景下的分析，指出了养老伦理在性质、内容、形式、责任分担方面所呈现出的时代差异。作者认为，中西方代际情感回报模式的差异主要体现为：西方是一种"有距离的亲密"模式，而我国则是直接的家庭亲情回馈模式。随着居家养老的发展，中国式的代际情感回报已主要不再是传统的家庭亲情回馈，而是逐渐与西方"有距离的亲密"模式趋同。

论著关于"再婚伦理"的创新性见解在于提出了代际婚姻的伦理规则，分析了老龄非婚同居的风险，为老龄丧偶群体走出阴霾，重塑爱情，并以健康、乐观的心态顺利实现由配偶角色到单身角色的转换提供了可操作的社会伦理方法。

随着我国进入老龄社会，如何对老龄临终者实施伦理关怀，使之安详地走向生命终点，成为医学、宗教学、伦理学、社会学等诸多学科共同关注的社会课题。论著结合相关社会调查，在概括分析老龄人口的临终需求的基础上，提出了老龄临终关怀的三个基本伦理原则。

刘喜珍博士的《老龄伦理研究》是一部有新意和独到见解的社会伦理学著作。尽管论著还有诸多方面有待完善，但在一定意义上说它填补了老龄问题的伦理研究空白，在社会伦理学研究领域具有一定的开拓性意义。

刘喜珍曾在我的指导下攻读博士学位，她对于学术研究的孜孜不倦，对于老龄人发自内心的尊重和关怀，都令我感到高兴和欣慰。在这部《老龄伦理研究》出版之际，她希望我能为此书作序。我发了上述感想，是为序。

焦国成

于中国人民大学宜园

2009 年元月

导　　论

　　老龄伦理研究是对中国老龄社会具体老龄问题的伦理探讨。每个人都是时间的移民，在时间的长河中迁移而达到生命的彼岸，这是个体生命运动的历程。人类绵延不断的世代交替构成社会的运动。一个国家、一个社会正是在个体生命的流逝与社会的世代接力中不断发展，并由年轻型逐步走向老龄型。人口结构的老龄化及其所引发的老龄问题就是个体老龄化与群体老龄化共同作用的结果。当今世界，人口老龄化已不只是发达国家独有的现象，老龄化浪潮已经从发达国家延伸至发展中国家，因此，它已成为一种全球性的社会现象，而且其对后者的影响大大超过前者。从人口年龄结构看，中国在 2000 年即已进入老龄社会[①]，"未富先老"给当代中国带来了种种挑战。如何应对？学者们从人口学、社会学、经济学等方面进行了深入探讨，提出了很多应对策略。然而，老龄问题不仅是一个社会学、人口学、经济学问题，而且与代际公正、让贤伦理、养老伦理、再婚伦理、善终伦理密切相关，因而也是一个伦理学问题。结合个体生命发展的时序，从一个全新的社会伦理视角对当代中国社会的主要老龄问题加以研究，为积极应对人口老龄化挑战提出有效的社会伦理方案，为老龄人幸福度过人生最后阶段设计一些可操作的伦理方法，是老龄伦理研究的宗旨。

---

　　① 《第五次全国人口普查数据公报》（第 1 号）显示，截至 2000 年 11 月 1 日，全国总人口为 129533 万人，其中 65 岁及以上的人口为 8811 万人，占总人口的 6.96%，表明我国已基本进入老龄社会。

一、老龄伦理研究的现实依据与历史渊源

目前，我国已经形成一个规模庞大的老龄群体，其数量还在不断增长。老龄群体的客观存在对社会经济与伦理关系产生了不可忽视的影响，这是老龄伦理研究的现实依据与出发点。我国传统伦理文化中尊老文化源远流长，为老龄伦理研究提供了丰富的历史资源。

（一）老龄伦理研究的现实依据

2005 年全国 1% 人口抽样调查主要数据显示，截至 2005 年 11 月 1 日零时，我国人口总数为 13.0628 亿人，其中 60 岁及以上人口为 14408 万人，占总人口的 11.03%；65 岁及以上人口为 10045 万人，占总人口的 7.69%。与第五次全国人口普查数据相比，60 岁及以上人口的比重上升了 0.76 个百分点（其中，65 岁及以上人口比重上升了 0.73 个百分点）。[①] 2007 年末，全国总人口为 132129 万人，其中 60 岁及以上的人口数为 15340 万人，占总人数的 11.6%；65 岁及以上的人口数为 10636 万人，占总人口数的 8.1%。[②] 可见，我国已经形成一个规模庞大的老龄群体，其数量呈现出逐年增加的趋势。

据联合国人口司 1950—2025 年按性别和年龄划分的人口估算和预算资料分析，中国老龄人口在世界各国老龄人口中绝对数量始终是最大的，并且在相当长的时期内，这种状况不会发生根本性变化。与老龄人口数位居世界第二的印度相比，中印两国老龄人口差数巨大，从 1975—2025 年间，中国老龄人口数量始终是或将是印度老龄人口数的两倍多。[③] 目前，我国老龄人口占世界老龄人口总数的 1/5—1/4。到 2050 年，中国将拥有世界近 24% 的老龄人，约 4.5 亿人，占亚洲老龄人口总数的 36%。那时，

---

① 中华人民共和国国家统计局：《2005 年全国 1% 人口抽样调查主要数据公报》，http://www.stats.gov.cn/tjgb/rkpcgb/qgrkpcgb/t20060316_402310923.htm。

② 《中华人民共和国 2007 年国民经济和社会发展统计公报》，http://news.xinhuanet.com/newscenter/2008-02/28/content_7687416_6.htm。

③ 李德滨：《老年社会学》，人民出版社 1988 年版，第 33 页。

世界上每四位老人中就有一位是中国的老人。① 这就决定了中国老龄人口在世界老龄人口行列中具有举足轻重的地位。

中国人口老龄化的主要特点是速度快。发达国家一般要用50—100年的时间完成从成年型结构到老龄型结构的转变，而我国仅花了20年时间。人口学家预测，我国65岁及以上的人口2010年为1.12亿人，2040年达到3.12亿人后仍将继续上升，这将使中国面临人口老龄化的严峻挑战。②

"未富先老"是中国老龄社会的基本国情。发达国家在进入老龄社会时，人均国民生产总值一般在5000—1万美元，目前平均达到2万美元左右。而我国进入老龄社会时，人均国民生产总值尚不足1000美元。③ 因此，我国人口老龄化对社会经济发展与伦理关系产生了一系列重要影响。

人口老龄化对社会经济产生的最显著影响之一是抚养比的变化。抚养比即抚养系数，是指一定人口中非劳动年龄人口数与劳动年龄人口数之比，它表明一定社会每百名劳动年龄人口要负担多少非劳动年龄人口，主要由老年赡养比和少儿抚养比两部分构成。在人口老龄化初期，生育率下降使少儿人口不断减少，少儿抚养比的下降幅度大于老年赡养比的增加幅度，人口总抚养比下降。当人口老龄化达到一定程度后，少儿抚养比趋于稳定，老年赡养比成为影响人口总抚养比变化的主要因素。人口年龄结构的变化势必引起我国人口抚养比的变化。1995年，世界人口老年赡养比为10.61%，中国为9.05%。2000年，世界人口老年赡养比为10.88%，中国为9.96%。据联合国人口报告预测，2020年、2040年和2050年世界人口老年赡养比分别为14.05%、22.15%、25.67%，而同期中国人口老年赡养比将分别达到16.57%、34.19%、36.99%，均高于世界平均水平。④ 与其他人口老龄化国家相比，我国跨入老龄社会的时间较短，目前正处于人口老龄化的"红利期"。但由于我国老龄人口基数大，赡养系数

① 《养老事业面面观》，《中国教育报》1999年10月14日。

② 《"未富先老"中国面临人口老龄化三大挑战》，http://news.xinhuanet.com/politics/2006 - 07/30/content_ 4895032. htm。

③ 《专家指出我国老龄化社会呈现5个突出特点》，http://news.xinhuanet.com/fortune/ 2006 - 07/16/content_ 4839022. htm。

④ 田雪原主编、肖振禹副主编：《人口·经济·社会可持续发展》，中国经济出版社2003年版，第241页。

及总供养系数在未来若干年内大幅度上升是必然趋势，这将加重社会的经济负担，对现有的社会养老保障体系提出严峻挑战。因此，政府相关部门以及全社会应高度关注养老问题，探索适合我国国情的养老模式。

我国人口老龄化与规模不断扩大的老龄群体的客观存在对社会伦理关系也产生了不可忽视的影响，主要体现在以下五个方面：

第一，代际伦理关系发生变革。代际公正是代际伦理的根本要求。传统社会的老龄霸权与现代社会的老龄歧视都是代际不公正的表现。消除老龄歧视，以代际平等、代际互惠、代际补偿为基本理念，从制度伦理设计与制度伦理实施两个方面进行制度伦理建构，是代际公正的重要内容。

第二，传统的老有所为观念受到挑战。让贤不仅是社会继替的伦理规则，也是文化传承的代际机制，还是一种新的老龄人生发展形式。因此，应以让贤对传统的老有所为进行重新诠释。

第三，养老伦理在性质、内容、形式、责任分担方面呈现出鲜明的时代差异。我国古代的社会养老体现为官僚阶层的"致仕"特权与对老龄贫困者的救济。当代的社会养老则是一种公民权利，具有普惠性。传统养老重在物质赡养；现代社会，精神赡养在老龄供养体系中日显重要。当前，老龄供养体系建设不仅在于完善社会养老保障制度，更要加强精神赡养的社会伦理网络建设。从家庭养老向社会养老过渡是经济发展的必然趋势，居家养老是我国养老改革的重要发展方向。传统家庭养老形成的是"多对一"的伦理关系与分散的赡养责任；"四二一人口结构"下的家庭养老形成的却是"一对多"的伦理关系与一肩独挑的赡养重任。中西方在代际财富流动与情感回报模式上的伦理差异启示我们：我国应借鉴西方发达国家较完备的社会化养老制度，探拓一种以社会养老保障为主要经济支持、以家庭亲情回馈为主导性精神赡养、以社会伦理关怀为道德辐射网的综合性老龄供养体系。

第四，对老龄再婚的影响。在婚姻自由、婚姻观念日益开放的今天，老龄再婚不再为人所嗤，然而，老龄再婚应有其伦理限度。社会要尊重并依法保护老龄人的再婚权利。老龄人自身须把握再婚的伦理规则，慎涉非婚同居之窠臼，以美好的黄昏之约牵手走过人生。

第五，关于善终问题。新中国成立以来，随着社会生产力的发展和人口身体素质的提高，中国人口人均预期寿命逐渐提高。但随着我国进入老龄社会，人口的粗死亡率也提高了，每年死亡的老龄人口绝对数逐渐增多。如何对老龄临终者实施伦理关怀，使之安详地走向生命的终点，成为医学、心理学、伦理学、社会学、宗教学等诸多学科共同关注的社会伦理课题。丧葬是死的延续，丧葬伦理是以往者之死启示来者之生。以孝道为伦理根基的传统丧葬制度对善终做了细致入微的诠释。而今，传统丧葬制度内蕴的孝道在一些地方已经发生畸变，形成了一股骇人的"白色消费"之风。以节葬取代厚葬是文明丧葬的伦理选择。

上述影响与变化为老龄伦理研究提供了充分的现实依据，这也是本书研究的立足点。

（二）老龄伦理研究的历史渊源

我国传统伦理思想中尊老文化源远流长，为老龄伦理研究提供了历史依据，也为本书从社会伦理之维探讨老龄伦理提供了丰富的思想资源和有益的伦理参考。

马克思曾说："人们的观念和思想是关于自己和关于人们的各种关系的观念和思想，是人们关于自身的意识，关于一般人们的意识（因为这不是仅仅单个人的意识，而是同整个社会联系着的单个人的意识），关于人们生活于其中的整个社会的意识。"① 尊老观念的形成与中国古代社会以农业为主的生产方式密切相关。我国古代是一个典型的农业社会，生产力水平极低，农业收成的好坏在很大程度上取决于自然条件和人们的生产经验，在一定意义上，社会是靠一代又一代人的生产经验、劳动技能的积累与传递而获得发展的。老龄人由于积累了丰富的生产经验和劳动技能，对文化传统和社会风俗也比较了解，因而成为生产经验、劳动技能的传播者，以及传统知识与社会文化的传递者。他们的记忆是群体财富必不可少的知识储存库，当他们能对知识的传播进行控制时，其权威地位是无可置疑的。②

我国古代以家庭为单位的自给自足的自然经济以及父权家长制进一步

---

① 《马克思恩格斯全集》第3卷，人民出版社1960年版，第199页。
② ［美］乔恩·亨德里克斯、戴维斯·亨德里克斯著，程越、过启渊、陈奋奇译：《金色晚年——老龄问题面面观》，上海译文出版社1992年版，第52页。

强化了尊老观念。乔恩·亨德里克斯和戴维斯·亨德里克斯分析了中国古代老龄人的地位，认为在农业社会中老龄人一般都受到较高的尊重，"就中国人来说，威望和声誉将随着年龄的增长而提高"①。古代统治者利用老龄人的德高望重，"养耆老以致孝"②，以孝道推行仁政，以实现家国一体的伦理政治目标。《礼记·祭义》云："先王之所以治天下者五：贵有德，贵贵，贵老，敬长，慈幼。此五者，先王之所以定天下也。""贵老"是先王用以平治天下的五大法宝之一。"昔者有虞氏贵德而尚齿，夏后氏贵爵而尚齿，殷人贵富而尚齿，周人贵亲而尚齿。虞、夏、殷、周，天下之盛王也，未有遗年者。年之贵乎天下久矣，次乎事亲也。是故朝廷同爵则尚齿。"③ 这些记载反映了中国传统社会对老龄人的敬重。

我国古代尊老伦理思想集中体现在"孝"文化中。在卜辞中，"孝"与"老"相同，金文亦如此。"孝"字上半部分为"老"，下半部分为"子"，意为"奉先思孝"④，以孝侍老。《礼记·祭义》云："七十杖于朝，君问则席。八十不俟朝，君问则就之。而弟达乎朝廷矣。行肩而不并，不错则随。见老者则车、徒辟。斑白者不以其任行乎道路，而弟达乎道路矣。居乡以齿，而老穷不遗，强不犯弱，众不暴寡，而弟达乎州巷矣。"老龄人是等级统治秩序的化身，"尚齿"不仅是对老龄人社会地位的肯定，也反映了其社会价值的伦理化。

顺亲是尊老的基本要求之一。《论语》载："孟懿子问孝，子曰：'无违。'"⑤ "无违"即无违于礼、无违于父母长辈之意。孔子曰："事父母，几谏，见志不从，又敬不违，劳而不怨。"⑥当父母的意见与己相异时，当微谏进善言于父母，见其有不从己谏之色，还当恭敬，不敢违父母意而遂己之谏。正如孟子所言："不得乎亲，不可以为人；不顺乎亲，不可以

---

① ［美］乔恩·亨德里克斯、戴维斯·亨德里克斯著，程越、过启渊、陈奋奇译：《金色晚年——老龄问题面面观》，上海译文出版社1992年版，第53页。

② 《礼记·王制》。

③ 《礼记·祭义》。

④ 《商书·太甲中》。

⑤ 《论语·为政》。

⑥ 《论语·里仁》。

为子。"① 顺从父母是孝亲的起码要求，顺亲为孝是我国古代儒家的基本主张。"子夏问孝，子曰：'色难。'"② 从字面上理解，"色难"意为承顺父母脸色乃为难，实际上，它要求人子亲顺父母，始终面露和悦之容。孝亲不仅是对自己的父母亲顺，还要对所有年长者敬顺。"以敬事长则顺，忠顺不失，以事其长。"③ "长幼顺，故上下治。"④

养老是尊老的基本要求之二，也是尊老的具体表达。曾子曰："孝有三：大孝尊亲，其次弗辱，其下能养。"⑤ 赡养父母是孝道的最低等次。人们常用"乌鸦有反哺之义、羔羊有跪乳之恩"喻示孝养之道。中国古代社会生产是以家庭为基本单位进行的，人的生、养、死、葬都在家庭内完成，由此家庭养老成为我国传统的养老形式。行养老之礼是古代统治者以国家礼制的形式教导民众养老敬长的重要方式。《礼记·王制》载："凡养老，有虞氏以燕礼，夏后氏以飨礼，殷人以食礼，周人修而兼用之。五十养于乡，六十养于国，七十养于学，达于诸侯。"这说明夏以前及夏商周都有养老礼制。汉唐以后，对于老弱贫病无依靠者，大都由乡里和宗族所设立的义仓、公产等予以救济，由乡耆和族长主持，其中就有养老的功能。《周礼·地官司徒·遗人》载："遗人掌邦之委积，以待施惠。乡里之委积，以恤民之艰阨；门关之委积，以养老孤。"这就是义仓的起源。唐代的福田院、宋代的养济院、明代的惠民药局、清代的普济堂等，其义务之一就是收养和周济老者。"养耆老以致孝"⑥ 是中国古代王朝以孝治国的一大特色。《新唐书》载："皇帝亲养三老五更于太学。"⑦ 《宋史》也有"养老于太学"⑧ 的记载。由此可见，养老是中华民族的传统美德。

敬老是尊老的基本要求之三。"子游问孝，子曰：'今之孝者，是谓能养。至于犬马，皆能有养；不敬，何以别乎？'"⑨ 古代以孝道为内核的

---

① 《孟子·离娄上》。
② 《论语·为政》。
③ 《孝经·士》。
④ 《孝经·感应》。
⑤ 《礼记·祭义》。
⑥ 《礼记·王制》。
⑦ 《新唐书》卷一十九《志第九·礼乐九》。
⑧ 《宋史》卷一百一十四《志第六十七·礼十七》。
⑨ 《论语·为政》。

尊老伦理不仅包含了对父母长辈的物质赡养，而且包括从内心敬重父母长辈；否则，只有"养"而无"敬"，与犬马之养又有何异?! 尊老敬长体现在日常生活的细微处。"有事，弟子服其劳；有酒食，先生馔。"① "父母之年，不可不知也。一则以喜，一则以惧。"② 孝子之事亲，养则致其乐，病则致其忧，忧乐之情深，则喜惧之情笃。"孝子如执玉，如奉盈，洞洞属属然，如弗胜，如将失之。严威、俨恪，非所以事亲也，成人之道也。"③ 即使在祭祀已故的父母、长辈时，子女也要心存敬意，手捧祭品就像手执宝玉和盛满汤水的器皿那样，生怕失落，即使成人，也不失孺子之心，不能在父母年长者面前扬显威严。周朝的"乡饮酒礼"是古代尊老的典型礼仪，以繁缛的礼制表达了对老龄人的敬重。"乡饮酒之礼，六十者坐，五十者立侍以听政役，所以名长也。六十者三豆，七十者四豆，八十者五豆，九十者六豆，所以明养老也。民知尊长养老，而后乃能入孝弟。民入孝弟，出尊长养老，而后成教，成教而后国可安也。君子之所谓孝者，非家至而日见之也，合诸乡射，教之乡饮酒之礼，而孝弟之行立矣。"④ 在乡饮酒礼上，60 岁以上者坐着，50 岁以下者站着以听候差遣。"豆"是古代的一种食器。60 岁者的席前放 3 个盛满食物的食器，70 岁者放 4 个，80 岁者放 5 个，90 岁者放 6 个。以此教导百姓敬长、养老，实现家和、民睦、国安。

乐老是尊老的基本要求之四。曾子曰："孝子之养老也，乐其心，不违其志，乐其耳目，安其寝处，以其饮食忠养之。"⑤ 敬而不能乐其心，老龄人只有一种被尊重感，并不能享受代际融和的陶然之乐。"孝子之有深爱者必有和气，有和气者必有愉色，有愉色者必有婉容。"⑥ 只有发自内心地敬爱父母长辈，才会面露和愉之容，此所谓"孝子无私乐，父母所忧忧之，父母所乐乐之"⑦。

---

① 《论语·为政》。
② 《论语·里仁》。
③ 《礼记·祭义》。
④ 《礼记·乡饮酒义》。
⑤ 《礼记·内则》。
⑥ 《礼记·祭义》。
⑦ 《大戴礼记·曾子事父母》。

　　惠老是尊老的基本要求之五。惠老就是给老龄人实惠或者给予其特殊的优待政策。如赐物，《册府元龟·帝王·养老》载："元狩元年四月，赦天下。赐民年九十以上，帛人二疋、絮三斤；八十以上，米人三石。元封元年，登封太山，还。诏行所巡至七十以上，帛人二疋。""成帝建始元年赐三老钱帛。鸿嘉元年二月赐天下高年帛。""晋惠帝永平元年五月，赐高年帛人三疋。""孝武太和五年六月赐孤老不能自存者，米人五斛。""唐高宗永徽六年十月立武氏为皇后，赦天下。年八十以上老人各赐粟二石、帛三段；百岁以上各赐粟五石、帛十段。"皇帝诏赐年高者帛、粟、酒、肉，且年龄越大受赐越多，汉以后成为各朝通例。年老者子女还可减免兵差徭役。《礼记·王制》载："凡三王养老皆引年。八十者，一子不从政；九十者，其家不从政；废疾非人不养者，一人不从政。""不从政"指不服徭役。"武帝建元元年二月赦天下民年八十复二等，九十复甲卒。"[1]"文成和平二年三月幸中山，至于邺，遂幸信都，舆驾所过皆亲封高年，问民疾苦。民年八十以上一子不从役。"[2]"太和元年十月诏七十以上一子不从役，又宴京邑耆老于太华殿赐以衣服。"[3]"顺治元年定，凡军民人等年七十以上者，免其丁夫杂差。"[4]历代帝王还多给年老者封官加爵。"十一年正月，车驾幸北都，诏太原府父老年八十以上赐物五段，板授上县令，赐绯妇人板授上县君；九十以上赐物七段，板授上州长史，赐绯妇人板授郡君；百岁以上赐物十段，板授上州刺史，赐紫妇人板授郡君夫人。"[5]明代实行优老典，"朝臣父母七十与诰敕，百姓八十给冠带"[6]。所赐官爵虽无实权，却体现了统治者对老龄人社会地位和社会价值的充分肯定，对他们是一种极大的精神鼓励。惠老还体现为对老龄人的减刑制。同是杀人，子杀父者要处死；而父杀子者，从轻处罚，仅杖责100或罚银15两，甚至可以不受任何处罚。惠老旨在通过"上老老而民兴孝"[7]，实

---

① 《册府元龟·帝王·养老》。
② 同上。
③ 同上。
④ 《清会典事例·礼部》。
⑤ 《册府元龟·帝王·养老》。
⑥ 《明史》卷一百七十六《列传第六十四》。
⑦ 《大学》。

现以孝治国的政治伦理目标。

当然我们也应看到，古代一些游牧民族，由于需要经常迁徙，年老体弱者被视为累赘，贱老也就不可避免。如匈奴族"壮者食肥美，老者饮食其余。贵壮健，贱老弱"①。乌桓族"随水草放牧，居无常处。……贵少而贱老……怒则杀父兄"②。

从我国古代社会发展的总体历程看，尊老是伦理文化的主流。在我国进入老龄社会之际，探索适合我国国情的老龄社会伦理关怀模式是一个十分紧迫的课题，古代尊老伦理文化值得我们批判地加以继承。

二、老龄伦理研究的现状与意义

（一）社会学关于老龄问题研究的伦理视阈空缺

在我国，关于老龄问题的研究是 20 世纪 60 年代初期从老年医学起步的，十年动乱使之中断。1986 年，中国老年学会成立，标志着我国老年学全方位研究的开端。1987 年，邬沧萍在《中国人民大学学报》发表"论老年学的形成、研究对象和科学性质"，推动了老年学的学科建设与发展，进一步促进了老龄问题的研究。1991 年，张纯元主编的《中国老年人口研究》出版；同年，田雪原主编的老年学系列研究著作《中国老年人口》、《中国老年经济》、《中国老年社会》出版；1999 年，邬沧萍主编的《社会老年学》出版。这一系列成果标志着我国老龄问题研究进入全面发展阶段。

随着我国跨入老龄社会，老龄问题日显突出，对老龄问题的研究也获得了新的发展机遇，并取得了丰硕的成果，但在研究视角、研究内容及研究方法上还存在某些不足，需要加以完善。

第一，从研究视角看，对老龄问题的研究主要是从社会学、人口学的角度进行的，伦理学研究被这种浓重的底色所掩盖。其实，老龄问题与代

---

① 《汉书》卷九十四上《匈奴传第六十四上》。
② 《后汉书》卷九十《乌桓鲜卑列传第八十》。

际公正、让贤伦理、养老伦理、再婚伦理、善终伦理密切相关，因此，它也是一个伦理学问题。在我国进入老龄社会之际，将老龄问题纳入伦理学视阈，构建老龄伦理体系，提出解决或缓解我国老龄问题的相关伦理原则与行为规范，为老龄人幸福度过人生最后阶段设计若干社会伦理方法，不仅是应对人口老龄化挑战的战略决策与理论选择，也是伦理学研究者义不容辞的历史使命。

第二，从研究内容看，以往侧重于老龄人口问题、老龄经济问题的研究，而老龄伦理问题的研究还很薄弱。老龄问题的内涵极其丰富，主要包括老龄人口状况、人口老龄化的社会影响、代际关系、老龄价值与老龄发展、老龄供养、老龄再婚以及善终等问题。这些方面已取得大量研究成果，但仍然主要是属于社会学经济学或人口学领域的，需要从伦理学视角加以探讨，并进一步拓展研究论阈。①"老龄人口状况"包括生理状况、心理状况与经济状况，缺少老龄伦理状况分析。②"人口老龄化的社会影响"侧重于经济影响，而没有凸显人口老龄化的社会伦理影响。③近年来，学界对社会公正问题关注较多，而如何结合老龄问题从制度伦理角度诠释代际公正，显得较为薄弱。④老有所为是传统的老龄价值观与发展观。让贤是一种高尚的老龄品德，是实现老龄人生价值的道德实践活动，也是一种新的老龄发展形式。因此，应以让贤对传统的老有所为进行重新诠释。⑤老龄供养研究侧重于物质保障，这是由传统养老的经济属性所决定的。与传统养老伦理相比，当代养老伦理在性质、内容、形式、责任分担方面发生了很大变化，因此，研究的重心也要随之转移。首先，要突出精神赡养，构建精神赡养的社会伦理网络。其次要从老龄人对家的情感需求及其多种服务需要出发，探索适合我国国情的居家养老模式。再次，针对"四二一人口结构"下一人独挑的养老重任与多种伦理关系，探讨解决养老问题的最佳社会伦理方案。最后，通过比较中西方养老伦理之差异，探索一种以社会养老保障为主要经济支持、以家庭亲情回馈为主导性精神赡养、以社会伦理关怀为道德辐射网的综合性老龄供养体系。⑥关于老龄再婚的现状、障碍及其调适，已有很多研究成果。代际婚姻的伦理规则与老龄非婚同居的风险，应成为社会伦理学的新课题。⑦善终问题。临终关怀与安乐死是以往研究的重点，但没有突出老龄人的临终需求及其临终关怀的伦理原则，丧葬伦理也往往被忽视。因此，需要结合老龄人的临终需求确立临终关怀的伦理原则。同时，从人生时序衍生死丧伦理，不仅是对死亡哲学的补充，也是以往者之死启示来者之生。

第三，从研究方法看，一般学者主要是从社会学、人口学或经济学出发，对老龄问题进行单向分析，缺乏多学科交叉研究。杜鹏、邬沧萍在《跨学科交叉研究与 21 世纪老年学的发展》一文中指出，跨学科交叉研究是老年学发展的必然方向，是 21 世纪老年学理论创新、科学创新的必由之路，"老年学研究人类个体和群体老龄化的现象和过程，既需要生物学方面的研究，也需要社会科学和哲学、人文科学方面的研究，所以老年学是跨学科的研究。""全面或深入研究年龄、增龄和老龄化现象与过程时，人口学、经济学、社会学、法学、教育学甚至哲学的科学知识都是不可或缺的，需要进行综合性的研究，所以社会老年学具有交叉学科的性质。"[1] 本书以伦理学研究为基础，主要结合社会学、法学对当前我国老龄社会中主要的老龄伦理问题加以探讨，应归入应用伦理学中的社会伦理学。

（二）老龄伦理研究的进展

老龄伦理研究已经起步，主要集中在老龄伦理问题、代际伦理、老龄道德、孝文化、老龄再婚、临终关怀等方面，这些方面取得了不同的研究成果，概述如下。

第一，老龄伦理问题。重庆师范大学吴涯的硕士论文《中国老年伦理问题研究》论述了中国老年伦理问题研究的重要性和紧迫性、历史渊源与历史依据、理论支撑与理论借鉴、主要内容与基本原则，以及中国老年伦理问题的表现、原因与对策。这是我国老年伦理问题研究的有益尝试，其中不乏独见。但文章尚未构建老龄伦理体系。文章将老年价值、老年生死、老年代际、老年婚姻、老年休闲作为中国老年伦理问题研究的主要内容，这是一种罗列式概括，缺乏内在逻辑主线将其有机串联起来。同时，老龄问题的某些重要方面没有包含在内。关于中国老年伦理问题的对策，侧重于宏观分析，而没有针对具体的老龄问题提出相应的社会伦理解

---

[1]　杜鹏、邬沧萍：《跨学科交叉研究与21世纪老年学的发展》，《中国人民大学学报》2001年第 3 期。

决方法。文敏认为，我国老年伦理问题研究的主要内容是老年社会价值与老年代际伦理；我国老年伦理问题研究要遵循健康、尊严、主体性、自立互助、家庭赡养等伦理原则。① 按照人生发展的时序，老龄伦理研究的具体内容可以进一步拓展。老年伦理研究的原则还应突出社会伦理关怀的原则。

邱仁宗教授提出应对社会老龄化应考虑的四个伦理问题：老龄人是否应该有获得支持的权利和自我支持的义务？老龄人是否应该参与有关老龄决策及其实施的活动？是否应反对老龄歧视？是否应该调整退休政策与控制生育政策？② 它们分别是老龄人的社会支持与自我支持、老龄参与、老龄歧视、退休政策问题，概括性较强，尤其是第一个方面。为了使老龄伦理研究更具有针对性，提高相关伦理原则与具体社会伦理方法的现实操作性，应从我国老龄社会的实际情况出发，将老龄问题进一步明确化。本书采用横向分析与纵向透视两维视角，重点对代际公正、让贤伦理、养老伦理、再婚伦理、善终伦理加以探讨。

第二，代际伦理。代际公正是代际伦理的根本要求，也是社会公正的重要内容。老龄问题涵涉范围非常广泛，内容也极其复杂，然而其伦理本质就是代际公正。美国著名伦理学家约翰·罗尔斯在其巨著《正义论》中阐述了作为公平的正义、正义的原则以及代际的正义问题。廖小平在《伦理的代际之维》中系统地论述了代际伦理的本质、主要特征、基本原则，以及家庭代际伦理、可持续发展的代际伦理支持与代际公平、现代科技与代际伦理、全球化背景下的代际伦理等问题。吴忠民在《社会公正论》一书中提出了代际公正的基本理念依据，指出要公正对待中国现阶段的老年人。上述研究侧重于从代际关系的一般原则说明代际公正，而从老龄社会伦理关怀视角探寻代际公正的基本理念、模式及其制度伦理建构，是代际公正研究的薄弱点。本书将对此加以探讨，以期对代际公正研究有所补益。

---

① 文敏：《我国老年伦理问题探析》，《南京国际生命伦理学论坛暨老年生命伦理与科学会议文集》Vol. I，东南大学 2007 年 11 月印刷，第 317—321 页。
② 邱仁宗：《人口老龄化的伦理问题及安乐死问题的探讨和建议》，见陈可冀主编《老龄化中国：问题与对策》，中国协和医科大学出版社 2002 年版，第 65—74 页。

第三，老龄道德。曾钊新在纵论时年道德时指出，老年道德是"以戒得和传帮为中心内容的准则要求"[1]。"戒得"、"传帮"以让贤为前提，让贤是一种高尚的老龄品德，是一种新的老龄发展观。因此，让贤伦理应成为老龄伦理的重要组成部分。

第四，孝文化。中国传统伦理文化中的孝道思想是老龄伦理研究的历史依据，也是老龄伦理的根基。肖群忠所著《孝与中国文化》是孝文化研究的力作，它对孝之起源与演变、孝之文化综合意义、孝道与孝行、孝的历史反思与当代价值进行了系统论述。宁业高等著《中国孝文化漫谈》阐述了孝意识形态，对古今孝崇尚、孝风俗进行了分类，并对中外孝文化进行了鉴评。高成鸢著《中华尊老文化探究》、骆承烈编《中国古代孝道资料选编》也是孝道研究的重要成果。它们与其他孝道研究著作及论文都将为本书的研究提供有益参考。

第五，老龄再婚。代际婚姻与老龄非婚同居是近年来婚姻市场的"时尚"，引起了较大的社会争议，焦点在于代际婚姻是否应该遵循一定的"游戏规则"？非婚同居利弊如何？代际婚姻的伦理规则与非婚同居的风险是老龄再婚伦理的新课题。

第六，临终关怀。主要著作有崔以泰、甘兰君主编的《临终关怀学：生命临终阶段之管理》，崔以泰、黄天中著的《临终关怀学 理论与实践》，陈蕃、李伟长主编的《临终关怀与安乐死曙光》等。此外，王平、李海燕著的《死亡与医学伦理》，郑晓江、钮则诚主编的《解读生死》，郑晓江著的《穿透死亡》、易大章著的《优死论》、陈天伦著的《人的优逝》等对临终关怀也有相关论述。本书将重点围绕老龄人的临终需求探讨老龄临终关怀的伦理原则。

此外，老龄生存质量[2]问题也是老龄伦理研究的重要内容，它不仅关涉老龄人的基本物质生活需要，还与精神赡养、再婚、"优死"等问题密切相关，是一个综合性的老龄伦理问题。本书没有将这一问题单列，因为

---

① 曾钊新：《道德与心理》，湖北教育出版社 1989 年版，第 221 页。

② 周琛认为，老龄生存质量问题主要与医疗、养老保障及老龄抚养相关，我国目前需要解决的问题是"将老龄抚养及护理从家庭道德中解脱出来，向社会转换，确立养老金、医疗、老龄抚养及护理的完整体系"，丹麦在解决老龄生存质量问题上的成功经验为我国提供了借鉴（参见周琛：《老龄生存质量与个体道德、社会伦理的历史统一》，《道德与文明》2008 年第 3 期）。

其相关内容包含在代际伦理、养老伦理、再婚伦理以及死丧伦理之中。

综上所述，我国老龄伦理研究目前尚处在初始阶段，还没有形成完整的老龄伦理研究体系，所涉具体问题也有待进一步深化，并需要从社会伦理视角拓展老龄伦理的研究论阈。

（三）老龄伦理研究的意义

老龄问题不仅是一个社会学人口学问题，而且与代际公正、让贤伦理、养老伦理、再婚伦理、死丧伦理密切相关，因此，它也是一个伦理学问题。我国已进入老龄社会，从伦理学视角对当前我国现实的老龄问题做一较为全面、系统的研究，为老龄人幸福度过人生最后阶段设计若干社会伦理方法，具有重要的理论意义和应用价值。

其理论意义在于：第一，将老龄问题纳入伦理学视阈，构建老龄伦理体系，拓展了伦理学的研究论阈，是社会伦理学研究的一次新尝试，对应用伦理学的发展将起到一定的推动作用。第二，为制定和实施老龄相关法律、法规与社会政策，积极应对人口老龄化挑战，提供若干社会伦理参考。

其应用价值体现在：第一，为解决或缓解当代中国的具体老龄问题，加快推进以改善民生为重点的社会建设，提出相关伦理原则与道德规范。第二，为提高老龄人口生活质量，实现健康老龄化，并完满地走向生命的彼岸，设计一些可操作的社会伦理方法。第三，对实现代际公正、构建和谐代际伦理关系、推进社会主义和谐社会建设具有积极的现实意义。

三、研究方法与研究视角

（一）研究方法

1. 唯物史观方法

唯物史观方法是社会科学采用的基本研究方法，具体包括历史分析方法、阶级分析方法以及理论联系实际的方法。① 它也是伦理学的基本研究

---

① 罗国杰主编：《伦理学》，人民出版社1989年版，第12—15页。

方法，本书综合运用了上述三种方法。

首先，老龄伦理研究立足于我国老龄社会的基本国情。代际伦理的根本原则、代际公正的基本理念、代际公正模式及其制度伦理建构，让贤伦理，养老的伦理根基、原则及其价值目标，养老伦理的时代差异、中西方代际财富流动模式与情感回报模式的差异及其趋同，文明丧葬的伦理选择等，从根本上都是由"未富先老"的国情所决定的。这些方面的制度伦理建构对我国社会经济发展又起到积极的促进作用。

其次，老龄伦理研究以社会主义人道主义为价值依据，以社会伦理关怀为理论平台，以道德延伸与道德辐射为基点，对中国老龄社会具体老龄问题进行纵横两向伦理分析。道德延伸是以让贤为主要内容的老龄道德实践，其基本要求是传帮、教化、启德，体现的是老龄一代对年轻一代的伦理关爱。道德辐射是从社会主义人道主义出发，整个社会给予老龄人的伦理关怀，具体表现在以下几个方面：第一，以代际平等、代际互惠、代际补偿为基本理念，从制度伦理设计与制度伦理实施两个方面进行制度伦理建构，实现代际公正。这是老龄伦理的根本要求，也是老龄社会伦理关怀的价值目标。第二，正确认识老龄人的社会价值，为让贤及老龄道德资源的代际传承创造条件。第三，厚养老人，使之安享晚年。这是社会伦理关怀的核心内容。具体而言，它包括如下五个要点：一是以孝道为伦理根基，以厚生为民、扶弱济困、物情两养为基本伦理原则，通过社会互济实现社会公正；二是保障老龄人的基本物质生活需要，并将精神赡养作为老龄供养社会伦理工程建设的重要组成部分，不断提高老龄人口生活质量；三是从老龄人对家的情感需求与多种服务需要出发，探索适合我国国情的居家养老模式；四是从传统的多子养老到当代独子养老的变化，探索"四二一人口结构"下社会与家庭双向互动的养老伦理模式；五是借鉴西方发达国家较完备的社会化养老制度，探拓一种以社会养老保障为主要经济支持、以家庭亲情回馈为主导性精神赡养、以社会伦理关怀为道德辐射网的综合性老龄供养体系。第四，尊重并依法保护老龄人的再婚权及其他相关权益，并给予社会伦理援助。第五，消解死亡焦虑，提高生死品质，并从老龄人的临终需求出发，给予其临终伦理关怀，使之安然地走向生命的终点，这是实现个体善终的关键。以节葬取代厚葬是文明丧葬的伦理选择。

道德是为阶级利益服务的。普列汉诺夫曾说："共同的利益是道德的尺度和基础。……人民的幸福是最高的准则。"① 道德是公益的产物，道德的进步要以代际公正的实现、社会利益关系的和谐发展为价值指归。促进老龄群体与其他群体及整个社会之间利益关系协调发展，使道德延伸与道德辐射良性循环，不仅是一般公民的道德责任，更是社会主义国家民本政府的重要职能。

最后，运用伦理学基本原理，对当前我国老龄伦理现状进行分析，并提出解决老龄问题的相关伦理原则、方案及其道德规范，是本书的主要研究方法。例如，代际间平等、互惠、补偿的理念，就是针对当前我国收入分配的代际倾斜、抚幼与反哺的不对称，尤其是社会财富代际流动的不平衡提出来的。通过对传统养老伦理与当代养老伦理的比较分析，论述当代精神赡养的多样化特征；提出居家养老是我国养老改革的重要方向；从"四二一人口结构"下的伦理关系出发，探讨解决其养老问题的社会伦理对策。根据老龄再婚现状及其障碍，提出老龄再婚的社会伦理援助途径；根据代际婚姻的特点，阐述其伦理规则。通过剖析丧葬现状及厚葬原因，指出节葬是文明丧葬的伦理选择。

2. 多学科交叉研究法

本书以伦理学研究为基础，主要结合社会学、法学进行多学科交叉研究。老龄问题是社会学、人口学的重要研究内容，同时，它也与代际公正、让贤伦理、养老伦理、再婚伦理、死丧伦理密切相关，因此，它也是一个复杂的伦理学问题。老龄伦理研究是对中国老龄社会具体老龄问题的伦理探讨，应归入社会伦理学。

随着我国进入老龄社会，老龄问题日益凸显，老龄伦理研究将成为应用伦理学必不可少的组成部分。本书作者不仅运用伦理学基本原理分析现实的老龄问题，也从社会学、法学、心理学、宗教学等诸多学科获取相关理论支持，以期更为全面、科学地提出应对我国老龄问题的相关伦理原则、规程及其具体道德规范。

3. 社会调查资料分析

本书结合相关社会调查资料，对我国老龄社会的具体老龄问题进行了

---

① 《普列汉诺夫哲学著作选集》第二卷，生活·读书·新知三联书店1961年版，第92页。

系统的伦理分析。主要调查资料有"男性离退休后的时间分配"（见表4.1）、"女性离退休后的时间分配"（见表4.2）、"中国老年人主要生活来源构成"（见表4.3）、"老龄人对再婚的态度"（见表5.1）、"面临死亡最关心的事情是什么"（见表6.1）等。由于人力、财力与时间所限，所采用的社会调查数据均为第二手资料。

（二）研究视角

老龄伦理研究是多维度的，个体伦理之维与社会伦理之维是两个横向视角，老龄阶段的具体伦理问题分析则是纵向透视。

1. 横向视角

人类老龄化分为个体老龄化与群体老龄化两种形式，老龄问题是两种老龄化共同作用的结果。老龄伦理研究以我国人口老龄化背景下的老龄问题为对象，以老龄群体与其他年龄群体以及整个社会之间的道德互动关系为内容，探究实现三者利益关系良性互动、协调发展的伦理原则、规程及其行为规范是本书的研究目标。因此，老龄伦理研究既要从个体老龄化的微观层面进行，也要从群体老龄化的宏观层面加以考察。

个体老龄化是指随着年龄的增长，个体在生理、心理及社会行为等方面经由少儿阶段的发展积累期到青年阶段的发展变化期，再到中年阶段的稳定发展期，并逐渐过渡到中年后阶段及老龄初期的发展衰退期，直至老龄末期发展停止的过程，它包括个体生理老化、心理老化和社会老龄化。人类个体老龄化从出生之日起就开始了，它贯穿于人生各个阶段，一个人从婴幼儿、少年、青年到中年直至老年的生命历程就是个体老龄化的过程。

由个体老龄化产生的老龄问题首先是生理性的和心理性的，如身体衰老、认知变化、心理紊乱、疾病纠缠以及死亡焦虑等。适应身体衰老及随之而来的认知变化，调整晚年的心理紊乱，实现健康老龄化，正确认识死亡并做好死的准备，是个体老龄期的主要任务。当然，对个体生理老化和心理老化的认知与调适，不仅事关老龄人自身，也是社会的责任。比如，衰老和疾病与老龄人的日常照料与护理、医疗资源分配、安乐死的伦理抉择、临终关怀等问题密切相关。丧偶的调适不仅取决于老龄人的婚姻价值追求，也有赖于家人、社会对老龄再婚的态度。老龄伦理研究正是从个体生理老化与心理老化的自然规律出发，探寻老龄个体与社会良性互动的伦理模式及其具体方法。

"社会学上的衰老"指个体社会老龄化。个体社会老龄化建立在生理老化与心理老化的基础上，是个体老龄化的集中表现，也是个体老龄化伦理研究的基点。具体来说，它是指"个体进入老年期以后，个体与社会互动关系的弱化或者是指个体与社会主导领域的脱离"①。美国社会学家N. R. 霍曼、H. A. 基亚克认为："社会学上的衰老是指一个人在社会结构——家庭和朋友、工作领域以及在诸如宗教团体和政治团体等组织中的角色和关系发生了变化。当人们按年月计算，在生物学、心理学上都衰老时，他们的社会角色和社会关系也会改变。"② 退出社会劳动领域是个体社会老龄化的最终表现形式，由此带来的一系列社会角色转换将不可避免地引起老龄人的心灵震荡。如何对老龄阶段角色转换带来的不适进行相应的心理调适，成为个体社会老龄化伦理研究的重要内容。

从上可见，个体老龄化伦理研究已超出个体老化本身，正如丽莎·斯冈茨尼所言："衰老过程的含义远比达到一定的自然年龄或由此遭受的一定的生理变化来得丰富，它有一种社会含义，并且正是这种社会含义才是最具决定性的。"③ 突破个体老龄化的自然生理阈限，赋予其全新的社会伦理视角，全面揭示个体老龄化的社会伦理本质，并提出应对个体老龄化的社会伦理方法，是个体老龄化伦理研究的目标。

立足于我国老龄社会的具体国情，从人类群体老龄化即人口老龄化的角度研究老龄伦理是本书的主要研究维度。

健康的老龄社会是社会结构合理、社会功能良性运行、代际伦理关系和谐发展的社会。老龄伦理与代际公正、社会可持续发展密切相关。"对老龄问题和年长者的政策是与整个社会都密切有关的重要问题，而不仅仅

---

① 邬沧萍主编，杜鹏、姚远、姜向群副主编：《社会老年学》，中国人民大学出版社1999年版，第100页。

② ［美］N. R. 霍曼、H. A. 基亚克著，冯韵文、屠敏珠译：《社会老年学——多学科展望》，社会科学文献出版社1992年版，第3页。

③ ［美］丽莎·斯冈茨尼著，潘建国等译：《角色变迁中的男性与女性》，浙江人民出版社1988年版，第575页。

是照顾少数弱者的问题。因此，需要采取全面的预防政策。"① 健康、和谐、可持续发展是老龄化中国的发展目标，对老龄群体的社会伦理关怀是和谐社会系统工程建设的重要组成部分。《中华人民共和国国民经济和社会发展第十一个五年规划纲要》第十篇第三十八章将"积极应对人口老龄化"列为推进社会主义和谐社会建设的一项重要内容，指出："弘扬敬老风尚，营造老有所养、老有所乐、老有所为的社会氛围。积极发展老龄产业，增强全社会的养老服务功能，提高老年人生活质量，保障老年人权益。实施爱心护理工程，加强养老服务、医疗救助、家庭病床等面向老年人的服务设施建设"，从宏观社会伦理视角为老龄伦理研究指明了方向。党的十七大报告指出："社会建设与人民幸福安康息息相关。必须在经济发展的基础上，更加注重社会建设，着力保障和改善民生……促进社会公平正义，努力使全体人民学有所教、劳有所得、病有所医、老有所养、住有所居，推动建设和谐社会。"② 对老龄人实施全面的社会伦理关怀首先是要保障其基本生活需要，实现老有所养、病有所医，在此基础上不断提高其生活质量，这是加快推进以改善民生为重点的社会建设的重要方面。

从社会伦理之维研究老龄伦理，目的是在揭示人口老龄化的社会伦理影响的基础上，针对我国现实的老龄问题——主要是代际公正问题、养老问题、社会继替与让贤问题、老龄再婚问题、善终问题，提出应对的相关伦理原则与道德规范，为制定老龄相关法律、法规与社会政策提供一定的社会伦理参考，并为老龄人幸福度过人生最后阶段设计若干具体的社会伦理操作方法。

2. 纵向透视

人生分为不同的阶段，每个阶段所处的伦理关系、面对的社会伦理问题及其具体行为要求都不相同，有学者据此提出了"时年道德"的概念③，从纵向视角阐释了人生不同阶段的主体道德及其特征。

中国台湾学者韦政通先生认为："儿童期以被爱为主，青年与中年期

① 全国老龄工作委员会办公室、中国老龄协会编：《第二次老龄问题世界大会暨亚太地区后续行动会议文件选编》，华龄出版社 2003 年版，第 321 页。

② 胡锦涛：《高举中国特色社会主义伟大旗帜 为夺取全面建设小康社会新胜利而奋斗——在中国共产党第十七次全国代表大会上的报告》，人民出版社 2007 年版，第 37 页。

③ 曾钊新：《道德与心理》，湖北教育出版社 1989 年版，第 212—228 页。

能爱与被爱同样重要，老年期则以能爱为主。"① 他从"爱"的角度论述了人生不同阶段的道德要求。

美国社会学家科尔伯格根据道德发展水平将人生分为六个道德阶段：第一，他律阶段。其主要特点是：坚持自我中心观点，不考虑他人利益或它们与行为者利益之间的区别；对规则的服从是为了避免破坏规则而受惩罚。第二，个人主义、工具性的目的和交易阶段。主要特点是：遵守会给人即时利益的规则，行动是为满足自己的利益和需要，并在满足自己利益或需要的情况下，承认别人也有自己的利益。第三，相互性的人际期望、人际关系与人际协调阶段。其特点是：遵从亲人的期望或一般人对作为儿子、兄弟、朋友等角色的期望；意识到共享的情感、协议和期望高于其个人的利益，设身处地考虑问题，但仍不能考虑普遍化的制度观点。第四，社会制度和良心阶段。主要特点是：履行个人所承诺的义务，严格守法；把社会观点与人际之间的协议、动机区分开来；采纳制度观点，并据以指定角色和规则；依据制度来考虑个人之间的关系。第五，社会契约和个人权利阶段。其主要特点是：认为个人有义务遵守法律，意识到人人都有不同的价值观，而大多数价值和规则都相对于所属的团体，只有公平的规则才应该遵守；通过协商、契约、客观公平的机制及正当的过程来整合各种观点。第六，普遍的伦理原则阶段。其主要特点是：遵守自己选择的伦理法则。特定的法律和社会协议之所以通常是有效的，是因为它们建立在这种伦理法则之上。理性个体相信普遍的道德原则的有效性，且立志为之献身。第一、二阶段属于前习俗水平阶段即他律阶段。第三、四阶段为习俗水平阶段，即由他律向自律过渡的阶段。第五、六阶段为后习俗水平阶段，即完全自律或道德自由阶段。② 从一般情况看，老龄道德发展应属于后习俗水平阶段。

以上学者从个体道德发展的角度阐述了人生不同阶段的主体道德准则及其特征。老龄伦理研究不仅要根据个体道德发展的时序与规律提出老龄道德，而且要从社会伦理之维探讨促进老龄群体与其他群体以及整个社会

---

① 韦政通：《伦理思想的突破》，中国人民大学出版社 2005 年版，第 85 页。

② ［美］L. 科尔伯格著，郭本禹等译：《道德发展心理学 道德阶段的本质与确证》，华东师范大学出版社 2004 年版，第 165—167 页。

之间利益关系协调发展的伦理原则与行为规范。因此，纵向透视就是从老龄道德发展和老龄阶段所处的社会伦理关系及其良性循环的多重视角对老龄阶段的主要伦理问题进行综合分析。

老龄期可分为低龄、中龄和高龄三个阶段，不同年龄段的老龄人所面对的伦理问题存在较大差异。一般情况下，代际公正、让贤、养老、再婚以及善终是绝大多数老龄人要面对的共同问题。老龄伦理的基石是代际公正，确立代际公正的基本理念、模式，并从制度伦理设计与制度伦理实施两个层面进行制度伦理建构，是老龄伦理研究的重要内容。让贤是社会公正在世代继替问题上的反映，是老龄道德的集中体现，也是一种新的老龄人生发展形式。我国进入老龄社会以后，养老问题变得日益尖锐，养老伦理构成老龄伦理体系的重要组成部分。随着我国进入老龄社会，每年丧偶的老龄人数逐渐增加，老龄再婚已是不可回避的社会现象，它成为影响老龄人口生活质量的一个普遍性的社会伦理问题。死亡是人生的终局，善终就是给人生画上一个圆满的道德句号。

横向分析与纵向透视是交叉进行的，老龄伦理研究力图以纵横两向分析为联结点，构建一个以社会伦理关怀为关照视阈的老龄伦理体系。

第一章　老龄伦理概述

　　老龄伦理研究是以中国社会老龄化背景下的具体老龄问题作为对象，因此，揭示老龄问题的内涵是老龄伦理研究的理论前提。探究老龄群体与其他群体以及整个社会之间的伦理关系协调发展的伦理原则与行为规范是老龄伦理研究的根本目标。对老龄伦理加以界定，并全面阐释其提出的根据、主要内容及其特征，才能科学地构建老龄伦理体系，并为解决或缓解我国现实的老龄问题、促进三者之间的伦理关系协调发展提出相关伦理原则与道德规范。

第一节　老龄问题的学科研究视阈

　　社会学意义上的老龄问题由来已久，它与老龄的划界紧密相关，其内涵是极其丰富的。伦理学视阈下的老龄问题既与社会学意义上的老龄问题有着内在关联，又有自身的特定范围与蕴涵。

一、老龄的划界

　　老龄问题与老龄的划界紧密相连。人的年龄分为生理年龄、心理年龄与日历年龄，儿童、青年、中年、老年是以日历年龄为标准进行的年龄分段。在不同的社会历史时期，由于人口的平均预期寿命不同，老龄的起点有着很大的差异。"虽然我们能够肯定，在历史上每一个人口中总有一部分人要活到老年，但是用来划分老年的标准却往往是不统一和不明确的。"[①] 据相关计算推测，15万—10万年以前的尼安德特人的平均寿命只

---

　　① ［美］乔恩·亨德里克斯、戴维斯·亨德里克斯著，程越、过启渊、陈奋奇译：《金色晚年——老龄问题面面观》，上海译文出版社1992年版，第30页。

有近 30 岁，约有 45% 的人活不到 40 岁。① 在古希腊罗马时期，只有不到一半的人能够活到今天我们所认为的青年成年期。② 在古埃及，48 岁就已进入成熟的老龄期。③ 13 世纪，英国男子出生时的预期寿命约为 35.3 岁。④ 中国古代各朝老龄的规定各异，《文献通考·户口考》记载："晋以六十六岁以上为老，隋以六十岁为老，唐以五十五岁为老，宋以六十岁为老"。随着人类生产力水平的发展以及人口身体素质的不断提高，老龄人口的年龄起点逐渐提高。

一般来说，从年龄结构出发划分老龄人口有三种方法。

第一种是把 50 岁作为老龄人口的起点年龄，这是以能否生育作为划分老龄人口的标准。它是由瑞典学者桑德巴（Sundbarg）在 1900 年发表的《人口类型与死亡率研究》中首次提出来的，他根据年龄结构与人口增长率之间的关联，将人口年龄结构分为增长型、静止型和减少型。

第二种是以 65 岁作为老龄人口的起点年龄，始见于联合国第一本关于人口老龄化的研究报告《人口老龄化及其社会经济后果》（*The Aging of Population and Its Economic and Social Implications*）。该报告把人口类型分为年轻型、成年型与老年型，年轻型人口是指 65 岁及以上人口在总人口中低于 4%，成年型人口指这一比例为 4%—7%，老年型人口则是指该比例不低于 7%（含 7%）。

第三种是以 60 岁作为老龄人口的起点年龄。联合国于 1982 年在维也纳召开了"老龄问题世界大会"（World Assembly on Aging），会议相关文件指出："人口的老龄化是以不同的指标来衡量的，如按规定已为老年人——60 岁和 60 岁以上或 65 岁和 65 岁以上——的人在人口中所占比例"，把 60 岁及以上人口统一划为老龄人是一种硬性但比较方便的老龄人口划分法。⑤ 目前，发达国家和大多数发展中国家一般以 60 岁或 65 岁

---

① ［美］乔恩·亨德里克斯、戴维斯·亨德里克斯著，程越、过启渊、陈奋奇译：《金色晚年——老龄问题面面观》，上海译文出版社 1992 年版，第 31—32 页。

② 同上书，第 34 页。

③ 同上书，第 37 页。

④ 同上书，第 40 页。

⑤ 邬沧萍主编，杜鹏、姚远、姜向群副主编：《社会老年学》，中国人民大学出版社 1999 年版，第 128—129 页。

作为老龄人口的起点年龄。《中华人民共和国老年人权益保障法》以 60 岁作为老龄的起点。在进行人口普查或人口变动情况抽样调查时，一般同时采用 60 岁和 65 岁两种年龄参数。

我国在 1953 年、1964 年、1982 年、1990 年、2000 年进行了五次人口普查，65 岁及以上人口占全国总人口的比例分别是 4.41%、3.56%、4.91%、5.58%、6.80%。可见，第一、二次人口普查时，我国人口年龄结构基本上属于年轻型；第三次人口普查时，变为成年型；第四次人口普查时，人口年龄结构开始向老年型转变；第五次人口普查时，人口年龄结构基本属于老年型。2001 年和 2002 年人口变动抽样调查结果显示，我国 65 岁及以上人口分别占总人口的 7.10% 和 7.30%，说明我国人口年龄结构在 2001 年已完全成为老年型。① 《2005 年全国 1% 人口抽样调查主要数据公报》显示，2005 年 11 月 1 日零时，全国 31 个省、自治区、直辖市和现役军人的总人口为 130628 万人，其中 60 岁及以上的人口为 14408 万人，占总人口的 11.03%（其中，65 岁及以上的人口为 10045 万人，占总人口的 7.69%）。② 可见，我国老龄人口规模在不断扩大。

二、社会学意义上的老龄问题

从社会学意义上说，老龄问题指由于个体老龄化和群体（人口）老龄化而产生的关于老龄人的生存、发展与死亡的一系列社会问题。由于老龄伦理研究是以我国人口老龄化背景下的老龄问题为主要对象，所以，必须先厘清人口老龄化与老龄问题的关系。

二者既有联系又有区别。人口老龄化指老龄人口在总人口中的比例相对增长的动态过程，反映的是现代社会伴随着死亡水平和生育水平下降而出现的人口年龄结构的变动趋势。老龄问题是各个国家在不同时期普遍存在的人口问题与社会问题，它在不同国家和不同时期只是严重程度不同，而不是有无的问题。因而，老龄问题的存在不受人口老龄化与否的限制，

---

① 国家统计局人口和社会科技统计司编：《2002 中国人口》，中国统计出版社 2003 年版，第 23 页。

② 中华人民共和国国家统计局：《2005 年全国 1% 人口抽样调查主要数据公报》，http://www.stats.gov.cn/tjgb/rkpcgb/qgrkpcgb/t20060316_402310923.htm。

但是，人口老龄化的程度和速度对老龄问题的严重程度有很大影响。① 在我国跨入老龄社会之际，老龄问题日益凸显，这使老龄伦理的研究成为一项迫切的社会伦理课题。

三、伦理学视阈下的老龄问题

伦理学视阈下的老龄问题既是整个社会普遍存在的一般性老龄问题，也是我国老龄社会背景之下具有伦理意义并体现老龄阶段特有的时年道德特征的社会问题。具体来说，它包括以下四个方面。

第一，代际公正问题。老龄问题是复杂多样的，如何实现在场的老龄一代与年轻一代之间的公正关系是老龄问题的核心。代际公正是代际伦理的根本原则，也是老龄伦理的基石。确立代际公正的基本理念、探寻代际公正模式，并从制度伦理设计与制度伦理实施两个层面进行制度伦理建构，是代际公正的主要内容。

第二，老龄生存伦理问题。是指与老龄人的基本生活密切相关的一系列社会伦理问题，集中体现为社会养老保障与生存质量、老龄人的日常照料与护理、老龄再婚与情感归依等问题。随着我国社会养老保障制度的逐步完善，经济上具有自我养老能力的老龄人逐渐增多，老龄人的精神赡养问题在老龄供养体系中日显重要。在保障老龄人口基本物质生活需要的前提下，使其得到比较周全的日常照料与病期护理，并努力提高其生存质量，成为目前我国老龄伦理问题的重要内容。有学者指出："老年人口问题包括两部分内容：一部分是反映老年人自身特点和要求的问题，如老年人的物质保障、社会福利、医疗服务、住房、就业、教育等问题；另一部分则是由于老年人口规模过大和人口老龄化带来的社会经济问题，如人口老龄化对生产、分配、消费、储蓄等经济活动的影响，以及人口老龄化带来的生活方式、价值观念、社会心理等社会生活的变化。"② 从伦理学视角看，"反映老年人自身特点和要求的问题"主要就是老龄生存伦理问题。

---

① 邬沧萍主编，杜鹏、姚远、姜向群副主编：《社会老年学》，中国人民大学出版社 1999年版，第 131—132 页。

② 陈功：《我国养老方式研究》，北京大学出版社 2003 年版，第 4—5 页。

如何保障老龄人口享有基本的物质生活条件，并逐步提高生存质量，是政府相关部门必须认真考虑、审慎决策的一个重大社会问题与人口问题，也是伦理学工作者必须深入探求的一个社会伦理问题。本书所论老龄生存伦理主要包括养老伦理与再婚伦理。

第三，老龄发展伦理问题。老龄人退出社会劳动岗位以后，如何通过传道、教化等道德实践继续为社会做贡献，以实现余生价值，是老龄发展伦理问题的核心。传统的老龄发展观强调老有所为，然而，在我国跨入老龄社会的新历史条件下，老有所为面临种种伦理挑战。让贤是一种高尚的老龄品德，也是符合时代要求的老龄人生发展形式。

第四，善终问题。死亡是无法回避的人生终局，与其他年龄阶段相比，老龄阶段与死亡的联系最为紧密。善终就是给人生画上一个圆满的道德句号。善终论由死亡焦虑及其消解、临终需求与临终关怀的伦理原则、丧葬伦理构成。

第二节　老龄伦理的含义

老龄伦理是指以老龄群体为核心的老龄人与其他群体及整个社会之间的伦理关系，以及实现该关系的公正调节、促进该关系协调发展，并实现道德延伸与道德辐射良性循环的伦理原则与道德规范的总称。对老龄伦理这一概念的阐释和理解需要从分析道德与伦理、老龄道德与老龄伦理的关系入手。

一、道德与伦理

道德与伦理既有联系，又有区别。道德是由经济关系所决定，依靠社会舆论、内心信念和传统风习来调整人与人之间利益关系的行为规范的总称。它通过善与恶、正义与非正义、诚实与虚伪等价值评价来规约主体的行为，是主体实践活动的重要指南。道德作为一种社会规范，原本是一种外在于人的他律。理性的社会人将外在的行为规范转化为自身的内在需要，并通过长期的道德社会化过程逐渐培养高尚的人品、形成向善的行为模式，这就是他律向自律的转化。自律是道德的本质特征，正如马克思所言："道德的基础是人类精神的自律。"① 道德的自律性决定了它是指向个体自身的向善的行为要求，是一种我向的行为规范。老龄道德是以老龄人为主体的行为准则，它是时年道德的一个组成部分，即老龄阶段的道德。② 让贤、传道、教化是老龄道德的集中体现，也是道德延伸的主要内容。

"伦理"一词源自古希腊，表示风尚与习俗。《礼记·曲礼下》曰："儗人必于其伦。"注："儗，犹比也。伦，犹类也。"③ "伦"是指人与人之间的辈分、亲疏关系。这句话的意思是：比人一定要和他的同类人相比。《礼记·仲尼燕居》曰："礼也者，理也。"疏："理，谓道理，言礼者使万物合于道理也。""理"指道理、法则。④ "伦理"作为一个词语合用最早见于《礼记·乐记》："乐者，通伦理者也。"意思是说，音乐是与人伦关系及其处理原则相通的。可见，从最初的意义上看，"伦理"是指人与人之间的辈分、亲疏关系及其处理原则。后来引申为人类社会生活中的各种伦理关系，以及处理这些关系所应遵循的原则与道德规范。

如果说道德是从个体心理需要与内在品格提升出发，强调个体的行为自律，是一种主观法，那么，伦理则强调各种客观关系及其社会调整，侧重于社会利益关系的协调发展、人与人之间和谐互动，是一种客观法。

"道德"与"伦理"又是紧密联系、不可分割的。首先，"伦理"不仅是指人伦关系、主客关系，还包含着关系之理、关系之规则⑤，以及人们在处理这些关系时的一种道德自觉。"故学乎礼而止矣，夫是之谓道德之极。"⑥ "礼"是调节伦理关系的宗法制度的总称，明礼、守礼即达到了"道"的极限，也就是成为了一个有道德的人。"德者以道率身者也"⑦，"道能自守之谓德"⑧，按照一定的原则与规范来正确把握和协调人伦关系

---

① 《马克思恩格斯全集》第 1 卷，人民出版社 1956 年版，第 15 页。
② 曾钊新：《道德与心理》，湖北教育出版社 1989 年版，第 221 页。
③ 《辞源》（修订本），商务印书馆 2006 年版，第 294 页。
④ 同上书，第 2062 页。
⑤ 宋希仁：《伦理与道德的异同》，《河南师范大学学报》（哲学社会科学版）2007 年第 5 期。
⑥ 《荀子·劝学》。
⑦ 徐干：《中论·艺纪》。
⑧ 谭峭：《化书·仁化》。

就是一个人的德操，个人之德的普遍化则成为社会的道德风尚。① "无乎不在之谓道，自其所得之谓德"②。道既指天地万物运行的规律，也指做人之道，它牵涉各种社会关系以及关系之道理与规则，德则指修道有所得。"道者，人之所共由；德者，人之所自得也"③。道通天地，德藏于己。道是一种外在的规则，德是普遍性的道在个体身上的应用和体现，当道由个体的自觉行为普遍化为群体的风尚时，则体现为一种合理的社会秩序和现实的道德形态。其次，伦理关系的协调发展与个体道德修养、社会道德建设在根本目标上是一致的，这就是实现个体的幸福并促进社会公共善。利益是道德的基础，伦理关系具体体现为现实的社会利益关系。从根本上说，道德对主体行为的规制是通过对特定的利益关系的调节来实现的。个体进行道德修养的目的不仅是"内得于己"，做一个高尚的人，并获得现实的幸福，而且要"外得于人"，即惠泽他人。个体对幸福的追求只有在个人利益、他人利益和社会利益三者协调发展时才能实现。没有个体的道德追求就不会有个体的幸福；没有个体的幸福，就没有社会伦理关系的和谐发展；没有社会伦理关系的和谐发展，就不会有社会公共善即公共幸福，更谈不上个体的幸福。反之亦然。构建和谐的社会伦理关系、实现全体公民的幸福是社会道德建设的价值目标。

二、老龄道德与老龄伦理

在现实生活中，人们所面对的关系不外乎四个方面：一是主体与作为客体的自我之间的关系；二是主体与他人之间的关系；三是主体与社会之间的关系；四是主体与客观自然之间的关系。作为人伦关系，主要是指前三者。主体自身内在伦理关系的和谐发展要靠主体长期的道德修养来实现，自强、持节、知耻、明智、勇毅、节廉、勤俭是基本的行为规范④。君臣、父子、夫妇、兄弟、朋友即"五伦"是我国古代基本的人伦关系，其要求是君臣有义、父子有亲、夫妇有别、兄弟有悌、朋友有信，后来发

---

① 宋希仁：《伦理与道德的异同》，《河南师范大学学报》（哲学社会科学版）2007年第5期。
② 焦竑：《老子翼·卷七引》。转引自魏英敏主编《新伦理学教程》，北京大学出版社2003年版，第94页。
③ 同上。
④ 罗国杰主编：《中国传统道德》简编本，中国人民大学出版社1995年版，第53页。

展为"仁、义、礼、智、信"即"五常",成为处理和调节"五伦"的基本道德规范。

在现代社会,人伦关系更为复杂,从社会生活的横向领域看,形成了以家庭伦理关系、职业伦理关系和社会伦理关系为轴心的伦理关系网。从纵向领域看,由于个体年龄的阶段性变化,在人生的每一个阶段都会形成一定的伦理关系,也就有协调和处理这些关系的行为准则。① 社会学上的年龄分层理论认为,当一个人的年龄从一个阶段进到另一阶段时,其角色与责任也会发生相应的变化。少儿群体、青年群体、中年群体、老龄群体的划分不仅标志着年龄的递进,更重要的是体现出所处的社会关系、所扮演的社会角色及其行为规范的不同。时年伦理就是由于人们年龄的阶段性变化而形成的社会伦理关系,以及处理这些关系所应遵循的伦理原则与道德规范。少儿群体、青年群体、中年群体、老龄群体是研究时年伦理的基本单元。老龄伦理一方面是指以老龄群体为核心的老龄人与其他人群之间的伦理关系;另一方面是指处理这些关系、促进老龄群体与其他群体及整个社会之间的利益关系协调发展,实现代际公正的伦理原则和道德规范。它立足于老龄群体与其他群体及整个社会之间的伦理关系及其协调发展,不仅包含老龄道德,还涵涉道德辐射。老龄道德是从老龄群体作为道德主体的视角对自身提出的行为规范,也是社会对作为道德主体的老龄人群的准则要求。道德辐射强调整个社会对老龄人的伦理关怀,是一种以老龄群体为伦理关怀对象的社会伦理实践,代际公正是其价值目标。可见,在内涵上,老龄伦理与老龄道德不同;在外延上,前者大于后者。

从伦理关系的层面看,老龄伦理包括三个方面:一是老龄个体自身内在伦理关系;二是老龄群体与其他人群之间的伦理关系;三是老龄人与整个社会之间的伦理关系。从处理这些关系的伦理原则与道德规范来看,代际公正是其根本要求。它体现在让贤、养老、再婚、善终一系列伦理关系及其道德调节活动中。当然,由于老龄阶段的主要事件各有不同的特点,作为行为准则与规范层面的让贤伦理、养老伦理、再婚伦理、善终伦理相应地具有各自不同的要求,对于伦理互动关系中的各方而言,其道德要求也有所差异。

---

① 参见曾钊新《道德与心理》,湖北教育出版社1989年版,第212页。

　　然而，利益是道德的基础，社会关系的本质终归是人与人之间的利益关系。不论是老龄伦理还是老龄道德，都根源于老龄群体与其他群体及整个社会之间的利益关系，老龄伦理的研究正是立足于以老龄群体为核心的种种社会利益关系，它们在道德延伸与道德辐射各自有效运行及其良性互动中协调发展。这是二者的相通之处。

第三节　老龄伦理提出的根据、主要内容及其基本特征

　　全面揭示老龄伦理提出的根据、主要内容及其基本特征，是构建老龄伦理体系，并对具体的老龄问题进行伦理研究的理论前提。

一、老龄伦理提出的根据

　　老龄伦理提出的根据在于老龄期角色转换的客观需求、老龄道德社会化的需求以及老龄伦理关怀的社会化需求。

　　（一）角色转换的客观需求①

　　角色是与人的社会地位、身份相关联的行为模式。人生是一个角色序列的扮演过程，也是一个动态的戏剧表演过程，是不断学习新的社会角色、掌握新的行为模式，适应新的社会生活的过程。角色转换就是从一种行为模式转变到另一种行为模式的活动。如果说青年踏上社会的首次登台表演揭开了人生序幕、奏响了生命乐章，那么，老龄阶段的角色转换则是人生最后阶段新角色的又一次彩排，是夕阳生活的启幕。老龄期是心理上的脆弱期，由退休产生的角色转换会给老龄人带来一系列心理不适，引起心理震荡。对角色转换造成的心理失衡进行调适，是晚年生活幸福的保证，是老龄道德社会化的心理基础。

　　第一，从劳动角色到养老角色的转换。退休是公民完成社会职业角色后的光荣退役，是劳动在制度含义上的终止。它标志着劳动角色的丧失，养老角色的开始。从劳动角色到养老角色的转换是从生产角色到消费角色、从创造性角色到享受性角色的转换，这种转换造成经济收入的跌落，

---

　　①　参见刘喜珍《论劳动后阶段的道德延伸》，《求索》1995 年第 5 期。

老龄人往往滋生无用感。

老龄人如何摆脱无用感的困扰？首先，全社会尤其是老龄人自身应该认识到，养老是一种代际交换。现在的劳动角色所从事的社会生产是在老龄一代所创造的物质财富、精神财富的基础上的继续和发展。赡养老人是对他们过去劳动成果和社会奠基工作的延期支付，也是对其抚育年轻一代的一种偿还，这种异代之间的双向财富流动和情感互泽便是代际交换。二是力所能及地操持一些家务。老龄人退休后适当承担一些家务劳动，不仅可以减轻子女的负担，同时当他们的劳动通过子女的社会劳动转化为社会财富时，他们会感到由衷的欣慰。

第二，从职业角色到家庭角色的转换。从角色交替与世代发展的角度看，退休就是让贤，即老龄人将社会职位让给年轻人，它使家庭角色替代了职业角色。职业角色是指处在特定工作岗位上的社会成员应履行的相应职责及其行为模式。家庭角色是指退出职业劳动岗位，以家务为主要活动内容的行为模式。二者的区别在于：职业角色具有社会性，是规定性角色；家庭角色由于失去了职业规定而具有非社会性，属于开放性角色。从职业角色到家庭角色的转换意味着社会地位的改变，是从有所托走向无所托，因而它会给老龄人带来失落感。

正确理解角色退出是消除失落感的关键，是铺筑角色转换的心理渡桥。职业角色在最上镜的中青年时期亮出就是最精彩的。让贤是一种高尚的老龄品德，是社会继替的伦理规则、文化传承的代际机制，也是一种新的老龄发展形式。让贤并不是让了了事，还要通过传道、教化等方式对年轻一代进行传、帮、带，这是老龄一代的道德使命，也是其道德价值的延续。扶正闲趣是消除失落感的通途。在职期间，大部分职业劳动者忙于工作而无暇顾及或培养业余爱好。退休期是闲暇最多的时期，由于脱下了职业角色外套、摘下了社会身份面具，可以自主选择于己有益的生活方式，可将闲趣立为正事。心理学研究表明，老龄人对闲趣的喜爱犹如少儿的贪玩，但他们更多地加进了"思"的成分。耕耘养牧、读写书画、对弈赶球、游泳垂钓、漫步登山、集邮收藏，有心者、有兴者，事事皆趣。把家建成闲趣居，以闲趣度闲暇，老龄人就会从闲得无聊走向闲中之趣、品味闲中之兴，从而走出"失落园"。

第三，从配偶角色到单身角色的转换。由于男女两性平均预期寿命不同，老龄丧偶成为不可避免的婚姻结局。心灵孤寂、情感脆弱是许多丧偶老人的心态。如何走出丧偶阴霾？一是编织家庭网。家庭网是以亲朋邻友为纽结织成的发散式家庭网络，是以家庭为模型组建的拟初级社会群体，它是老龄人社会交往的重要形式。家庭网中儿孙绕膝的天伦之乐、邻朋相助的温情、老友聚会的畅叙，无不是排遣孤独的良方。二是建立趣友活动中心。学友、棋友、邮友、牌友、球友，三人一群，五人一聚，自得其乐。三是再婚，这也是实现老有所依、老有所伴的现实途径。

此外，老龄人还要正确认识死亡，以坦然的心态接受并逐渐适应生死之间的自然运化。

（二）老龄道德社会化的需求

社会性是人的根本属性，道德性又是社会人的本质所在。因此，道德社会化是人的社会化的核心。它是指主体学习、内化社会道德规范，成长为合格的社会道德公民的过程。老龄道德社会化指老龄人退休后继续进行道德修养，将高尚的品德融入社会中以醇化社会风尚、促进社会发展的道德活动。每个人都是时间的移民，在时间的长河中迁移而达到生命的彼岸。因而，研究老龄道德社会化不仅可以为老龄人提供一种充满伦理芳香的生活方式，也可以为每个人的道德社会化提供一些可操作的社会伦理方法。

老龄道德社会化是由道德发展的基本规律所决定的，是老龄主体道德人格发展所需。社会化贯穿人的一生，道德社会化大体可分为少儿期、青年期和成年期三个阶段。少儿时期的道德社会化主要是在家庭和学校进行的。在家庭中，少儿通过父母的言传身教与形示情染模仿父母的行为，并通过游戏扮演不同的角色，学习做人的道理。在学校，通过学习文化知识和参加各种集体活动，初步树立世界观、人生观与价值观。青年道德社会化是少儿道德社会化的延续，是把一个道德雏形锤炼成合格的社会道德公民的过程。学校道德教育是青年道德社会化的主渠道。系统学习专业知识、掌握谋生技能，并在学习与社会实践中形成较为稳定的世界观、人生观与价值观，为走向社会做准备，是青年道德社会化的基本形式。成人道德社会化包括中年期与老龄期的继续道德社会化。社会（主要是工作单位）是中年道德社会化的主要场所。中年期是人格成熟、事业发展的收获期。不断学习新的道德文化，把自己的学识与才华贡献给社会，是中年道德社会化的基本要求。老龄阶段，让贤是主要道德要求。如果说少儿期道德社会化奠定个体道德品性的基础，青年期道德社会化模塑个体的基本德性，中年期道德社会化是道德品性充分发展、道德个性全面彰显的过程，那么，老龄期道德社会化重在充实业已建成的道德大厦，并对之加以"修缮"，使之成为道德"圣殿"。老龄人不仅要适应多种角色转换，还要做好传、帮、带，德启后贤。要正确认识死亡并做好死的心理准备，这是一个极其复杂的道德心理煎熬过程。

（三）老龄伦理关怀的社会化需求

老龄道德社会化的顺利进行不仅取决于老龄人自身，也有赖于社会为老龄人创造的伦理环境。老龄伦理关怀的社会化就是社会对老龄人实施伦理关怀的普遍化与制度化，具体表现为：以代际平等、代际互惠、代际补偿为理念，进行制度伦理建构，实现代际公正。它是老龄道德社会化的辐射外场。

角色转换与道德社会化侧重于老龄人自身的道德实践，是一种以老龄人为主体的行为模式转换与"我向"的道德要求，是老龄伦理提出的主体性根据。老龄伦理关怀的社会化侧重于整个社会与其他人群的道德实践，是一种以老龄人为关怀对象的"他向"的道德实践，是老龄伦理提出的外在客观根据。两种不同向度的道德要求及其所体现的主体性与客观性相互印证了老龄伦理这一概念提出的必要性及其作为伦理学范畴的不可或缺性。

二、老龄伦理的主要内容

老龄伦理作为以社会中的老龄人群为核心而展开的老龄人与其他人群之间的伦理关系及其应有的伦理规则，概而论之，主要有以下几个方面：

（一）代际公正

在以老龄人群为核心的老龄人与其他人群的代际关系中，代际公正是一个极为重要的问题。社会的发展总是表现为幼年、青年、中年和老龄人群的依次交替。老龄人是昨天的青年人，今天的青年人是明天的老龄人。谁也不能否认，老龄一代曾经是社会的主要建设者，现有的一切文明成果之中有他们心血的创造，他们是曾经推动时代向前发展的功臣。如何对待他们，是老龄伦理必须要研究的问题。把他们作为功臣，给予应有的尊重和关爱，还是把他们作为"垫脚石"，觉得没用了就予以抛弃？笔者主张应从历史和未来两个角度看待这个问题。善待老龄人与善待幼童一样，是保持代际伦理关系和谐发展、实现社会公正的重要方面，它包含着善待青年人自己、善待一切人群的深远意义。

研究以老龄人群为核心的代际公正问题，必然包含着对于代际不公正的思考。老龄霸权与老龄歧视是历史和现实中常见的现象。批判这种现象，分析其中的原因，找出解决这种社会不公正现象的途径，实现代际平等、代际互惠、代际补偿，是老龄伦理研究的重要方面。

(二) 道德延伸

在老龄人与其他群体的人际关系的调节中，老龄群体并非总是处于一种被动的地位。道德延伸就是从老龄群体作为道德主体的视角看待代际伦理关系的调节问题。所谓道德延伸是指老龄人通过以生养心提高自身道德品性，并以让贤、传道、教化的方式实现余生价值的道德实践。它是由老龄继续道德社会化所决定的。可以说，继续道德社会化是实质，道德延伸是实践形式，二者是辩证统一的。

道德延伸不仅是人格完善所需，也是长寿期盼所使。道德是心灵的净化剂，道德内化是一剂神奇的长寿心药。真、善、美如同清泉，长久的道德细流像山间清溪润心无声，激发人们求真、向善、审美的情感。孔子曰："仁者寿。"[1] 古罗马哲学家西塞罗借加图之口说："最适宜于老年的武器就是美德的培养和修炼。如果一生中各个时期都坚持不懈地修炼美德——一个人不但长寿而且还活得很有意义——那么老年时就会有惊人的收获，这不仅是因为它们必然能使我们安度晚年（尽管那是最重要的），而且还因为意识到自己一生并未虚度，并回想起自己的许多善行，就会感到无比欣慰。"[2] 一个不断追求道德完善、努力达到理想道德境界的人往往胸怀豁达，这既是修身之道，也是长寿之方。

道德延伸离不开道德反思。道德反思是道德延伸的要义之一。未经审查的人生是没有价值的。老龄阶段是生命的总结阶段，是反省的存在阶段。道德反思就是对以往的言行进行道德批判与扬弃，它不仅包含主体对

---

[1] 《论语·雍也》。

[2] ［古罗马］西塞罗著，徐亦春译：《论老年 论友谊 论责任》，商务印书馆1998年版，第7页。

道德过失的追悔与觉醒，也包括对优秀品德的肯定与发扬。孔子说："吾日三省吾身"①，"朝闻道，夕死可矣。"② 卢梭曾说："如果通过我自身取得的进步，学会了怎样能在结束此生时虽不比投入此生时更好一些——这是不可能的——但至少更有道德的话，那我就深以为幸了。"③ 道德反思是对德性心灵的测试，是对人生的道德清算。它分为三个步骤：第一，审视自身言行的得失；第二，将人生的得与失置于良心的道德法庭之上，追问得失缘由；第三，进行道德结案。如果说少年、中青年时期是道德认识的积累期，主体完成了从道德感性认识到道德理性认识的第一次飞跃，那么，道德反思则是主体将理性认识回归道德实践的过程，这是道德实践与认识过程的第二次飞跃，是主体道德延伸的重要环节，比第一次道德飞跃意义更为重大，因为道德认识的最终目的在于以正确的道德理性指导主体的道德实践。老龄人将自身的道德得失昭示给后辈，既是在提升自身的道德品性，也是以丰厚的道德资源回馈社会。道德过失将给人以警示，美德将给人以启迪。

让贤是道德延伸的要义之二。道德反思为让贤做了充分准备。如果说以生养心是老龄人通过心性修养提高自身道德品性的活动，那么，让贤则是实现余生价值的道德实践过程。让贤不仅仅是让了了事，还逻辑地包含着传道、教化、建议即通常说的传、帮、带等具体内容。

怡养"虚"、"淡"的心境是道德延伸的要义之三。《庄子》曰："夫恬淡寂寞，虚无无为，此天地之平，而道德之质也。""平易恬淡，则忧患不能入，邪气不能袭，故其德全而神不亏。"④ 虚以涵道、淡以养德正是以生养心的妙处。庄子十分赞赏这种虚淡无为的修养之道，因为"虚无恬淡，乃合天德"⑤。"虚"是一种宽广的道德胸怀。"虚室生白，吉祥止止。"⑥ 吉祥善福止在凝静之心，德高志远在于虚心养气。"虚"指谦逊的态度。水能淡性是吾友，竹解虚心是我师。陆九渊说："古之学者，本

---

① 《论语·学而》。
② 《论语·里仁》。
③ ［法］卢梭著，徐继曾译：《漫步遐想录》，北京十月文艺出版社 2005 年版，第 43 页。
④ 《庄子·刻意》。
⑤ 同上。
⑥ 《庄子·人世间》。

非为人，迁善改过，莫不由己。善在所当迁，吾自迁之，非为人而迁也。过在所当改，吾自改之，非为人而改也。故其闻过则喜，知过不讳，改过不惮。"① 有过必改是谦虚的表现，这点对老龄人来说尤为重要。"虚"又指"戒得"。《论语·季氏》云："君子有三戒：少之时，血气未定，戒之在色；及其壮也，血气方刚，戒之在斗；及其老也，血气既衰，戒之在得。"人至老龄，切忌以老资格而挟功贪禄，捞最后一把往往导致身败名裂。"淡"指不热衷于名利，这是一种高远的道德心境。淡者和心而养人，终身甘之而不厌。只有在静养中冥思、在世俗的名利场中抛却纷争，才能修恬淡之心，并体会"淡"之无味却又为至味。"淡"还指坦然看待生死。"人生天地之间，若白驹之过隙，忽然而已，注然勃然，莫不出焉；油然寥然，莫不入焉。已化而生，又化而死，……乃大归乎！"② 人生短促倍珍惜，死为大归不足惧。向死而生，才能淡化生死两界。以向善的道德追求直面人生，才能在生死一如之境中实现对此在的本真持有。

（三）道德辐射

辐射是一个物理学名词，指机械波、电磁波或大量微观粒子从它们的发射体出发，在空间或媒质中向各个方向传播的过程。③ "道德辐射"喻指社会为老龄人提供经济保障以及各种精神关爱，形成养老、敬老、爱老的道德氛围，帮助其实现各项养老目标的社会伦理实践。"道德辐射"就像一束阳光，照耀日益丧失生存能力、丧失希望和被不幸越来越频繁光顾的老龄群体，使他们获得人间的温暖和幸福。

道德是人类把握现实世界的一种实践精神，它不仅要客观地反映社会现实，而且要积极地调节现实社会关系。经济关系是社会关系的集中体现，而利益关系又是经济关系的核心，正如恩格斯所言："每一个社会的经济关系首先是作为利益表现出来。"④ 从现实利益关系出发，协调人们之间的各种社会关系，是道德的重要功能。"道德辐射"就是从老龄群体与其他群体及整个社会之间的利益关系出发，调节社会资源分配、促进老

---

① 《陆九渊集》卷六《与傅全美二》。转引自罗国杰主编《中国传统道德》简编本，中国人民大学出版社1995年版，第294页。

② 《庄子·知北游》。

③ 《辞海》（缩印本），上海辞书出版社1990年版，第1518页。

④ 《马克思恩格斯选集》第二卷，人民出版社1972年版，第537页。

龄伦理关怀、实现代际公正的社会伦理活动。通过社会互济实现代际公正是"道德辐射"的根本目标。

物质赡养是"道德辐射"的物质性层次。养老是我国的传统美德。新中国成立初期,我国以家庭养老为主要形式。随着社会主义市场经济体制的建立与完善,我国逐步形成了家庭、集体、社会三结合的养老模式。它把养老与抚幼紧密联系在一起,形成天伦之乐的和谐氛围;将社会对老龄群体的生活照料与精神需求服务融合为一,形成愉快的养老环境;使吃、穿、住、医、娱、葬等设施小型化,减轻了国家集中建设大型社会保障设施的负担,引起一些发达国家的浓厚兴趣。但是,三结合的养老模式也面临一些困难。一是随着退休人员增多,退休金已经成为一些企业的重负,养老金空账运转成为亟待解决的社会问题。二是现代家庭结构小型化,尤其是"四二一人口结构"的形成使家庭养老功能弱化,这就需要强化社会养老功能,建立并完善社会养老各项配套制度。同时,要使老龄人得到体贴的精神关爱。居家养老适应了老龄人对家的情感需求与多种服务需要,是一种适合我国国情的家庭——社会双向互动养老伦理模式。

精神赡养是"道德辐射"的精神性层次。有学者认为,它"大致包括了对老年人的情感支持和心理慰藉,可以理解成孝心的具体表达"①。精神赡养涉及老龄人的多种需求,如亲情慰藉、余生价值的实现、再婚与情感归属、临终伦理关怀等问题。建立精神赡养的社会伦理网络是提高老龄人口生活质量的重要途径。

研究对老龄人群的"道德辐射"不能不涉及一个比较敏感的问题,这就是老龄人的再婚问题。双栖双飞、白头偕老是人们对于美满婚姻的企盼,但真正同年、同月、同日死的夫妻却如凤毛麟角。因此,丧偶的孤独和郁闷几乎是所有老龄人的心病。老龄人再婚牵涉对已经死亡的配偶的情感,牵涉前配偶的子女,牵涉财产的纠葛,无论在哪一方面,其复杂程度都是初婚的数倍。因此,本书特列一章,进行专门讨论。

(四)善终优死

人有生必有死。死亡作为生命的终结,与生一样,具有重要的意义。老龄伦理的研究必须要面对人的善终优死问题。这一问题,从老龄人方面

---

① 穆光宗:《老龄人口的精神赡养问题》,《中国人民大学学报》2004年第4期。

来说，主要包括老龄人的死亡焦虑、临终需求等问题；从社会的其他人群来说，包括老龄人的安乐死、丧葬、追思等方面的伦理问题。在中国传统文化中，有"慎终追远，民德归厚"①的遗训。虽然时代不同了，但这方面的问题仍然很值得我们思考，因为它关系到每个人生命的终结和生命意义的延续。

三、老龄伦理的基本特征

（一）伦理延续性

所谓伦理延续性，是指老龄伦理在时年道德发展上对青年伦理、中年伦理的递进性；在伦理关系上所体现的个体伦理、群体伦理、社会伦理的贯通性；从底线关怀向全面伦理关怀的跃升性。

1. 青年伦理、中年伦理、老龄伦理的递进

人生分为不同的阶段，各个阶段会形成不同的社会关系，也就有相应的主体行为准则。青年伦理、中年伦理、老龄伦理的递进，首先表现为伦理关系由简单到复杂的变化。韦政通先生认为，就伦理关系看，"儿童的伦理关系以父母为主，青年以同辈的朋友为主，中年以夫妇和工作上的同僚为主，老人阶段的伦理关系比较不定，有以夫妇为主者，有以子女为主者，如子女远离又丧偶，则以有共同兴趣的同辈为主"②。学校是青年社会交往的主要场所，师生伦理关系是青年伦理关系的主要方面。中年人社会交往的领域十分广泛，由此形成了以职业伦理关系为轴心的伦理关系网络。老龄期，社会生活回归家庭，但伦理关系却未必因此而变得简单。相反，从某种意义上说，老龄期社会问题更多，伦理关系更为复杂。代际伦理、让贤伦理、养老伦理、再婚伦理以及善终伦理都是老龄期特有的伦理问题，老龄人需要面对更为复杂的社会伦理关系。

青年伦理、中年伦理、老龄伦理的递进，也表现为主体道德实践领域不断扩展、道德认识水平逐渐提高，这是由道德实践与认识发展的规律所决定的。实践是主体和客体的相互作用，是主体对客体的能动反映和改造。青年人初涉社会，正处在世界观、人生观、价值观形成时期，对社

① 《论语·学而》。
② 韦政通：《伦理思想的突破》，中国人民大学出版社 2005 年版，第 82—83 页。

会、人生的感悟在很大程度上尚处在感性认识阶段，情感脆弱、意志薄弱、信念模糊是青年道德实践与认识过程中的普遍现象，这就导致了青年道德实践的摇摆性与道德认识的肤浅性。中年阶段是世界观、人生观、价值观成熟的时期。实践的丰富性与认识的深刻性是中年道德实践与认识的特点，以理性认识指导实践是道德活动的基本方式。反思性是老龄道德实践与认识的基本特征。未经审查的人生是没有价值的。老龄阶段是生命的总结阶段，是反省的存在阶段。道德反思是对以往的言行进行批判与扬弃，它不仅包含主体对道德过失的追悔与觉醒，也包括对优秀品德的肯定与发扬。因此，它是理性认识回归道德实践的过程。老龄人将自身的道德得失昭示给后辈，既是在提升自身的道德品性，也是以丰厚的道德资源回馈社会。

青年伦理、中年伦理、老龄伦理的递进还体现为时年道德发展的阶梯式衔接、螺旋式上升过程。"时年道德是指人生不同时期的道德。"① 从少年到青年、中年直至老年的生命历程是个体品性不断发展、道德修养日臻完善的过程，后一个阶段的道德发展是前一个阶段的继续与深化，它们组成人生道德实践的梯级，一步一步向后延续、向上攀登。② 孔子曰："吾十有五而志于学，三十而立，四十而不惑，五十而知天命，六十而耳顺，七十而从心所欲，不逾矩。"③ 指明了人生不同阶段个体道德修养的基本内容，是对时年道德发展的最早论述。"从儿童的'向上'到青年的'立志'、中年的'拼搏'、老年的'传帮'"是时年道德发展的基本模式。④

2. 个体伦理、群体伦理、社会伦理的贯通

从伦理关系的角度看，老龄伦理包括三个方面：一是老龄个体自身内在伦理关系；二是老龄群体与其他年龄群体之间的伦理关系；三是老龄人与整个社会之间的伦理关系。因此，老龄伦理研究需要从个体伦理、群体伦理和社会伦理三个层次进行。

有学者认为："就老年人问题而言，我们可以在个体层次（例如，研

---

① 曾钊新：《道德与心理》，湖北教育出版社1989年版，第212页。

② 同上书，第224页。

③ 《论语·为政》。

④ 曾钊新：《道德与心理》，湖北教育出版社1989年版，第224页。

究衰老对生活方式的影响及其主体体验)、群体层次（如不同年龄层之间的关系）和社会总体层次（例如，老的社会规范和文化偏见、年龄歧视）上进行考察。"① 社会学对老龄问题的三向思考维度为老龄伦理研究提供了一定参考。

先看个体伦理。个体指事物每一个独立的整体。个体伦理指作为社会主体的个人与作为客体的自我之间的道德关系。在人类社会实践中，人既是主体又是客体，是主客体的统一。老龄个体伦理是指老龄个体"主我"与"客我"之间的道德互动关系。当个体与自身进行道德对话，对自我进行道德审视，并对自身进行道德改造时，"主我"与"客我"就有了明显的区分。"主我"与"客我"之间的道德互动既是个体伦理产生的内在动因，也决定着个体伦理的基本内容及其发展方向。以让贤、传道、教化为中心内容的准则要求及其道德关系是老龄个体伦理的主要内容。

再看群体伦理。群体是由个体组成的具有多种联系方式和不同秩序性的集合。社会群体是整个社会关系体系和结构中的网结，是个体存在的社会形式。"个人是社会存在物。"② 只有在社会群体中，人的各种需要才能得到满足。"只有在社会中，人的自然的存在对他说来才是他的人的存在。"③ 人是以社会群体成员的形式存在于社会并体现人的社会性本质的。群体具有以下特点：它由两个或两个以上的人组成；群体中的个体结合具有一定的目的和功能；群体成员存在持续的心理或文化互动。根据群体是否实际存在，可将其分为假设群体和实际群体。假设群体是为了研究和分析的需要而划分的统计群体，不具有实际聚合性。以年龄为标准划分的少儿群体、青年群体、中年群体、老龄群体就是社会学上的假设群体。

美国学者 M. W. 赖利（M. W. Riley）和 A. 福纳（A. Foner）提出的"年龄分层理论"主张，年龄不是一种个人特征，而是一个带有普遍性的标准。我们常常将社会标以年龄层次，如青年、中年、老年。当人们的年龄从一个层次转移到另一个层次时，社会赋予人们的角色与责任也会发生相应的变化。这种角色与年龄之间的关系就是角色的年龄参数或年龄的社

---

① 张恺悌、夏传玲：《老年社会学研究综述》，《社会学研究》1995 年第 5 期。
② 《马克思恩格斯全集》第 42 卷，人民出版社 1979 年版，第 122 页。
③ 同上。

会参数。它意味着角色与年龄之间是一种相关关系，而不是一种函数关系。达到某一年龄层的人，并不意味着必须承担某种社会角色；同样，承担某种社会角色也并不意味着必须达到某一年龄层。① 但是，社会角色与年龄层之间还是存在一些内在关联的，如不同年龄群体具有相应的道德角色要求及其社会化内容。道德角色的年龄参数或年龄的道德参数是群体伦理产生的重要社会伦理基础。

社会交往既是社会群体产生的前提，也是社会群体存在的方式。马克思指出："社会——不管其形式如何——究竟是什么呢？是人们交互作用的产物。"② 社会交往的形式是复杂多样的，从交往内容区分，有经济交往、政治交往、文化交往；从交往地域区分，有民族交往、国际交往③；从交往成员年龄构成区分，有少儿群体与青年群体的交往、青年群体与中年群体的交往、中年群体与老龄群体的交往，以及少儿群体、青年群体、中年群体、老龄群体之间的交往等。不同年龄社会群体之间的信息互递与相互作用是社会交往的纵向形式，我们称之为代际交往。群体伦理就是以道德角色的年龄参数为基础，不同年龄群体在道德交往过程中所形成的代际互动关系及其应遵循的伦理原则与道德规范的总和。老龄群体与其他年龄群体之间的道德互动关系是老龄伦理的重要内容，代际公正、让贤伦理、养老伦理、再婚伦理以及丧葬伦理都内含着群体伦理。

老龄伦理还具有深刻的社会伦理意涵。社会伦理是指老龄人与整个社会之间的道德互动关系。它包括两个方面：一是老龄人的道德权利与道德义务，二是社会对老龄人的道德责任及其对待老龄人的伦理原则。何怀宏认为："道德决不仅仅是自我的事情，它一定关涉到他人、他者，关涉到社会"，所以，"道德主要是一种社会道德"④。这里所指的社会伦理侧重于第二个方面，如代际公正的制度伦理建构，社会养老保障的公民权利性与普惠性、精神赡养的社会伦理网络、居家养老模式、"四二一人口结构"下的养老责任分担，老龄再婚的社会伦理援助，安乐死的伦理抉择、

---

① 邬沧萍主编，杜鹏、姚远、姜向群副主编：《社会老年学》，中国人民大学出版社1989年版，第276—277页。

② 《马克思恩格斯选集》第四卷，人民出版社1972年版，第320页。

③ 曾钊新、孙仲文、陆立德主编：《社会学教程》，吉林教育出版社1987年版，第175页。

④ 何怀宏：《底线伦理》，辽宁人民出版社1998年版，第17页。

临终关怀的伦理原则以及文明丧葬的伦理选择等，都主要是从社会伦理关怀视角探讨老龄伦理。当然，这两个方面是紧密相连的，因为老龄道德权利是社会伦理关怀的基础，社会伦理关怀则是老龄道德权利的保障；老龄人自觉履行道德义务与社会承担对他们的道德责任也是相辅相成的。

联合国秘书处经济与社会事务部社会政策与发展分部老龄化研究课题组认为："延长寿命的主题导致了生活质量与健康老龄化、年龄与社会一体化、贯穿生命过程的社会保障与抚养支持之间的矛盾。"① 这些矛盾就是老龄群体与其他群体及整个社会之间的利益冲突，利益冲突是社会伦理关系的实质。因此，如何有效调节三者的利益关系是老龄伦理研究的重要内容。

个体伦理、群体伦理、社会伦理的区分是相对的，三者在整个老龄伦理体系中是融会贯通、有机统一的。

3. 从底线关怀向全面伦理关怀的跃升

底线关怀是指对老龄人的人道主义伦理关怀。关怀主义伦理学家琼·C. 特朗托认为："如果道德哲学关心人们生活的幸福，我们就有理由期望关怀在道德理论中拥有重要的意义。"② 人道主义既是老龄社会伦理关怀的价值依据，也是其基准线。

"人道"指关爱人的生命、尊重人的人格和权利。人道主义是关于人的本质、使命、地位、价值和个性发展等的思潮和理论。③ 它主要包括以下三方面内容：肯定人的"自由"、"平等"权利，倡导"博爱"与"公正"；维护人的价值和尊严；重视并促进人的全面发展。④

人道主义思想发源并形成于西方。但是，作为一种处理人与人之间关系的基本原则，"人道"思想在中国传统伦理文化中源远流长，并集中体现为"仁"。"仁"是中国古代儒家基本的道德思想，也是最重要的道德规范之一。"樊迟问仁。子曰：'爱人'。"⑤ "爱人"就是同情、关心、爱

---

① The Department of Economic and Social Affairs of the United Nations Secretariat：*The World Ageing Situation：Exploring a Society for All Ages.* New York：United Nations publication，2001：2.

② Joan C. Tronto：*Moral Boundaries*，New York · London：Routledge，Chapman and Hall，Inc. 1993：125.

③ 《辞海》（缩印本），上海辞书出版社 1990 年版，第 348 页。

④ 周中之主编：《伦理学》，人民出版社 2004 年版，第 171 页。

⑤ 《论语·颜渊》。

护他人。孔子还提出："泛爱众，而亲仁。"① 由爱亲而博爱众人，体现出一种关爱他人的人道主义普遍伦理情怀。"子张问仁于孔子。孔子曰：'能行五者于天下，为仁矣。'请问之。曰：'恭、宽、信、敏、惠。恭则不辱，宽则得众，信则人任焉，敏则有功，惠则足以使人。'"②"惠民"就是给民众以实际利益。孟子曰："老吾老，以及人之老；幼吾幼，以及人之幼，天下可运于掌。"③ 由己及人、由内而外、由近而远，是儒家行仁的理路，也是古代"人道"思想的实践途径。

赐物、减免租役、垂询存问，并对老龄贫困者给予救济，是我国古代统治者对老龄人给予人道主义伦理关怀的具体措施。《册府元龟·帝王·养老》对此多有记载，如："元狩元年四月，赦天下。赐民年九十以上，帛人二疋、絮三斤；八十以上，米人三石。元封元年登封太山，还。诏行所巡至七十以上，帛人二疋。"宋代有诏曰："开封府雪寒，京城内外老疾幼孤无依者，并收养于四福田院"④。明洪武十九年诏有司行养老之政："初制民年七十之上者，许一丁侍养，免其杂泛差役。至是令所在有司审耆民，年八十、九十邻里称善者，备其年甲行实具状。奉闻贫无产业者，八十以上每人月给米五斗，肉五斤，酒三斤。九十以上岁加帛一疋，絮五斤，其有田产仅足自赡者，所给酒、肉、絮、帛亦如之。其应天、凤阳二府，富民年八十以上赐爵里士，九十以上赐爵社士，皆与县官平礼。""惠帝建文元年诏军民男妇有八十九十者，赐米一石，肉十斤，酒三斤。九十者加赐帛一疋，绵一斤。成祖永乐十九年诏民年八十以上给绢二疋，布二疋，酒一斗，肉十斤，有司时加存恤。二十二年，令民年七十以上及笃、废、残疾者，许一丁侍养，不能自存者，有司赈给。八十以上者，仍赐绢二疋，绵二斤，酒一斗，时加存问。英宗天顺八年诏凡民年七十以上免一丁差役，有司岁给酒十瓶，肉十斤，八十以上者加绵二斤，布二疋，九十以上者给冠带，每岁宴待一次，百岁以上者给板木。"⑤ 保证老龄人的生养、死葬权，是古代统治者实行仁政的重要举措，也是传统人道思想

---

① 《论语·学而》。

② 《论语·阳货》。

③ 《孟子·梁惠王上》。

④ 《续资治通鉴长编》卷二百四十八《熙宁六年》。

⑤ 《续文献通考》（一）卷四十九《学校三》。

的具体体现。

应该看到，古代以"仁"为核心的人道思想打上了鲜明的历史印痕。因为古代儒家倡导的"仁爱"是有差等的爱；在阶级社会里不存在超阶级的人类之爱，惠老措施是统治阶级缓和社会矛盾的一种软手段。

作为最普遍、最一般的伦理原则和道德规范的社会主义人道主义是当今社会老龄伦理关怀的底线。它首先要求社会为老龄人提供最基本的物质生活保障。《维也纳国际老龄行动计划》指出："所有国家优先考虑的问题是如何确保它们为年长者作出的巨大的人道主义努力，不至于使人口中日益增加的、较为消极和无所向往的那一部分人固步自封地维持下去。"①党的十七大报告指出："要以社会保险、社会救助、社会福利为基础，以基本养老、基本医疗、最低生活保障制度为重点，以慈善事业、商业保险为补充，加快完善社会保障体系。促进企业、机关、事业单位基本养老保险制度改革，探索建立农村养老保险制度。……完善城乡居民最低生活保障制度，逐步提高保障水平。"②确保经济繁荣和社会稳定是现代国家的功能，为民众提供基本的物质生活保障与医疗保障，并帮助其抵御生活中的各种不测是政府的职责，也是其行政伦理职能。保证老龄人的基本物质生活需要并努力提高其生活质量，是政府必须优先考虑的问题。

在全面建设小康社会、推进社会主义和谐社会建设的今天，老龄伦理关怀应实现由底线关怀向全面伦理关怀的跃升。所谓全面伦理关怀是以老龄人的多种需要为基础，以宏观伦理调控为手段，从满足老龄人最基本的物质生活需要到精神关爱需求，再到促进老龄人生价值的实现，最后给予临终伦理关怀，使之完满走向人生终点的全方位、多层次的社会伦理实践。老龄人与整个社会之间的利益关系及其协调发展是提出并实施老龄伦理关怀的根据，它体现在经济、政治、文化各个方面。经济利益关系集中表现为社会资源分配与老龄群体的物质需求之间的矛盾。政治利益关系主要体现为社会政策制定、政治发展与老龄政治参与之间的矛盾。文化利益

① 全国老龄工作委员会办公室、中国老龄协会编：《第二次老龄问题世界大会暨亚太地区后续行动会议文件选编》，华龄出版社2003年版，第323页。

② 胡锦涛：《高举中国特色社会主义伟大旗帜 为夺取全面建设小康社会新胜利而奋斗——在中国共产党第十七次全国代表大会上的报告》，人民出版社2007年版，第39页。

关系的焦点是老龄价值问题，包括对老龄人的社会价值、社会地位的看法和态度，以及如何实现老龄人价值的问题。

全面伦理关怀是立足于当下社会伦理实践的"实然"，从伦理关怀的"应然"出发，对社会提出的关于正确处理老龄群体与其他群体及整个社会之间利益关系的伦理原则与道德规范，是实现道德调节功能最优化目标的重要手段。社会在对所有老龄人给予全面伦理关怀的同时，应重点关照老龄弱势群体，如老龄贫困者、残疾者等。世界卫生组织强调："对贫困、生活艰难和农村的老年人应给予特别的关注。"① 我国农村老龄贫困问题已成为一个值得高度关注的社会伦理问题。对老龄弱势群体的关怀是社会伦理关怀的重要内容，是实现社会公正与代际伦理关系和谐发展的关键，也是衡量一个社会道德文明发展水平的重要标尺。

底线关怀与全面伦理关怀之间自然存在较大的差距，它反映了社会伦理关怀的"实然"与"应然"之间的矛盾，这种矛盾是老龄社会伦理关怀多向度发展、多层次跃升的推动力，也是道德发展的原动力。

（二）道德协调性

所谓道德协调性是指老龄伦理关系的协调发展，具体表现为道德内场与道德外场的良性互动、老龄道德权利与社会道德义务的辩证统一。

1. 道德内场与道德外场的良性互动

场是事物存在的形式。社会学家迪尔凯姆认为，任何事物都必须在一定的场中存在。社会是一个场，构成社会有机体的人是社会场最基本的组成要素和场态物质。在人与人之间社会交往的基础上形成的经济关系、政治关系、文化关系及其各关系要素也是社会场的场态物质形式。一方面，社会场子系统内部各要素按照一定的规律运行，形成各自独立的场；另一方面，各子系统又相互作用、相互关联，形成一个综合性的社会场。道德作为社会意识形态的具体形式，是社会场的重要组成元素和场态物质，由此，道德场构成社会场的次级场。②

---

① 世界卫生组织编，中国老龄协会译：《积极老龄化政策框架》，华龄出版社 2003 年版，第 48 页。

② 丁元、赵光敏：《社会道德场初探》，《河南师范大学学报》（哲学社会科学版）1998 年第 4 期。

"道德场是构成一定道德情境的各因子之间在相互作用过程中因传递、交换其信息、能量、物质所产生的进而影响道德主体的道德选择和道德行为的一种道德特殊形态和空间。"[①]老龄伦理关系是老龄人与自身、他人以及整个社会之间的道德互动关系，它由两个道德场构成：一个是道德内场，即老龄人与自身的道德互动关系场，这是微观层次的个体道德场；另一个是道德外场，即老龄人与他人以及整个社会之间的道德互动关系场，这是宏观层次的社会道德场。它们以老龄人为圆心组成一个由内向外的发散式道德关系网络。两个道德场协调互动才能实现老龄伦理关系的良性发展。

人是社会存在物，人的社会性本质是道德外场提出的根本依据。马克思指出："人的本质并不是单个人所固有的抽象物。在其现实性上，它是一切社会关系的总和。"[②]人与人之间的社会交往是形成各种社会关系的基础。道德关系作为社会关系的一种具体形式，是在一定社会经济基础之上，在主体道德实践的过程中产生并发展的。具体来说，道德关系是以物质利益关系为基本内容、以道德思想为指导而形成的人与人之间的社会关系。作为一种客观社会现象，它从根本上是由物质资料的生产方式决定的。所以，道德关系是一种客观的社会关系。道德关系系统诸要素及其互动以及这种互动赖以发生的社会时空构成道德外场。这里的社会时空是指道德互动产生、道德关系形成的社会历史条件，如一定时代的社会经济状况、道德环境与道德建构等。可见，道德关系的客观性决定着道德外场产生的必然性，以及这种特殊道德形态的性质及其变化。道德外场又是人类道德实践与道德认识诸要素相互作用的一种社会时空。

道德是依靠良心、社会舆论以及传统风习来调整人与人之间利益关系的行为规范，良心是道德发挥社会作用的隐蔽调节器。道德关系是建立在一定社会经济基础之上，由良心来调节的社会关系。因此，道德关系又是主观的，这是道德内场产生的根本原因及其提出的主要依据。在道德实践与认识中，一方面，需要的主体性、道德修养的内求性以及主客体的同一性为道德内场的产生提供了条件；另一方面，道德内场也成为主客体合一

---

① 易法建：《道德场论》，湖南出版社2001年版，第65页。

② 《马克思恩格斯选集》第一卷，人民出版社1972年版，第18页。

并进行内在道德互动的一种特殊形态与时空。

道德关系的客观性与主观性是统一的，它不仅体现了主体自身内部各道德要素之间的关联，而且反映了主体与外在客观世界之间的联系。道德内场与道德外场的区分是相对的，它们都受制于一定的社会经济基础。二者相互依存、相互作用，共同构成老龄道德场。它们都是社会场的子场，既受社会各场力的作用，又将自身的道德辐射力反作用于社会场。道德内场与道德外场各自有效运行及其良性循环体现了道德的主观性与客观性的高度统一，是我向道德场与他向道德场的同心融合，也是老龄道德场与社会场之间协调运作的结果。

2. 老龄道德权利与社会道德义务的辩证统一

老龄伦理以道德延伸、道德辐射及其良性循环为主要内容，内蕴着老龄道德权利与社会道德义务的辩证统一。

老龄道德权利是老龄人在一定社会经济关系中基于一定的伦理原则与价值目标而享有的、通过社会制度加以保障的利益、权能与自由。

经济关系是道德权利产生的根源。它体现为个人与个人之间，个人与团体、社会之间一种既相互排斥又相互依赖、既奉献又索取的利益关系。"每个人为另一个人服务，目的是为自己服务；每个人都把另一个人当作自己的手段互相利用。""表现为全部行为的动因的共同利益，虽然被双方承认为事实，但是这种共同利益本身不是动因，它可以说只是在自身反映的特殊利益背后，在同另一个人的个别利益相对立的个别利益背后得到实现的。"① 只要存在着阶级，利益冲突就不可避免。道德权利产生于一定的社会利益关系，又通过主体享有某种利益、权能或自由而调整该利益关系，促进社会公正。老龄道德权利根源于社会经济利益关系，是老龄主体对自身的利益、权能与自由的确证。它有三个基本要素②：一是利益。权利内含着利益，一项权利之所以成立，也是为了保护某种具体利益。利益既有物质的，也有精神的，道德利益是主体由于道德需要的实现而由衷地产生的一种精神上的满足感。老龄道德利益以物质需要的满足为基础，以

---

① 《马克思恩格斯全集》第 46 卷（上册），人民出版社 1979 年版，第 196 页。

② 夏勇认为，权利有五大要素即利益、主张、资格、权能、自由（参见夏勇《人权概念起源》，中国政法大学出版社 1992 年版，第 42—44 页）。我在此参考了他的观点。

精神慰藉、情感归依、价值实现以及善终为基本内容，是一种较高层次的精神利益。二是权能。即不容侵犯的权威与能力。道德权利在获得法律认可之前仅具有道德权威性，侵害它，并不会招致法律惩处。在获得法律确认后，它不仅具有道德权威性，还具有法律权威性；侵害它，不仅要受到道德谴责，还要受到法律制裁。目前，我国老龄人的物质权利基本上有法可依，但精神赡养权难以得到有效保障。保障老龄人的精神赡养权不仅需要法律支持，更需要充满人文关怀的社会伦理支持。此外，权利主体还要具备享有和实现利益的实际能力。三是自由。自由既是权利的内容和实现权利的条件，也是权利的道德价值目标。哲学上的自由是指对必然的认识和对客观世界的改造。道德自由是主体由于认识了道德本质、掌握了道德运动的基本规律，从而能够自主地进行道德实践、实现自身价值目标，进而促进社会道德发展的精神境界。由享有权利到实现道德自由是道德权利运动的一般过程。对于老龄人来说，道德自由是在老有所养、病有所医、老有所乐、老有所学、老有所用的基础上所达到的"从心所欲，不逾矩"① 的道德理想境界。

接下来讨论道德义务。这里的道德义务不是与老龄道德权利相对应的老龄道德义务，而是指社会的道德义务，即社会所应承担的对老龄人的道德责任。简要地说，道德义务是一定社会道德制度所规定的主体对社会、对他人的职责、任务与使命。② 社会道德义务的承担主体是国家、政府以及具有道德责任能力的个人。

"为民"是社会道德义务的本质要求，也是行政伦理品德的重要内容③，它体现在国家、政府为民众谋实利的具体行政伦理活动中。从国家制度、政府行为的高度关爱老龄群体是国家的重要职能，也是其道德义务。它要求把对老龄人的社会伦理关怀纳入社会制度建设范畴，依靠道德制度和法律制度维护老龄人的各项合法权益。"行法之所是，并关怀福利，——不仅自己的福利，而且普遍性质的福利，即他人的福利。"④ 这

---

① 《论语·为政》。
② 罗国杰主编：《伦理学》，人民出版社 1989 年版，第 195 页。
③ 王伟、鄢爱红：《行政伦理学》，人民出版社 2005 年版，第 200 页。
④ ［德］黑格尔著，范扬、张企泰译：《法哲学原理》，商务印书馆 1961 年版，第 136 页。

是黑格尔对义务的规定。义务与"福利"即普遍的利益是密切相关的，对他人履行义务就是关怀他人、促进他人利益的实现。这里的"法"是"主观意志的法"，"主观意志的法在于，凡是意志应该认为有效的东西，在他看来都是善的"。"对主观意志说来，善同样是绝对本质的东西，而主观意志仅仅以在见解和意图上符合于善为限，才具有价值和尊严。"① "主观意志的法"虽然是超现实的，但它是一种以普遍的利益关怀为内容、以"善"为价值指归的道德义务，具有普适性。对老龄人的道德义务正是基于现实利益关系、以"善"的伦理原则为指导的一种行政伦理责任。"福利没有法就不是善。同样，法没有福利也不是善。"② 履行对老龄人的道德义务不仅是为了保障和实现其各项合法权益，而且是为了促进社会公共善。有学者认为："政府德性是政府行政过程各要素的德性的结合，所产生的行政行为和行政效果，直接影响着社会道德，具有强烈的导向性和示范作用。"③ 承担社会道德义务是政府德性与公信力的重要来源，也是形成尊老、养老、爱老的良好社会道德风尚的根本途径。

具有道德责任能力的个人是社会道德义务的具体承担者。威廉·葛德文认为："义务这个名词的应用，似乎应该在于描述一个人能够最好地为公共福利服务的那种方式。"④ 就个人而言，对老龄人承担道德义务就是将社会他律性义务转化为内心的道德责任，真诚地关爱老龄人，同时在关爱中自己也将获得一种精神回馈。

老龄道德权利与社会道德义务是老龄伦理的两个基本要素。老龄道德权利是社会道德义务产生的前提；只有履行社会道德义务，才能真正实现老龄道德权利。

（三）"优生"与"优死"的伦理归一

"优生"指提高生活质量，幸福度过晚年。生活质量这一概念是由美国经济学家加尔布雷斯（J. K. Calbraith）于 1958 年提出来的。关于生活质量的含义，大致有三种看法。客观派强调物质生活条件对生活质量的决

---

① ［德］黑格尔著，范扬、张企泰译：《法哲学原理》，商务印书馆 1961 年版，第 133 页。

② 同上书，第 132 页。

③ 钱东平：《政府德性论》，江苏人民出版社 2005 年版，第 61 页。

④ ［英］威廉·葛德文著，何慕李译：《政治正义论》第三卷，商务印书馆 1980 年版，第 696 页。

定作用。主观派认为，生活质量体现为幸福感、满意度和主观生活水平，侧重于人们对生活幸福的主观感受。综合派认为，生活质量是人们的物质生活条件与主观满意度的综合体现。[①] 生活质量指标体系具体包括哪些方面，目前世界各国没有统一标准，但是物质生活条件和精神幸福感是两个必不可少的要素。据此，本书将老龄生活质量定义为老龄人口物质生活条件优劣程度及其道德生活满意度。"优生"就是提高老龄人口的物质生活条件及其道德生活满意度。

物质生活条件主要是指养老物质资源和服务资源，前者包括养老金、赡养费、粮食、住房等，后者包括日常生活照料、生病护理等[②]，这是衡量生活质量的硬指标。"未富先老"是我国老龄社会的基本特点。老龄人口总体生活质量受到社会经济实力不足的严重制约，加之社会经济转型、社会资源配置市场化，老龄人口在市场竞争中处于劣势，不少老龄人生活质量提高缓慢甚至有所下降，成为贫困率高发人群。王德文、张恺悌利用2000年人口普查和中国城乡老年人口状况一次性抽样调查资料，对中国老龄人口数量、生活状况和贫困发生率进行了分析，结果显示，在当时中国近1.3亿老龄人口中，老龄贫困人口数量为921万—1168万人，其中城市为185万—246万人，农村为736万—922万人；全国老龄贫困发生率为7.1%—9.0%，其中城市为4.2%—5.5%，农村为8.6%—10.8%。[③] 2006年，经国家统计局批准，由中国老龄科研中心具体承担，在全国20个省、自治区、直辖市开展了《中国城乡老年人口状况追踪调查》，此次调查结果与2000年首次进行的《中国城乡老年人口状况一次性抽样调查》情况相比，可以看出我国城乡老龄人基本生活状况有了比较明显的改善与提高，但老龄贫困问题仍然不可忽视。截至2006年6月1日零时，全国60岁以上老龄人口总数为14657万人，其中城市老龄人3856万人，农村老龄人10801万人。城市中有近20%的老龄人年收入处

---

① 蒋志学、刘艳、赵艳霞：《老年人生活质量指标体系探析》，《市场与人口分析》2003年第3期。

② 邬沧萍主编，杜鹏、姚远、姜向群副主编：《社会老年学》，中国人民大学出版社1999年版，第264页。

③ 王德文、张恺悌：《中国老年人口的生活状况与贫困发生率估计》，《中国人口科学》2005年第1期。

于不足 4600 元的低水平，低于城市老龄人年均中位收入的 50%，且仍有 135 万城市老龄人的收入低于当地的最低生活保障线；农村中有 27% 的老龄人年收入处于不足 750 元的低水平，低于农村老龄人中位收入的 50%，且仍有 2160 万农村老龄人收入低于农村困难救助的水平。① 与其他年龄人口相比，老龄人口的致贫风险大得多，而且贫困程度还将随着年龄的增长而加大。消除老龄贫困、全面提高老龄人口的生活质量是我国社会经济发展的一个重要目标。

道德生活满意度是人们对社会道德交往与伦理关怀的主观感受与评价，这是衡量生活质量的软指标。道德交往是在经济交往基础上形成的、以一定的道德原则与道德规范为调节机制的人际交往，是在利益交往过程中发生的主体之间的社会互动，是社会交往的德性形式。道德交往的核心仍然是个人利益与他人利益、社会整体利益的关系问题。老龄群体利益是社会整体利益的一部分，社会资源分配是对不同年龄群体利益的调整，老龄群体利益是否得到有效保护、与其他群体之间的利益关系是否协调直接影响老龄人口生活质量。代际道德交往以代际公正为原则，以代际平等、代际互惠、代际补偿为理念，通过社会伦理制度与法律制度加以保障。代际道德交往良性发展是提高老龄人口道德生活满意度的基本条件。

社会伦理关怀也是影响老龄人口道德生活满意度的重要参数。这里的伦理关怀主要是指对老龄人的精神关爱。从需要满足角度定义生活质量的美国模式主张，社会发展的最终目标不是关注客观生活质量，而是人们对幸福的主观感受。美国社会学家 N. R. 霍曼、H. A. 基亚克认为："精神性一直被认为是个人感觉生活质量（不论年龄或社会经济地位）和保持健康的生活的一个重要因素。精神上的幸福不仅与生活质量有关，而且与活下去的决心有关。"② 世界卫生组织将生活质量指标分为生理的、心理的、独立水平、社会关系、环境和精神六大方面，认为生活质量"是在一定文化和价值体系下，个人对其生活地位以及目标、期望、标准和关心

---

① 《中国城乡老年人口状况追踪调查》研究报告，http://www.china.com.cn/policy/txt/2007 – 12/17/content_ 9393143. htm。

② ［美］N. R. 霍曼、H. A. 基亚克著，冯韵文、屠敏珠译：《社会老年学——多学科展望》，社会科学文献出版社 1992 年版，第 419 页。

的认知"①。可见，人们对精神生活的感知与评价已成为衡量生活质量的重要指标，精神幸福感是衡量老龄生活质量的重要参数。提高老龄人口的道德生活满意度，促进其精神幸福，是社会伦理关怀的基本目标之一。

"优死"是指无痛苦、有尊严地死亡。荀子曰："生，人之始也；死，人之终也；始终俱善，人道毕矣。"② 善始善终才是完整的道德人生。善终意味着老龄人不仅要在纯时间意义上延长寿命，还要健康地活着、无痛苦地走向生命终点。现代医学技术的发展使人类不断地战胜死亡之神，延迟着个体生命的终结，然而，它并不一定能保证生命的质量。一些人虽然在生物学意义上活着，但或已无意识、思维能力，或活得很痛苦。正如霍曼、基亚克所言："现在有许多老年人付出了极大的代价，从本来会致他们于死命的疾病中得救，只是保证他们会以同样高甚至更高的代价死于另一种疾病。"③ 健康老龄化不仅是指老龄人预期寿命的健康延长，还指因不可治愈的疾病极度痛苦时对安乐死的伦理抉择。

"优死"还包括老龄人即将走向生命尽头时，能够得到医护人员、亲属及社会给予他们的伦理关怀。消解死亡焦虑是"优死"的心理前提。关爱生命、全面疗护是临终关怀的宗旨，全力救治、舒适照护以及消减痛苦是临终关怀的三个基本伦理原则。丧葬是死的延续，以节葬取代厚葬是文明丧葬的伦理选择，也是"优死"的必然要求。

"优生"是高质量的生活，是生存的积极状态；"优死"则是生命的无痛苦终结，是生命的优逝。在此意义上，"优生"与"优死"实现了伦理归一。

---

① 周长城、饶权：《政策层面的生活质量指标体系》，《江苏社会科学》2002 年第 1 期。

② 《荀子·礼论》。

③ ［美］N. R. 霍曼、H. A. 基亚克著，冯韵文、屠敏珠译：《社会老年学——多学科展望》，社会科学文献出版社 1992 年版，第 618 页。

第二章 公正论：代际伦理

代际公正是老龄伦理的基石，它是社会公正在代与代之间的历史延续。善待老人是代际公正的根本要求，也是老龄伦理的核心内容。确立代际公正的基本理念、探寻代际公正模式，并从制度伦理设计和制度伦理实施两个层面进行制度伦理建构，才能保证代际公正的有效实现。

第一节 代际伦理的根本原则与代际关系的两个极端

代际公正是代际伦理的根本原则。在中国传统社会，老龄人是家族的权威与核心，处于家族霸权地位。进入工业社会后，科技革命与知识经济的到来使老龄人的权威地位受到极大挑战，老龄歧视成为一种不可否认的社会现象。老龄霸权与老龄歧视是代际伦理关系的两个极端，是代际不公正的两种表现形式。剖析这两种社会现象，找出其产生的原因并予以道德矫正，是实现代际平等、代际互惠、代际补偿的理论前提和现实需要。

一、代际公正：代际伦理的根本原则

人类社会的发展是代代相续的历史过程。从幼儿、少年到青年、中年直至老龄，是个体的生命发展历程。幼儿群体、青年群体、中年群体、老龄群体是根据社会年龄划分的社会子群，幼代成长为青年、中年一代，再逐渐过渡到老龄一代，就是人类社会的世代交替过程。幼—壮—老之间的代际发展是一条时间长链。代际伦理是现时的幼、壮、老三代之间的道德互动关系，其根本原则是代际公正。它意味着在场各代在社会中地位平等、待遇均衡。幼儿与老龄人都是社会的弱势群体，是社会伦理关怀的主要实施对象。然而，他们的发展前景截然相反。幼儿天生惹人怜爱，他们

如初升的太阳，是社会的明天，因而往往成为家庭的重心、社会关怀的重点。相比之下，老龄人由于生理器官功能不可逆转地日趋退化、疾病频繁光顾，正一点一点地丧失着生命的希望。现代社会，老龄人不仅是生理性弱势群体，还是社会性弱势群体。随着退休而来的经济收入的跌落以及年轻一代在知识经济时代独占鳌头，老龄人在家庭中的权威地位正在逐渐削弱，得到的社会关爱也较少。尊老不足、爱幼有余使代际伦理关系重心下移，社会对子代的关注甚于对老龄一代的关注，这必然导致代际伦理关系失衡。"小皇帝"现象与"啃老族"的形成反映了当代中国两种弱势群体的不同遭遇，映射出代际伦理关系的失衡及其道德挫折。"小皇帝"现象已经引起人们的警觉；而对于"啃老族"，人们更多地表现出一种无奈与包容。据中国老龄科研中心的调查，目前我国有65%以上的家庭存在"老养小"现象，有30%左右的成年人仍然依靠父母供养，这些早该自立却"吃定"父母的人就是"啃老族"①。"啃老族"的形成有多种原因，就子代而言，自身能力不足无法自立或长期依靠父母而不愿谋求自立以及尊老、养老意识淡薄是主要原因。就父母而言，或出于无奈，或甘愿而为，或一贯娇溺子女也在一定程度上助长了"啃老"的不良风气。老龄阶段本是休闲养生的阶段，"啃老族"将挖空老龄人为数不多的退休金与积蓄，影响其晚年生活质量。代际伦理是以现实的幼—壮—老三代之间的利益关系为核心的伦理关系，以及实现该关系的公正调节、促进该关系协调发展的伦理原则与道德规范的总称。不论是"小皇帝"现象还是"啃老"现象，都是代际交往不平等的结果，将使代际伦理关系失去道德支点而失衡。

社会伦理关系是一种具有精神道德特性的"主—主"关系，即交互主体关系，其核心内涵是"交互主体的相互承认以及人格意义上的相互尊重"②。幼代、中青年一代与老龄一代均是代际伦理关系的主体，在代际道德交往中处于平等的地位，形成的是交互主体间的平等关系。然而，"小皇帝"现象折射的是一种少儿霸权，他们"凌驾"于父母长辈之上，父母与祖父母、外祖父母成为代际交往中被动的客体一方。"啃老"现象

① 《30%成年人父母供养，啃老族谁之过》，http://news.xinhuanet.com/forum/2005-07/13/content_3210313.htm。
② 龚群：《论社会伦理关系》，《中国人民大学学报》1999年第4期。

则是年轻一代把老龄人作为一种生存的工具或手段。这样，伦理应然层面上的"主—主"关系被伦理实然的"主—客"关系所取代，代际伦理关系由于失去公正的道德价值支撑而发生倾斜。

代际公正是维持幼—壮—老之间的交互主体性、实现代际伦理关系和谐发展的根本原则。老龄人曾经是推动社会向前发展的功臣，随着年龄的增长，他们逐渐丧失了强势地位而成为弱势群体，其主体性往往是在社会的伦理关怀中得以凸显。对老龄人的伦理关怀是代际伦理不可缺少的关涉视阈，也是代际公正的重要体现。老龄人是昨天的青年人，今天的青年人是明天的老龄人，善待老人就是善待我们自己的明天。老龄人用毕生心血创造了过去，为后代发展做了铺垫，理应得到社会的尊重和关爱。幼童与老龄人是社会天平上的两个等量砝码，善待幼童与善待老龄人是保持代际伦理关系和谐发展、实现代际公正的两个重要方面，两者不可偏废。

善待老龄人也是社会可持续发展的内在要求。社会经济的发展具有代际叠加性，它不仅体现为当代人的发展成果，也包含着老一代的创造性劳动，同时为未来一代积累一定的物质财富与精神财富。可持续发展就是代际财富和社会资源的叠加、整合、新生与增值的过程。善待老龄人、促进代际伦理关系和谐发展是可持续发展的内在属性和基本要求。可持续发展的代际伦理观以当代人的现实幸福为基础，它一方面强调在场各代不以牺牲后代人的利益为代价而谋求短暂的幸福；另一方面强调尊重前人的劳动成果及其历史文化价值，实现老龄一代与当下劳动的青壮年一代以及幼代共享社会发展成果这一社会伦理目标。按劳分配是社会主义市场经济的分配原则，从总体上看是公正的，但由于它是以当下劳动者的贡献作为主要参量，而老龄人已退出职业劳动岗位，因而，对老龄群体来说，"按劳分配"作为初次分配的原则隐含着一定程度的不公正，它忽视了老龄一代曾经为社会作出的贡献，或者只是把他们过去付出的劳动及其成果作为一种参量。如何矫正？关键在于公正地进行国民收入的再分配。历史性、现实性、未来性的统一是代际公正的重要特征。把老龄一代作为曾经推动时代向前发展的功臣给予应有的尊重和关爱，而不是把他们作为"垫脚石"，觉得没用了就一脚踢开，是实现代际公正、建构和谐代际伦理关系的客观要求。诺齐克说："分配正义的权利理论是历史的，分配是否正义依赖于它是如何演变过来的。"① "正义的历史原则坚持认为：人们过去的环境或行为能创造对事物的不同权利或应得资格。"② 分配的正义性是代际公正的重要体现，它以分配的历史性为前提，这不仅意味着分配正义原则具有历史性与相对性，而且是指一定社会的分配制度要以前人的社会贡献的先在性作为重要伦理依据。人类社会的世代交替与发展建立在前人的创造性劳动成果的基础上，他们的社会贡献是不能埋没的，其社会价值也是不容贬低与忽视的。

1995 年，联合国在丹麦哥本哈根召开了社会发展问题世界首脑会议，提出了"人人共享的社会"的奋斗目标。2002 年，联合国第二次老龄问题世界大会通过了《老龄问题国际行动计划》，将奋斗目标确立为"建立一个不分年龄、人人共享的社会"，这既是社会发展的终极目标，也是协调代际关系的普遍伦理原则。党的十七大报告指出："必须坚持以人为本。……保障人民各项权益，走共同富裕道路，促进人的全面发展，做到发展为了人民、发展依靠人民、发展成果由人民共享。"③ 老龄人共享社会发展成果是坚持以人为本，实现代际平等、代际互惠、代际补偿的内在要求，是当代中国经济发展的根本价值目标，是社会进步的重要标尺。

二、老龄霸权与老龄歧视

老龄伦理以老龄群体与其他群体及整个社会之间的利益关系及其公正调节为核心，善待老人、促进三者利益关系协调发展是其根本要求，也是实现代际公正的重要依赖条件。老龄霸权与老龄歧视则是代际不公正的表现，是代际伦理关系的两个极端。

在中国古代社会，老龄人在家族中的权威地位是不容侵犯、不可动摇的。老龄霸权的形成与中国古代的父权家长制密切相连。父祖是家族统治的首脑，家族的经济权、法律权、宗教祭祀权都掌握在他一人之手，家族中所有的人——包括其妻妾子孙和他们的妻妾、未婚女儿孙女，同居的旁

---

① ［美］罗伯特·诺齐克著，何怀宏等译：《无政府、国家与乌托邦》，中国社会科学出版社 1991 年版，第 159 页。
② 同上书，第 161 页。
③ 胡锦涛：《高举中国特色社会主义伟大旗帜 为夺取全面建设小康社会新胜利而奋斗——在中国共产党第十七次全国代表大会上的报告》，人民出版社 2007 年版，第 15 页。

系卑亲属，以及家族奴卑，都在其掌管之下①。子孙即使成年后也必须绝对遵从父祖的意志，不得违抗，否则就会受到惩责，乃至被殴杀②。这种由法律赋予的家长权使老龄人尤其是男性长老在家族中享有至高无上的地位，这也是我国古代社会尊老伦理文化形成的重要原因。从经济根源看，老龄霸权的形成是由我国古代社会以农业为主的生产方式和自给自足的自然经济所决定的。在古老的农业社会中，老龄人所积累的丰富的生产经验和劳动技能被奉为至宝，他们在认知与道德方面都具有绝对的权威性，"年轻人以老人为楷模，直接向老人学习。老人是年轻一代的大脑和教科书。"③ 这就决定了老龄人在前工业社会中享有很高的威望和社会地位。

自工业革命以来，人类的生产生活方式发生了巨变，传统农业社会的经验型生产方式已经成为过去，老龄人积累的生产经验、知识技能已不再珍贵，或被视为过时。科技在社会生产中发挥着越来越重要的作用，这为年轻一代创造了空前的发展机遇，他们思维活跃、善于创新，成为引领时代潮流的先锋。在剧烈的社会变迁中，老龄人的权威地位不可避免地受到冲击。老龄歧视正是工业革命的产物。它体现为对老龄人社会价值的贬低与社会地位的歧视。在社会学上，与老龄歧视相关的理论主要有三个：年龄分层论、脱离理论和冲突论。

年龄分层论主张，年龄"不仅是一种个人特征，而且是现代社会各方面的一个动态成分"④。该理论有四个要素。（1）有一个由不同个人组成的群体。此群体可按照年龄或其他发展标准分为若干年龄层（子群体）。（2）各个年龄层对社会的贡献。由于经济发展、技术水平、文化素质、健康状况等各种情况不同，不同年龄层的能力及其对社会的贡献也就各异。老龄化过程实际上是从一个年龄层向另一个年龄层的运动，体现为能力和贡献的变化。（3）年龄层的社会作用形式。年龄对人们所承担的社会角色或所起的社会作用具有直接影响，如结婚、选举、退休等都必须

---

① 瞿同祖：《中国法律与中国社会》，中华书局1981年版，第5页。
② 同上书，第7—8页。
③ 张永杰、程远忠：《第四代人》，东方出版社1988年版，第22页。
④ ［美］乔恩·亨德里克斯、戴维斯·亨德里克斯著，程越、过启渊、陈奋奇译：《金色晚年——老龄问题面面观》，上海译文出版社1992年版，第127页。

达到法定年龄。但是，年龄与人们承担的社会角色、社会责任及其社会作用并非都是直接相关的，而是灵活多变的。（4）与年龄有关的期望，包含于人们对所扮演的角色的反应方式中。期望是公众对某一年龄层的人所共同认可的一种行为模式，如儿童天真可爱、青少年好思好动、中年人沉稳坚毅、老龄人持重睿智。年龄与角色期望也不是一一对应的关系，老当益壮、少年老成体现了二者之间的反差。这四个要素实际上反映了自然人与社会人之间的内在关联，即年龄、能力、贡献与角色、期望之间的关系。① 该理论的不足之处在于它主要是根据按年月计算的生理年龄或生命阶段来评价人的能力、社会责任与贡献。

由于老龄人生理健康状况日趋退化，加之退休使其对社会贡献的制度性终止，老龄歧视随之产生，或至少隐含着老龄歧视的可能性。老龄歧视实质上是对老龄人的能力、社会地位与社会价值的贬低或否定，是以老龄群体现有社会贡献的减小抹杀他们曾经为社会所做的贡献，以其体能的下降否定其过去的工作能力，这显然是不公正的。科学的年龄分层论不仅要对不同年龄层现有的社会贡献进行客观描述，还要对过去的年轻一代即现在的老龄一代曾经所做的社会贡献、所履社会职责及其能力等加以说明。同时，它没有考虑老龄个体之间的差异，以年龄为评判全体老龄人的唯一依据，还忽略了不同阶层之间的许多差别是由机会不平等造成的。②

脱离理论认为，老龄人身心衰弱，已无法充分发挥社会作用，不适宜继续担任社会角色，而应脱离社会。这是老龄人在丧失一系列社会角色、生产能力以及竞争力后的一种适应行为，这种脱离可以使他们保持"一种有价值和平静的感觉，同时扮演比较次要的社会角色"③。美国宾夕法尼亚州立大学健康与人类发展研究院教授杰弗瑞·戈比（Geoffrey God-bey）曾说："当人变老的时候，他们脱离社会，社会也脱离他们，为最后的脱离——死亡——做准备。这个基于生物变化的无可避免的过程是渐

---

① 邬沧萍主编：《社会老年学》，中国人民大学出版社 1999 年版，第 277—278 页。

② ［美］伊恩·罗伯逊著，黄育馥译：《社会学》上册，商务印书馆 1990 年版，第 442 页。

③ ［美］N. R. 霍曼、H. A. 基亚克著，冯韵文、屠敏珠译：《社会老年学——多学科展望》，社会科学文献出版社 1992 年版，第 69 页。

变的，就如一片叶子，远在寒霜杀死它们之前就已经枯萎了。"① 这种相互脱离把老龄人推向了社会的边缘，成为社会边缘群体。脱离理论描绘了社会与老龄人之间相互脱离的残酷现实，但它忽视了个性在一个人适应衰老过程中的作用。有些老龄人总是积极地参与社会活动，这是他们一贯的生活方式；而有些人"总是退缩或消极"，脱离社会对他们来说是原有生活的自然延续或过渡。至于老龄人与社会政治活动的脱离，可能不是个人选择的结果，而是社会不再为他们提供继续参与的机会。② 脱离理论还忽视了脱离的文化特征。老龄人与社会的渐进式脱离虽不可避免，但其在老龄亚文化群体中仍可扮演主要角色，不受年龄歧视，没有心理压力。他们通过老龄亚文化群体与社会保持着一定的联系，有时甚至还通过所在的亚文化群体对社会产生某种不可忽视的影响。

冲突论认为，社会不同年龄组或年龄群体不仅是一个社会范畴，而且作为不同阶层被列入权力、声望、财富的等级制度中，并不断为稀少的社会资源而竞争。老龄群体边缘化来自老龄人与其他阶层之间的结构性不平等，这种不平等与其他结构性社会不平等（如建立在财富、种族、民族或性别差异基础上的不平等）没有什么区别。老龄人是社会上的少数群体，与其他劣势群体一样，很容易在就业、政治参与问题上遭受歧视，也是贫困率高发群体，他们忍受年龄歧视与社会偏见，受犯罪分子侵害率很高，普遍缺乏自尊心。③ 冲突论揭示了老龄歧视产生的制度因素。我认为，年龄可以成为制度伦理建构的一个参数，但不应成为歧视性制度安排的参数。"用于确定与年龄有关的角色的标准为社会优先事项和价值观念提供了可靠指南。"④ 这就是说，"老龄"或"老龄群体"是确定社会优先事项的一个重要参数，老龄道德权利优先就是制度伦理安排的结果。老

---

① ［美］杰弗瑞·戈比著，康筝、田松译：《你生命中的休闲》，云南人民出版社2000年版，第225页。

② ［美］N. R. 霍曼、H. A. 基亚克著，冯韵文、屠敏珠译：《社会老年学——多学科展望》，社会科学文献出版社1992年版，第70页。

③ ［美］伊恩·罗伯逊著，黄育馥译：《社会学》上册，商务印书馆1990年版，第140—141页。

④ ［美］乔恩·亨德里克斯、戴维斯·亨德里克斯著，程越、过启渊、陈奋奇译：《金色晚年——老龄问题面面观》，上海译文出版社1992年版，第129页。

龄歧视在一定意义上却是将"老龄"或"老龄群体"作为不平等的制度安排的参数，背离了代际公正。

老龄歧视必然导致老龄群体边缘化，这体现为老龄人处于非主导性社会地位、扮演次要社会角色乃至角色空缺。老龄一般与无用、多疑、衰老、死亡相连，这一方面是由于老龄期身体状况不可逆转地退化，另一方面是由社会文化变迁造成的。《维也纳国际老龄行动计划》指出："单以人们的年龄长幼来判断是否达到老龄阶段，同时人们一旦丧失了就业身份，就可能被完全置于其社会的次要地位的这类做法，是某些国家社会——经济发展过程中可悲的矛盾现象。"① 老龄歧视及其所导致的老龄群体边缘化，对老龄人显然是不公正的。

当然，老龄群体的边缘化并非只有消极效应。脱离理论的创建者伊莱恩·卡明和威廉·亨利认为："脱离社会的老年人摆脱了对职业角色的种种要求，比那些仍然在工作的老年人更容易进入令人满意的家庭关系。"② 这里所谓"脱离社会"是指退出职业劳动岗位、回归家庭生活。这是社会发展的制度要求。社会发展是权力与角色的接力式传承过程，所有的社会都需要井然有序地把老龄一代的社会职位与权力传给年轻一代。退休制度使年轻人有机会进入职业角色，确保社会持续发展。因此，卡明和亨利认为："不应该谋求恢复老年人的生气，应该鼓励他们退出社会。"③ 当然，退出职业角色并不意味着与社会完全脱离，恰恰相反，老龄人需要通过参与多种社群活动来填补制度性角色的空缺。

老龄霸权与老龄歧视是代际不公正的两个极端。老龄霸权时代已成为过去，我们要做的是消除老龄歧视现象，正确认识老龄人的社会地位、恰当评价其社会价值。这是实现代际公正的理论前提与思想基础，是老龄化中国的重要社会伦理课题。

---

① 全国老龄工作委员会办公室、中国老龄协会编：《第二次老龄问题世界大会暨亚太地区后续行动会议文件选编》，华龄出版社 2003 年版，第 319—320 页。

② ［美］N. R. 霍曼、H. A. 基亚克著，冯韵文、屠敏珠译：《社会老年学——多学科展望》，社会科学文献出版社 1992 年版，第 69 页。

③ 同上。

第二节　代际公正的基本理念

理念是一定社会制度赖以建立和一定社会规则赖以实施的根本价值依据。阐明代际公正的基本理念是建立代际公正模式、进行代际公正的制度伦理建构的理论基础。代际平等、代际互惠、代际补偿是老龄伦理关怀视角下代际公正的三个基本理念。

一、代际平等

平等是指人们在社会上处于同等的地位，在政治、经济、文化各个方面享有同等的权利。代际平等指在场各代即现实存在的各代具有平等的人格尊严，平等地享有社会政治参与权、经济利益分享权以及文化活动权。

恩格斯指出："平等是正义的表现，是完善的政治制度或社会制度的原则，这一观念完全是历史地产生的。"① 平等首先体现为人格尊严的平等。尊重的需要是人类特有的高级精神需要，既包括尊重人，也包括受人尊重。人类之所以需要相互尊重，是因为每个人都具有人格尊严。然而，人格尊严并非与生俱来，而是社会历史发展的产物。在奴隶制和封建制时代，奴隶、农奴或是奴隶主财产的一部分，或与封建主形成人身依附关系，根本谈不上什么人格尊严。18 世纪资产阶级革命提出了"自由"、"平等"、"博爱"等口号，第一次凸显了人格尊严，具有积极的启蒙意义。资产阶级登上历史舞台后，以一种新的、更为隐蔽的剥削制度取代另一种剥削制度，"平等"、"自由"、"博爱"成为资本家榨取剩余价值的理论粉饰，工人阶级的人格尊严只有在其创造的剩余价值被制度性地转移到资产阶级手中时才得到"尊重"。社会主义生产资料公有制的建立确立了人与人之间同志式的平等互助关系，为实现包括人格尊严平等权在内的人类平等权利提供了可能。

代际平等意味着在场各代不分年龄平等享有人格尊严，同时突出强调对老龄人的尊重。《维也纳国际老龄行动计划》指出："社会经济发展的

---

① 《马克思恩格斯全集》第 20 卷，人民出版社 1971 年版，第 668 页。

一项重要目标是实现一个所有年龄不分长幼的人融为一体的社会，在这个社会里，年龄歧视和非自愿隔离已被消除，而各世代之间的团结和相互帮助得到鼓励。"[①]　虽然老龄人已退出职业劳动岗位、体能也在逐渐衰退，但其社会贡献具有先在性，他们用毕生精力为社会创造了丰富的物质财富和精神财富，是社会发展的铺路石，年轻一代受其荫泽，理当尊重老龄一代。

我国尊老伦理文化源远流长，是可持续发展的代际伦理关系的社会文化基础。年轻一代对老龄一代的尊重就是对自己未来的尊重；一个民族、一个国家对老龄人的尊重既是尊重民族的历史，也是尊重国家的未来。每一个人，不论其年龄、性别、种族、语言、宗教、政治观点或社会背景如何，都拥有不可让渡和不可侵犯的尊严。因此，每一个人以及每一个国家都有义务尊重并保护这种尊严。培养代际间的相互尊重和关爱，达到合理的代际利益平衡，既是人类的伦理底线，也是走向全球融合的普遍伦理目标。

恩格斯指出："一切人，作为人来说，都有某些共同点，在这些共同点所及的范围内，他们是平等的，这样的观念自然是非常古老的。但是现代的平等要求与此完全不同；这种平等要求更应当是从人的这种共性中，从人就他们是人而言的这种平等中引申出这样的要求：一切人，或至少是一个国家的一切公民，或一个社会的一切成员，都应当有平等的政治地位和社会地位。"[②]　老龄人是否平等地享有政治参与权是代际平等的重要标尺。在某种意义上，老龄歧视集中体现为老龄人政治参与权的弱化。退休使老龄人不再有机会参与社会政策的决策，对重大社会问题也无权过问，由此使一些社会政策尤其是与老龄人切身利益相关的政策不能充分表达其权益。当然，老龄人享有社会政治参与权并不意味着他们对社会政策具有决定权，而是具有建议权、顾问权。老龄人用一辈子的时间积累了丰富的人生经验，他们的意见、建议对社会决策不无价值。在中国传统社会里，老龄人是社会制度、统治秩序和伦理观念的象征与物化形式[③]，其经验价

---

① 全国老龄工作委员会办公室、中国老龄协会编：《第二次老龄问题世界大会暨亚太地区后续行动会议文件选编》，华龄出版社 2003 年版，第 318 页。

② 《马克思恩格斯选集》第 3 卷，人民出版社 1995 年版，第 444 页。

③ 姚远：《老年人社会价值与中国传统社会关系的文化思考》，《人口研究》1999 年第 5 期。

值超越了生理的衰老。"古之老者，虽不任以政。至于咨询谋谟，则老者阅历多而见闻广，达于人情，周于物礼。""文王用吕尚而兴，穆公不听謇议而败，伏生虽老犹足传经。"① 体现了老龄人政治参与的价值。《维也纳国际老龄行动计划》倡议老龄人积极参与社会政策的制定和执行，包括对他们特别有影响的投资。老龄人享有社会政治参与权已逐步成为社会共识。目前，我国需要解决的问题是建立有效的老龄政治参与机制及其利益表达机制，以真正实现老龄人的政治参与权。

平等分享社会发展成果是代际平等的实质，"建立一个不分年龄，人人共享的社会"是代际平等的根本目标。党的十七大报告指出，坚持以人为本必须"保障人民各项权益，走共同富裕道路"，"做到发展为了人民、发展依靠人民、发展成果由人民共享"②。在我国现阶段，"共享"就是合理分配社会资源，按照贡献大小平等分享社会经济利益。"贡献"不仅指正在劳动的年轻一代当下的社会贡献，而且包括老龄一代曾经为社会所做的贡献。但在现实的利益分配过程中，当下劳动者的贡献是主要参量，利益分配的杠杆不可避免地向他们倾斜，老龄人的利益往往受到忽视，这是导致老龄群体成为贫困率高发人群的一个重要原因（参见第一章第三节"老龄伦理的基本特征"中相关数据）。

如何消除老龄贫困现象以实现代际公正？关键在于加快建立覆盖城乡居民的社会保障体系，使包括老龄贫困人口在内的社会成员享有基本的生活保障。同时，要形成合理有序的收入分配格局，再分配的杠杆要向社会弱势群体尤其是老龄贫困人群倾斜。

罗尔斯认为："虽然财富和收入的分配无法做到平等，但它必须合乎每个人的利益"③；同时，"我们不能根据处在某一地位的人们的较大利益超过了处在另一地位的人们的损失额而证明收入或权力方面的差别是正义的"④。"共享"不是平均分享，而是根据"效率与公平兼顾"的原则，

---

① 《明太祖实录》（四）第 178 卷。

② 胡锦涛：《高举中国特色社会主义伟大旗帜 为夺取全面建设小康社会新胜利而奋斗——在中国共产党第十七次全国代表大会上的报告》，人民出版社 2007 年版，第 15 页。

③ ［美］约翰·罗尔斯著，何怀宏、何包钢、廖申白译：《正义论》，中国社会科学出版社 1988 年版（2005 年 12 月第 7 次印刷），第 61 页。

④ 同上书，第 65 页。

合理分配社会资源，使包括老龄群体在内的所有社会成员都能分享社会经济发展的成果。确保离退休金与物价上涨幅度持平，使老龄人的生活水准能够随着社会经济发展进程的推进而逐步改善。只有这样，才能在社会生产力不断发展的基础上，"保证一切社会成员有富足的和一天比一天充裕的物质生活，而且还可能保证他们的体力和智力获得充分的自由的发展和运用"①。

平等享有文化活动权对老龄人来说至关重要，有意义的文化活动是老龄人体验生活、实现人生价值的重要方式。社会学活动理论认为，每个人，不论什么年龄，都是在社会互动中找到生活的意义。社会活动是生活的基础，"对于一个正在变老的人，活动变得尤其重要，因为其健康和社会福利都有赖于继续参加活动"②。社会活动的程度还能决定人们是否顺利地进入老龄过程；如果人们要顺利地进入并幸福地度过老龄阶段，就必须保持适度的社会活动，特别是有意义的文化活动。因为老龄人所扮演的非强制性角色（即非制度角色）的来源越多，就越不会因为强制性角色（制度角色）的失去而情绪低落。文化活动有助于老龄人摆脱由于制度性角色的丧失而产生的角色空白困扰，重塑新的非职业性社会角色。

老龄亚文化群是老龄人融入社会的最好方式。社会成员如果处于同样的社会背景、面临共同的生活问题、具有一致的利益需求，彼此间的交往超出与其他社会成员的交往，就会形成一个亚文化群。随着我国老龄人口的增加，老龄亚文化群正成为引人注目的文化群体和文化现象。老龄秧歌队、时装表演队、书画班、各种形式的老龄俱乐部以及老龄大学等都是老龄亚文化群的具体形式。老龄活动场所、各种老龄服务设施、老龄公寓等的兴建为老龄亚文化群的形成创造了有利条件，它是老龄人的心灵归属、兴趣寓所、共同语言园地，是一块没有年龄歧视的净土。在西方国家，一些以老龄亚文化群为基础的老龄组织正成为争取老龄人权益的潜在社会力量。我国已进入老龄社会，老龄亚文化群的新增是一种必然趋势，"健康、乐群、有为、奉献"是以老龄亚文化群为活动单元的老龄文化生活

---

① 《马克思恩格斯选集》第三卷，人民出版社 1972 年版，第 440 页。

② ［美］戴维·L. 德克尔著，沈健译：《老年社会学——老年发展进程概论》，天津人民出版社 1986 年版，第 162 页。

的道德导向。

二、代际互惠

代际互惠指现时的老龄一代与年轻一代以及未来代互助、互利、互赢。人类社会的发展体现为代与代之间的互助与接力式传承过程。老龄一代与年轻一代之间抚幼与反哺的代际伦理互动是中国社会传统的代际互惠形式。这种双向伦理互动代代延续，构成中国社会发展的长链。在西方发达国家，代际互惠是一种后延式互惠，体现为老龄一代施惠于年轻一代，年轻一代又施惠于未来一代，依次后推。

代际互惠是实现代际伦理关系可持续发展的一个关键性依赖条件。父母养育子女、施惠于后代一般是发自内心的，不求回报；子女对父母的赡养既是一种报恩，也是一种社会责任。双方在自觉履行对等式义务的过程中，施惠于对方，感受相互的惠泽。相反，如果只有老龄一代对年轻一代的付出，而没有年轻一代对老龄一代的回报，或者父母不履行对子女的抚育义务，而当其年老体衰时却要求子女给予无条件的回报，代际互惠的链条必将断裂。在场的每一代在推进社会公正的过程中都尽自己的一份责任，以保持代际间的链式连接，这样才能使代际互惠持久地延续下去。

为了使代际互惠具有操作性，罗尔斯提出了"合理的储存率"这样一个定量指标。他认为："当一个合理的储存率保持下去时，每一代（可能除了第一代）都可以获得好处。一旦积累的过程开始并继续下去，它就对所有后继的世代都有好处。每一代都把公平地相等于正义储蓄原则所规定的实际资金的一份东西转留给下一代。"[1] "这种等价物是对从前面的世代所得到的东西的回报，它使后代在一个较正义的社会中享受较好的生活。"[2] 它描述了西方"接力式"财富流动与代际互惠的情况。"合理的储存率"要使每一阶段上的此代愿意为紧邻的后代所储存的资金数量与此代对前一代有权利要求的数量之间达到一种平衡。因此，它是在

---

① ［美］约翰·罗尔斯著，何怀宏、何包钢、廖申白译：《正义论》，中国社会科学出版社1988年版（2005年12月第7次印刷），第289页。

② 同上。

场的老龄一代、年轻一代与未来一代之间，或逝去的上一代与现时的此代及其下一代之间的一种具有适度张力的利益平衡。现时的此代是确定"合理的储存率"的主体，他们在一种"原初状态"中，根据上一代留给下一代的财富量、本代的实际需要和进一步改善生存环境所需以及未来一代的可能需求，确定一个合理的储存比例，以在三者之间取得利益平衡。

"合理的储存率"是在假定各方都处于"无知之幕"下确定的，即各方的社会地位、阶级出身、资质、理智、能力等均不为人所知；其善恶观念、心理特征也没有人知道；各方也都不知道自己所处社会的经济、政治状况及其所能达到的文明与文化水平。[①] 这使"合理的储存率"带有较强的理想化色彩。现时的此代在确定"储存率"时，其所谓"原初状态"既"不可以看作是一种实际的历史状态，也并非文明之初的那种真实的原始状态，它应被理解为一种用来达到某种确定的正义观的纯粹假设的状态"[②]。代际互惠是以契约形式体现的社会公正，它的实现依赖于具体的社会政治、经济条件，以及契约各方的社会地位、需求、品德等，正如马克思、恩格斯所言："每一历史时代主要的经济生产方式与交换方式以及必然由此产生的社会结构，是该时代政治的和精神的历史所赖以确立的基础，并且只有从这一基础出发，这一历史才能得到说明。"[③] 罗尔斯通过预设"无知之幕"、"原初状态"，回避了这些至关重要的因素，而借"康德的道德建构主义"[④]，在理想世界中进行虚拟的理论建构，推衍出"合理的储存率"，显然，这是一种具有政治中立性的抽象契约结果。罗尔斯深知社会正义实现的现实条件，欲以这些抽象的理论假设为社会正义的实现扫清障碍，然而，理论与现实的巨大反差决定了"合理的储存率"只能是一种美好的理论构想。

无论如何，罗尔斯为代际互惠提供了一种思路。父母将子女抚育成人

---

① ［美］约翰·罗尔斯著，何怀宏、何包钢、廖申白译：《正义论》，中国社会科学出版社1988年版（2005年12月第7次印刷），第136页。

② 同上书，第12页。

③ 《马克思恩格斯选集》第一卷，人民出版社1972年版，第237页。

④ 万俊人：《从政治正义到社会和谐——以罗尔斯为中心的当代政治哲学反思》，《哲学动态》2005年第6期。

究竟要花费多少，子女应该对父母付出多少，这是家庭内代际互惠要考虑的两个主要因素，各个家庭情况迥异。美国社会学家加里·斯坦利·贝克尔认为："年长的家庭成员是家庭的核心决策者，这些当前的决策者能用牺牲下一代利益的办法来增加其当前的消费。但他们不会这样干，因为他们关心其孩子的利益，也许还关心家庭其他成员的未来利益。同一个家庭里世代之间的这种连接纽带，要靠父母转移给孩子的家庭捐赠来维系。"①由于收入的世代社会变动性，同一个家庭不同代人的收入具有不均等性或非对称性，家庭内代际互惠主要靠家庭的核心决策者（如年龄较长而具有较强经济创收能力的成员）在自身的当前消费、未来需求以及下一代的利益需求之间保持一种利益平衡。

社会养老保险是现代社会代际互惠的制度形式，也是社会保障制度的核心。保障老龄人的基本生活需要是现代国家的基本职能。就当前我国的具体情况来看，通过社会养老保险促进代际互惠应主要把握好以下四个方面：一是进一步扩大社会养老保险覆盖面，尤其要提高农村的社会养老保险覆盖率；二是保证养老金按时足额发放；三是在我国社会生产力水平不断提高、国民生产总值持续增长的情况下，确保养老金得到相应增长，使老龄人口的生活水平与同期国民生活整体水平持平；四是要探寻"四二一人口结构"下代际互惠的社会伦理模式。

三、代际补偿

代际补偿是一种社会调剂，即通过国民收入的代际再分配对老龄一代进行收入补偿。合理的收入分配制度是社会公平的重要体现。收入分配的代际不均衡背离了社会公平原则，是代际不公正的集中反映。承认老龄一代曾经所作的社会贡献并给予充分的回报和补偿，是代际公正的根本要求，也是实现代际伦理关系和谐发展的关键。

党的十七大报告把"深化收入分配制度改革，增加城乡居民收入"作为加快推进以改善民生为重点的社会建设的一项重要内容，指出："要坚持和完善按劳分配为主体、多种分配方式并存的分配制度，健全劳动、

---

① ［美］加里·斯坦利·贝克尔著，王献生、王宇译：《家庭论》，商务印书馆1998年版，第212页。

资本、技术、管理等生产要素按贡献参与分配的制度。"① 国民收入分配的起点是生产要素的增加值，它来源于各生产要素参与生产活动的最终生产成果，增加值之和为国内生产总值。经济主体依据其拥有的生产要素的多少及其对增加值的贡献大小获得收入。这是生产与分配的基本原理。它决定了国民收入初次分配的基本方式是按劳动贡献进行分配。贡献一方面来自于生产者的活劳动，另一方面来源于资本、科技、信息等生产要素的收入增值。有学者认为，就历时性的代际状况而言，由于历史起点的不断抬高、生产要素的不断更新换代、科学技术的迅速发展以及社会管理水准的提升，尽管后代人的劳动强度在不断下降，但其对社会的贡献却不断增大。② 因此，按现有贡献进行国民收入的初次分配有利于正在劳动的年轻一代，老龄一代成为获利较小者。老龄人除了退休金（就有退休金的老龄人而言），基本没有其他制度性收入来源；在农村，还有很多老龄人根本没有退休金。《中国城乡老年人口状况追踪调查》结果显示，城市老龄人享受退休金的比例 2000 年为 69.1%，2006 年为 78.0%；农村老龄人享受退休金的比例 2000 年为 3.3%，2006 年为 4.8%。且城乡老龄人尤其是农村老龄人收入的总体水平和增幅均偏低。③

　　1997 年 7 月颁行的《国务院关于建立统一的企业职工基本养老保险制度的决定》规定："基本养老金由基础养老金和个人账户养老金组成。退休时的基础养老金月标准为省、自治区、直辖市或地（市）上年度职工月平均工资的 20%，个人账户养老金月标准为本人账户储存额除以 120。个人缴费年限累计不满 15 年的，退休后不享受基础养老金待遇，其个人账户储存额一次支付给本人。"同时，国家参照城市居民生活费用价格指数和职工工资增长情况，对基本养老金水平进行调整。2001 年 5—6 月一项对沈阳、齐齐哈尔、南京、合肥、郑州、宜昌、长沙等 10 个城市下岗职工、失业人员和离退休人员的大型调查表明，我国离退休人员的基本收入状况令人担忧。2001 年 4 月，企业平均每月离退休金为 538 元，

---

① 胡锦涛：《高举中国特色社会主义伟大旗帜　为夺取全面建设小康社会新胜利而奋斗——在中国共产党第十七次全国代表大会上的报告》，人民出版社 2007 年版，第 38—39 页。

② 吴忠民：《社会公正论》，山东人民出版社 2004 年版，第 209 页。

③ 《中国城乡老年人口状况追踪调查》研究报告，http：//www.china.com.cn/policy/txt/2007－12/17/content_ 9393143_ 4.htm。

其中国有企业为 573 元，集体企业为 432 元，低于 2001 年全国城镇居民人均月收入 575.6 元。① 2003 年，企业参保退休人员月平均基本养老金为 621 元②，而 2003 年一季度全国城镇居民每月人均可支配收入约 784.8 元③。农村老龄人处境最苦，很多农民不但没有养老金，甚至根本没有退休一说！自养与子女赡养是他们生存与养老的基本方式，只要体力允许，他们会活到老、干到老，直至"干不动"。另外，由于没有医疗保障，很多农民看不起病、吃不起药，贫病交加。

　　针对我国社会养老保险覆盖面窄，养老金在城乡间、不同地区间、企事业单位间、男女间存在的明显差异，以及养老金计发办法所存在的缺陷等问题，2005 年 12 月国务院颁布实施《关于完善企业职工基本养老保险制度的决定》（国发［2005］38 号），确立了基本养老保险"覆盖广泛、水平适当、结构合理、基金平衡的原则"；逐步做实个人账户，从 2006 年 1 月 1 日起，个人账户的规模统一由本人缴费工资的 11% 调整为 8%，全部由个人缴费形成，单位缴费不再划入个人账户。进一步完善鼓励职工参保缴费的激励约束机制，对基本养老金计发办法做了相应调整。此外，建立基本养老金正常调整机制，让广大退休人员分享经济社会发展成果。在 2006 年的全国性工资调整中，退休金得到相应增长。从 2006 年 7 月 1 日起，北京市企业退休人员的基本养老金按总体人均月增 120 元的标准进行调整，同时向养老金水平偏低的低收入人群适当倾斜。④ 2009 年 1 月，北京市再次上调养老金。凡 2008 年 12 月 31 日前退休（含退职、退养）的人员，人均月增养老金 200 元，调整后基本养老金水平由 1630 元/月提高到 1830 元/月。⑤ 表明政府对老龄群体正给予越来越多的关注与扶助。

　　罗尔斯关于社会正义的第二个原则为代际补偿提供了理论借鉴。它是这样描述的："社会和经济的不平等应这样安排，使它们：在与正义的储

---

　　① 吴忠民：《社会公正论》，山东人民出版社 2004 年版，第 216 页。

　　② 中华人民共和国国务院新闻办公室：《中国的社会保障状况和政策》，《人民日报》2004 年 9 月 8 日。

　　③ 国家统计局：《2003 年一季度城镇居民收支情况》，http：//www.stats.gov.cn/tjfx/jdfx/t20030429_76503.htm。

　　④ 《退休人员人均月增 120 元》，《新京报》2006 年 8 月 17 日。

　　⑤ 《2009 年上调后养老金今到账》，《法制晚报》2009 年 1 月 15 日。

存原则一致的情况下，适合于最少受惠者的最大利益"①，这就是"差别原则"。如果说"正义的储蓄原则"（just saving principle）主要是面向下一代的，那么，"差别原则"则是针对现时的最少受惠者。它有两个要点：第一，要确定一个"社会最低受惠值"，"最低受惠值应在考虑到最少受惠者工资因素的情况下、最大限度地提高其期望这一点上来确定。"②对老龄人而言，"最低受惠值"就是最低生活保障线即生存底线，代际补偿以老龄人的最低生活保障线为基准。第二，使"最少受惠者"在不平等的社会、经济安排中获利，并实现利益最大化。"第二个原则坚持每个人都要从社会基本结构中允许的不平等获利。"③ 当经济和社会的不平等不可避免时，应尽量使最小获利者取得相对最大的经济利益。

我们一方面要承认代际间社会贡献的客观差别及其导致的收入差距，另一方面要将这种收入差距限制在一定范围内，并从共同富裕、人人共享的发展目标出发，从社会伦理关怀及其制度伦理建构入手，通过收入调剂来适当补偿老龄一代，减小代际收入差距，保证老龄人口生活质量与社会经济发展同步提高。

党的十七大报告指出，要"着力提高低收入者收入"，通过扩大转移支付、强化税收调节、整顿分配秩序等手段，逐步扭转收入分配差距扩大趋势。④ 财政转移支、税收工具和强制性社会保险制度是政府进行国民收入再分配的基本手段，主要目标是减少社会贫困、增加收入分配公平度。转移支付是因社会义务发生的支付，包括救济、抚恤、捐款、社会馈赠等，对社会调剂具有直接影响。因此，税收工具与财政转移支付相比较，多数国家更注重后者。在一些高福利国家，转移支付用于低收入阶层的比例相当大，其对收入分配的作用比税收要大得多。对所有家庭来说，在减少不平等方面，转移支付要占 3/4，而税收只占整个变化的 1/4。2004 年我国基本养老保险收支情况表明，城镇基本养老保险对退休人员

① ［美］约翰·罗尔斯著，何怀宏、何包钢、廖申白译：《正义论》，中国社会科学出版社 1988 年版（2005 年 12 月第 7 次印刷），第 302 页。

② 同上书，第 286 页。

③ 同上书，第 64 页。

④ 参见胡锦涛：《高举中国特色社会主义伟大旗帜 为夺取全面建设小康社会就胜利而奋斗——在中国共产党第十七次全国代表大会上的报告》，人民出版社 2007 年版，第 39 页。

的支付将近 14.4% 来自公共财政的转移支付。以参保离退休人员 4103 万人计，人均约为 1496 元。[①] 再分配要坚持效率与公平兼顾的原则，同时更加注重公平。政府在国民收入再分配的过程中，一方面要对所有老龄人口进行收入补偿；另一方面，要加大对老龄贫困人群的财政转移支付力度，尤其要关注女性、农村和中西部地区的老龄贫困问题，防贫、治贫并举，以代际补偿促进代际公正的实现。

第三节　代际公正模式

代际公正模式是实现代际公正的基本形式。代际公正是一种平等的代际交换。包括物质资源的代际转移和非物质资源的代际流动。前者具有可量化性，而后者具有非量化性。本书借用社会保障精算原理，将物质资源的代际转移形式称为精算公正模式，而将非物质资源的代际流动形式称为非精算公正模式。

一、精算公正模式[②]

代际公正首先是代与代之间物质资源的对等式交换。物质资源包括资金、固定资产、自然资源、医疗资源等，物质性资源代际转移主要以资金为媒介。

在我国，物质资源的代际转移是老→幼与幼→老的双向经济流动，家庭内转移、社会公共部门转移以及市场转移是物质资源代际转移的三种主要形式。[③] 家庭内转移是我国传统的代际交换形式，较少显示对等性，精算公正不明显，甚至出现"老少倒挂"现象。随着现代家庭结构小型化、社会化服务程度的提高，传统的家庭养老功能正在弱化，社会养老保障成为物质资源代际转移的主要形式。为了保证物质资源代际转移的公正性，

---

① 《中国人类发展报告 2005　追求公平的人类发展》，中国对外翻译出版公司 2005 年版，第 64 页。

② 参见王晓军主编《社会保障精算原理》第 6 章，中国人民大学出版社 2000 年版。我在此参考了该书的部分观点，特此致谢。

③ 于学军：《中国人口老化与代际交换》，《人口学刊》1995 年第 6 期。

需要在老龄一代对年轻一代的抚育与年轻一代对老龄一代的"反哺"之间寻求一个支点，使上一代的付出与下一代的反馈达到平衡。养老金就是通过社会保障精算得到的一个使代际经济流动公正运行的支点或平衡点。

人类的养老具有世代延续性，它决定了养老保险是一项长期的事业，需要进行长期精算估计。养老保险在对参保人口未来养老金作出承诺或者收取保费后，开始不断积累并承担未来需要兑现的养老金责任，为了保证充分的偿付能力与收支平衡，需要对一定时期内的债务情况、基金积累规模、制度的基金状态，以及收支变动、长期综合收入率、综合成本率和精算平衡值进行测算。因此，养老保险的长期精算估计是养老保险制度稳定发展的基础。它建立在对国内生产总值、货币工资增长率、消费价格指数增长率、实际工资增长率、平均年利息率、劳动力年增长率进行全面分析，并对养老保险参保人口的未来工资增长率和未来年份平均年利率做出假设的基础之上。国民经济发展水平、社会劳动生产率、社会平均工资水平、通货膨胀率、投资平均回报率等决定参保职工工资水平和预定利率水平。但是，不同类型的养老保险，其精算估计的内容存在差异。就缴费预定型来说，缴费水平事先确定，给付水平由缴费水平与投资回报率决定，其长期精算估计的主要内容是对计划未来基金累积情况的预测。待遇预定型养老保险在不同筹资模式下其长期精算估计的内容有一定区别：在现收现付融资方式下，由于没有基金积累，养老保险的当期收入等于当期支出；在部分基金方式下，需要积累一定的基金，以应付未来年份的收支差距，当年的成本从年初基金中开支，因而需要估计年初基金支付年成本的能力，以及长期内收入水平与成本开支的差距、积累的精算债务与积累基金的差距；在完全基金方式下，除了需要对年度收支水平和长期收支平衡进行估计外，还需要预测在保持积累的资产与积累的债务相等时，成本的变动。① 养老保险计划长期精算估计模型框架如图 2.1 所示。②

---

① 王晓军主编：《社会保障精算原理》，中国人民大学出版社 2000 年版，第 191—193 页。

② 同上书，第 194 页。

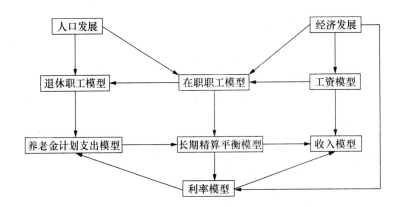

图 2.1　养老金计划长期精算估计模型框架

物质资源的代际转移正是基于养老保险计划的长期精算估计，在这个意义上，我将它称为精算公正模式。具体图示如下：

$$F_{a1}^1 \Longleftrightarrow F_{a2}^2 \Longleftrightarrow F_{an}^3 \cdots\cdots F_{an}^n \Longleftrightarrow F_{a(n+1)}^{n+1}$$

其中，F^1、F^2、F^3……F^n、F^{n+1} 表示第 1 代至第 n 代、n+1 代，$F_{a1} \Longleftrightarrow F_{a2} \Longleftrightarrow F_{a3} \cdots\cdots F_{an} \Longleftrightarrow F_{a(n+1)}$ 表示上一代对下一代的抚育金额（如 a1）与下一代对上一代的反馈金额（如 a2）之间的平衡互动。在绝对数量上，$a1 \neq a2$，$a2 \neq a3 \cdots\cdots an \neq a(n+1)$。但是在相对值上，即 F^1 代在满足自身基本生活所需的前提下，对下一代的支付额 a1 与本代的纯收入之比，与 F^2 代在满足本代基本生活所需后，其对上一代的反馈额 a2 与 F^2 代的纯收入之比，是大体相当的。此相对值还与其他一些因素相关，如同期国民生活整体水准、上一代的支付额、下一代的需求额、消费价格指数增长额等。

亚里士多德关于"比值相等"的观点对于实现代际公正尤其是物质资源代际转移之公正具有借鉴意义。他说："所谓平等有两类，一类为其数相等，另一类为比值相等。'数量相等'的意义是你所得的相同事物在数目和容量上与他人所得者相等；'比值相等'的意义是根据各人的真实价值，按比例分配与之相称的事物。举例来说，3 多于 2 者与 2 多于 1 者其数相等；但 4 多于 2 者与 2 多于 1 者，比例相等，两者都是 2:1，即所超过者都为一倍。"[1]　由于各代社会资源总量不同，国民经济发展水平、社会劳动生产率、平均工资及实际工资增长率、消费水平等诸多方面的差异，物质资源代际转移在绝对值上难以做到相等，但在相对值上却应尽量达到平衡。亚里士多德进一步说明了"回报"与"比例原则"的关系："回报这种德性确是共同交往的维系，它是按照比例原则，而不是按照均等原则。"[2]　物质资源代际转移是上下两代之间付出与回报的双向流动，"比例原则"是实现公正回报的一个重要参照原则。

当然，代际间的精算公正是一种宽泛的精算公正，所谓"比值相等"以及代际之间精算意义上的公正程度都是相对的，因为严格说来，公正是不能用客观的量化的条件来界定的，正如有学者所言："精算平衡指的是，要么对于所有不断缴费的各代人来说，在一种平衡的原则下，缴费和养老金是相等的，或者各代人都承受同样的不均等。"[3]　代际公正是等利交换的善行，而不是等害交换的恶行，因此，实现各代受益的正向精算平衡是物质资源代际转移的根本目标。

二、非精算公正模式

非物质资源的代际转移是上一代与下一代之间精神资源的双向流动，它是不可量化的，这种不可量化的代际间精神资源的双向流动形式就是非精算公正模式。图示如下：

$$F_{b1}^1 \Longleftrightarrow F_{b2}^2 \Longleftrightarrow F_{b3}^3 \cdots\cdots F_{bn}^n \Longleftrightarrow F_{b(n+1)}^{n+1}$$

其中，F^1、F^2、F^3 $\cdots\cdots F^n$、F^{n+1} 表示第 1 代至第 n 代、n + 1 代，$F_{b1} \Longleftrightarrow F_{b2} \Longleftrightarrow F_{b3} \cdots\cdots F_{bn} \Longleftrightarrow F_{b(n+1)}$ 表示上下两代之间精神资源的双向流动，其中，$F_{b1}^1 \rightarrow F_{b2}^2 \rightarrow F_{b3}^3 \cdots\cdots F_{bn}^n \rightarrow F_{b(n+1)}^{n+1}$ 表示上一代对下一代的精神抚育，$F_{b1}^1 \leftarrow F_{b2}^2 \leftarrow F_{b3}^3 \cdots\cdots F_{bn}^n \leftarrow F_{b(n+1)}^{n+1}$ 表示下一代对上一代的精神回馈。F_{b1} 与 F_{b2}、F_{b2} 与 F_{b3}、F_{b3} 与 F_{b4} $\cdots\cdots F_{bn}$ 与 $F_{b(n+1)}$ 只有精神资源代际转移方向的不同，而无数量上的绝对区分。

---

[1]　[古希腊]亚里士多德著，吴寿彭译：《政治学》，商务印书馆1965年版，第234页。

[2]　苗力田主编：《亚里士多德全集》第八卷，中国人民大学出版社1994年版，第104页。

[3]　参见科林·吉列恩、约翰·特纳、克利夫·贝雷、丹尼斯·拉图利普编著，杨燕绥等译《全球养老保障——改革与发展之路》，中国劳动社会保障出版社2002年版，第137页脚注①。

先看 $F_{b1}^1 \to F_{b2}^2 \to F_{b3}^3 \cdots\cdots F_{bn}^n \to F_{b(n+1)}^{n+1}$，即上一代对下一代的精神抚育。精神抚育的关键在于把握"教"与"养"的关系。俗话说："养不教，父之过。""教"（教导）与"养"（养育）是密切相关的。司马光曰："为人母者，不患不慈，患于知爱而不知教也。古人有言曰：'慈母败子。'爱而不教，使沦于不肖，陷于大恶，入于刑辟，归于忙乱，非他人败之也，母败之也。"[①] 父母对子女的精神抚育不在于使其养尊处优，而在于以德育人、教养合一，而"教"又是最为根本的。李觏说："教则易为善，善而从正，国之所以治也；不教则易为恶，恶而得位，民之所以殃也。"[②] 父母正确施教，是子女立德行善的重要保证。

"教"与"养"的关系可分为教而有养、教而不养、不教不养、不教之养四种情况。"教而有养"指子女未成年时，父母尽心抚养、教育，并能保证其享有最基本的物质生活条件。"教而不养"指父母竭力教导、关心下一代，但是绝不娇惯他们。这里的"不养"有两种情况：一是家境贫寒，无法保证子女的温饱，他们必须自谋生路；二是家境殷实，但是父母不给子女们衣来伸手、饭来张口的生活，而是让他们自食其力。"不教不养"指既不教育、关心子女，也不给他们提供基本的生活条件，任其自流。"不教之养"则指一味给子女优越的物质生活条件，溺爱甚至骄纵之，而不从严管教、尽心关爱他们。因此，四种情况从优到劣排序为：教而有养→教而不养→不教不养→不教之养。爱而不溺，教导子女坚守正道，培养子女吃苦耐劳、自食其力的品格，并"把赡养老人作为子女的一项重要家庭职责这一信息，通过多年对子女的教育和训导，准确无误地传递给子女"[③]，是上一代对下一代最好的精神抚育。

接下来分析 $F_{b1}^1 \gets F_{b2}^2 \gets F_{b3}^3 \cdots\cdots F_{bn}^n \gets F_{b(n+1)}^{n+1}$，即下一代对上一代的精神回馈。精神回馈实质上是年轻一代对老龄一代的精神赡养。在物质生活条件不断改善的今天，下一代对上一代的回馈已由物质赡养向精神赡养倾

---

① 司马光：《温公家范》卷三。转引自罗国杰主编《中国传统道德》简编本，中国人民大学出版社 1995 年版，第 35 页。

② 《李觏集》卷十八《安民策第三》。转引自罗国杰主编《中国传统道德》简编本，中国人民大学出版社 1995 年版，第 335 页。

③ 陈皆明：《投资与赡养——关于城市居民代际交换的因果分析》，《中国社会科学》1998 年第 6 期。

斜，老龄人更多地注重、也更需要下一代的精神关爱。精神赡养不是向传统孝道的简单回归，而是对它的扬弃。穆光宗认为，"孝"与"养"的组合、变化可分为四种情形，如图2.2所示。[①]

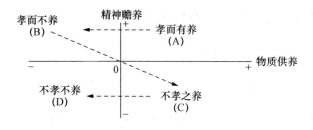

图 2.2　　"孝"与"养"的组合、变化

"孝而有养"指孝养合一，既有物质赡养，也有精神赡养。"孝而不养"指孝敬父母，即"人格上尊重父母、情感上关怀父母、心理上慰藉父母"，但由于父母有较强的自我养老能力而不需子女的物质供养，或者由于子女经济困难而无力给予父母经济支持。"不孝之养"指只有"犬马之养"，而无孝敬之情。"不孝不养"则是最恶劣的一种情况，指既不给父母经济支持，也不给他们精神关爱。因此，按照精神赡养的质量，四种情况依次排序为：孝而有养→孝而不养→不孝之养→不孝不养。

"教而有养→教而不养→不教不养→不教之养"与"孝而有养→孝而不养→不孝之养→不孝不养"并非一一对应的关系。"代际向上和向下的资源流动不应视为父母和子女的等价交换。因为老年父母和成年子女间并不存在一对一的即时交换，而代际交流的资源也往往不是等价的。在概念意义上，代际间的相互帮助代表了一种代际间相互履行责任、资源流动由'一般性互惠'原则所指导的这样一个社会过程。"[②] 物质资源的代际转移具有客观性、可量化性，它大体遵循等价交换原则。非物质资源的代际转移具有主观性、隐蔽性，难以量化，以等性回报为原则，一般情况下，父

①　穆光宗：《老龄人口的精神赡养问题》，《中国人民大学学报》2004年第4期。
②　陈皆明：《投资与赡养——关于城市居民代际交换的因果分析》，《中国社会科学》1998年第6期。

母对子女的精神抚育越多，得到的精神回馈也越多。父母在子女未成年时对他们的长期教养、抚育，及其成年后对子女的持续帮助，在以孝道为根基的中国社会，自然会在子女心中烙下深深的印痕，他们成人后尽心赡养父母，正是以反哺之心报答老牛的舐犊之情。杜维明说："支配父子关系的另一个原则乃是互惠。那种只是将父亲视为一个社会化的人，一个教育者，因而也是权力主义实施者的观点，如果不算错的话，也是肤浅的。""依据互惠的原则，父亲就应当有父亲的形象，这样，儿子才能以一种最适合自我认同的方式去实现父亲的自我理想。儿子的孝被认为是对父亲慈祥的反响，父亲在期望儿子热爱和尊敬他之前，必须为儿子树立起爱人和值得尊敬的榜样。"① 为人父"宽惠而有礼"②，为人子"敬爱而致文"③，"父慈而教，子孝而箴"④，"父慈子孝"反映了精神资源代际流动的良性循环。

代际关系的密切程度对非物质资源的代际转移具有很大影响。有学者指出："真正促使子女为赡养父母作贡献的不是父母的投资本身，而是体现在父母投资中并由此强化的长久和密切的代际关系。"⑤ 父母与子女之间的交往越是密切、长久，精神抚育与精神赡养的双向交流就越明显。当然，非物质资源的代际转移更多强调下一代对上一代的精神回馈。《礼记》云："凡为人子之礼，冬温而夏清，昏定而晨省"⑥。意思是，冬天关心父母居处是否暖和，夏天关心其是否凉爽，晚上为父母安置衾枕，早晨则向他们问安。曾子云："孝子之养老也，乐其心，不违其志，乐其耳目，安其寝处，以其饮食忠养之，孝子之身终。"⑦ 精神回馈是年轻一代对老龄一代的真诚关爱，体现在一举手一投足间，蕴涵在问寒问暖的话语中，融合于对父母日常生活的细心照料中，一直到孝子身终。"滴水之恩，

---

① 杜维明著，曹幼华等译：《儒家伦理思想新论——创造性转化的自我》，江苏人民出版社1991年版，第126页。

② 《荀子·君道》。

③ 同上。

④ 《左传·昭公二十六年》。

⑤ 陈皆明：《投资与赡养——关于城市居民代际交换的因果分析》，《中国社会科学》1998年第6期。

⑥ 《礼记·曲礼上》。

⑦ 《礼记·内则》。

涌泉相报。"父母的恩情是一辈子也报答不完的，也是不可以数来量度的。

第四节　代际公正的制度伦理建构

代际公正的实现以正义的社会制度为依赖条件。制度伦理设计和制度伦理实施是保障代际公正有效实现的两个要件。"亲亲互隐"与代际公正的制度伦理建构具有一定的关联性，对"亲亲互隐"的道德"合法性"进行辩难，旨在促进代际公正，实现代际伦理关系的和谐发展。

一、制度的含义及其社会功能

制度是在一定社会历史条件下形成的政治、经济、文化等各方面的规则体系，是社会成员共同遵守的、按一定程序行动的规程。我们可以从以下三个方面理解制度的内涵。

第一，制度是调节社会运行的规范体系。制度是人类实践活动的产物，一定社会制度是该时代经济基础的反映，它从根本上是由社会生产方式决定的。同时，制度又是人们根据自身的需要而"量身定制"的，因此，它是合规律性与合目的性的统一。制度的合规律性决定它能从宏观上有效地调节社会运行，而制度的合目的性决定着符合主体需要的制度能有效地指导人类实践，这也是制度内化的社会心理基础。

制度是调节社会运行、指导人类实践的规范体系，这一点得到了旧制度经济学派以及新制度经济学派的共同认可。旧制度经济学家康芒斯说："我们可以把制度解释为'集体行动控制个体行动。'""集体行动的种类和范围甚广，从无组织的习俗到那许多有组织的所谓'运行中的机构'，例如家庭、公司、控股公司、同业协会、工会、联邦准备银行、'联合事业的集团'以及国家。大家所共有的原则或多或少是个体行动受集体行动的控制。"① "集体行动"是宏观层次的社会组织行为，制度是集体行为的规范体系。新制度经济学家舒尔茨将制度定义为"一种行为规则，这

① ［美］康芒斯著，于树生译：《制度经济学》上册，商务印书馆1962年版，第87页。

些规则涉及社会、政治及经济行为。例如，它们包括管束结婚与离婚的规则，支配政治权力的配置与使用的宪法中所内含的规则，以及确立由市场资本主义或政府来分配资源与收入的规则。"① 罗尔斯将制度理解为"一种公开的规范体系"②，它以正义为根本原则。

第二，制度是主体行为的准则体系。它通过权利、义务的分配以及赏善罚恶的程序规约主体行为。诺斯认为："制度是一系列被制定出来的规则、守法程序和行为的道德伦理规范，它旨在约束追求主体福利或效用最大化利益的个人行为。"③ 拉坦认为："一种制度通常被定义为一套行为规则，它们被用于支配特定的行为模式与相互关系。"④ 制度既是宏观的社会运行规范体系，也是个体行为的指南，制度分析与建构必须从个体行为开始。个体在社会交往过程中，在制度规约下会形成一定的选择倾向与行为模式，制度的多变将导致社会运行无序与个体行为的混乱。

第三，制度是一种文化现象。以意识形态为核心的上层建筑是社会文化的集中反映，制度是建立在一定经济基础之上的上层建筑的载体，它以正式与非正式规范构筑意识形态诸形式，承载、传播文化信息，表达社会文化的演进，因此，它是一种文化符号。从某种意义上说，人类的文明史是制度文明的演进史。从原始公有制到奴隶主私人占有制、封建地主所有制、资本主义雇佣劳动制，再到社会主义公有制，制度的变迁诠释社会经济发展的历程。作为一种人为设计的规范体系，制度本身的性质及其完善程度是社会文化与文明发展水平的最好展示，它既是相对稳定的文化模式，也是流动的文化现象与不断演进的文明形态。

制度的主要社会功能如下：

第一，定序功能。秩序是由制度决定的社会关系的稳定有序状态。社

---

① ［美］约翰·R. 科斯、A. 阿尔钦、D. 诺斯等著，刘守英等译：《财产权利与制度变迁——产权学派与新制度学派译文集》，上海三联书店、上海人民出版社 1994 年版，第 253 页。

② ［美］约翰·罗尔斯著，何怀宏、何包钢、廖申白译：《正义论》，中国社会科学出版社 1988 年版（2005 年 12 月第 7 次印刷），第 54 页。

③ ［美］道格拉斯·C. 诺斯著，陈郁、罗华平等译：《经济史中的结构与变迁》，上海三联书店 1994 年版，第 225—226 页。

④ ［美］约翰·R. 科斯、A. 阿尔钦、D. 诺斯等：《财产权利与制度变迁——产权学派与新制度学派译文集》，上海三联书店、上海人民出版社 1994 年版，第 329 页。

会秩序是人类生存、发展的重要条件，确定社会秩序是制度的基本功能，通过合理、有效的秩序安排使社会良性运行是制度实施的根本目标。

荀子的"礼论"从人性恶角度阐释了"礼"的起源及其社会作用。他说："礼起于何也？曰：人生而有欲，欲而不得，则不能无求，求而无度量分界，则不能不争。争则乱，乱则穷。先王恶其乱也，故制礼义以分之，以养人之欲，给人之求。使欲必不穷乎物，物必不屈于欲，两者相持而长，是礼之所起也。"① "礼"是中国古代经济制度、政治制度、文化制度的集中体现，"礼以定伦"②、"明分使群"③ 是"礼"的基本功能。与荀子"隆礼"不同，韩非注重法制的作用，奉行"不务德而务法"④ 的非道德主义。他认为："夫严刑者，民之所畏也；重罚者，民之所恶也。故圣人陈其所畏以禁其邪，设其所恶以防其奸。是以国安而暴乱不起"⑤，所以，"治民无常，惟法为治"⑥。不论礼制还是法制，都是以一定的社会制度明定社会秩序，以实现统治阶级的根本利益。

制度的定序功能在西方近现代思想史上得到了充分说明。霍布斯认为，人类生而具有保存自己、追求幸福的自然权利，但在自然状态下，人与人之间像狼一样，处在"每一个人对每一个人"的战争状态。为了使彼此的权利与幸福得到实现，人类在理性的驱动下，制定出以和平为目标的自然法。利维坦即国家作为至高无上的公共权力实体、实现统治阶级利益的暴力机关，依靠各种制度保证自然法的实行。18世纪法国启蒙思想家卢梭认为，自然状态是一种和平的、人人平等、自由的状态，人们只有年龄、体质和力量上的差别，而无任何权利的不平等。私有制形成后，人类由自然状态进入了文明的"野蛮时代"，人与人之间的平等关系被打破，而且随着物质文明的发展，人类的道德越来越堕落。为了解决文明的冲突，协调个人利益与他人利益及公共利益的关系，卢梭提出社会契约论，主张每个人都以其全部力量共同置于公意的最高指导之下，形成一个

---

① 《荀子·礼论》。

② 《荀子·致士》。

③ 《荀子·富国》。

④ 《韩非子·显学》。

⑤ 《韩非子·奸劫杀臣》。

⑥ 《韩非子·心度》。

道德共同体、一个"公共人格"①。社会契约通过法制实现，所立之法不仅包括宪法、民法、刑法，还包括道德法，因此，社会契约只有依靠有力的法律制度与道德制度才能促进公共利益的实现。霍布斯与卢梭从不同的自然状态出发，得到了基本一致的结论，这就是：不论是自由资本主义阶段，还是垄断资本主义时期，资产阶级的利益需要强有力的国家制度来保障，不同阶级之间的利益冲突以及人们之间的相互关系也要靠相应的社会制度加以调整。

美国威斯康星大学经济学教授布罗姆利指出："没有社会秩序，一个社会就不可能运转。制度安排或工作规则形成了社会秩序，并使它运转和生存。"② 制度何以产生秩序？我们可以从罗尔斯的制度正义理论中找到某种答案。罗尔斯说："社会正义原则的主要问题是社会的基本结构，是一种合作体系中的主要的社会制度安排。我们知道，这些原则要在这些制度中掌管权利和义务的分派，决定社会生活中利益和负担的恰当分配。"③ 制度以正义为理念，通过权利、义务的合理分配规约主体行为、调整社会利益关系，进而形成社会秩序，这是制度运行的基本方式。

第二，经济增效功能。制度的增效功能是通过激励与约束机制来实现的。利益冲突的客观存在是人们制定制度的前提，一定的社会制度通过对不同利益主体的权利与义务的分配，对其行为给予激励或约束，从而降低交易费用，扩大资本效能，实现经济增效。

罗尔斯把制度理解为"一种公开的规范体系，这一体系确定职务和地位及它们的权利、义务、权力、豁免等。这些规范指定某些行为类型为能允许的，另一些则为被禁止的，并在违反出现时，给出某些惩罚和保护措施"④。布罗姆利将制度看做是"影响人们经济生活的权利和义务的集

---

① 罗国杰、宋希仁编著：《西方伦理思想史》下卷，中国人民大学出版社 1988 年版，第321 页。

② ［美］丹尼尔·W. 布罗姆利著，陈郁、郭宇峰、汪春译：《经济利益与经济制度——公共政策的理论基础》，上海三联书店、上海人民出版社 1996 年版，第 54 页。

③ ［美］约翰·罗尔斯著，何怀宏、何包钢、廖申白译：《正义论》，中国社会科学出版社1988 年版（2005 年 12 月第 7 次印刷），第 54 页。

④ 同上。

合"①。制度作为一种行为准则，通过权利、义务的明确规定以及赏善罚恶的威慑力给人类相互关系带来秩序和可预期性。制度是一种规则信息，人们借助信息形成对他人行为及自身行为的利益预期，有利于减少行为的盲目性，形成积极竞争与合作的社会关系。柯武刚、史漫飞将制度功能概括为"有效协调与信任"、"保护个人自主领域"、"防止和化解冲突"，以及在不同社会利益集团之间建立权势平衡、确保较下层次的集团能够从上层权势集团那里得到支持。②

制度还是一种无形资本。它能增强生产要素在满足人类需要上的效能，其作用的方式类似于其他一些生产要素，如资本。资本直接参与生产，使劳动具有更高的生产率。制度是一种渗透性资本，我们可以称其为"制度资本"（institutional capital）。③ 制度是生产力的渗透性要素，良好的制度建构是实现经济增效的重要因素。

二、代际公正的制度伦理设计

代际公正的实现需要有效的社会制度保障。制度伦理建构是制度建设的重要内容，它包括制度的伦理设计与伦理实施两个方面。④ 前者的目的在于构建善良制度，使之符合人类向善的价值追求；后者的目标在于通过公共权力的伦理运作使制度得到公正实施。代际公正的制度保障是这两个方面的有机统一。

制度的伦理设计是指人们进行制度建构时，在遵循社会经济发展客观规律的同时，要以符合社会公众需要的道德原则、价值目标作为其伦理基础，使制度具有道德合法性。那么，符合公众需要的道德原则及价值目标是什么？是社会正义。正义是制度的基本理念以及制度伦理设计的价值依据。

正义与公正既有联系又有区别。公正是正义的主要内容，而不是其全部，因为正义不仅包含公正，还体现为平等、自由、博爱等。正义是最高的伦理

---

① ［美］丹尼尔·W. 布罗姆利著，陈郁、郭宇峰、汪春译：《经济利益与经济制度——公共政策的理论基础》，上海三联书店、上海人民出版社1996年版，第49页。

② ［德］柯武刚、史漫飞著，韩朝华译：《制度经济学——社会秩序与公共政策》，商务印书馆2000年版，第142—147页。

③ 同上书，第143—144页。

④ 彭定光：《制度运行伦理》，中国人民大学报刊复印资料《伦理学》2004年第7期。

原则与价值目标，是蕴涵在制度中的伦理应然，是制度伦理设计的理想性要求。公正是实现这一目标的程序要求。制度设计是否以正义为价值指归决定制度建构是否合理，也决定对制度的公正实施能否有效促进代际公正的实现。

如何进行制度伦理设计，才能保证代际公正的实现？

第一，制度伦理设计要以代际关系的可持续发展为重要目标。罗尔斯以正义的储存原则阐释了代际伦理关系的可持续发展性。"每一代不仅必须保持文化和文明的成果，完整地维持已建立的正义制度，而且也必须在每一代的时间里，储备适当数量的实际资金积累。这种储存可能采取各种不同的形式，包括从对机器和其他生产资料的纯投资到学习和教育方面的投资，等等。"① 正义的储存原则体现了代际间的相互理解和伦理关怀，使各代承担起实现和维持正义社会所需负担的公平的一份，这样，人类世代的持续发展获得了可能。正义的储存原则是罗尔斯制度伦理理论的重要组成部分，虽然"储存率"难以量化，但是，正义的储存原则对可持续发展的代际伦理关系的支持，对于制度伦理设计具有一定的借鉴意义。

所谓可持续发展，就是既要考虑当代人发展的需要，又要考虑未来代发展的需要，既不以牺牲后代人的利益为代价来满足当代人的幸福，也不以当代人利益的牺牲换取后代人的利益。可持续发展的核心问题是社会资源的代际分配。社会资源主要包括物质资源、自然资源、生态资源。物质资源指劳动者创造的物质财富，一般以国民生产总值来衡量。在我国社会生产力水平尚不发达的情况下，物质资源是有限的。自然资源、生态资源中的部分资源也属于稀缺资源或不可再生资源。因此，如何在代际间进行社会资源的合理分配与适当消费，使当代人与后代人共享有限的社会资源，实现利益互赢，是制度伦理设计必须考虑的。有学者认为，"资源匮乏（包括严重匮乏）的事实"与"理性多元论的事实"② 决定了正义与

---

① ［美］约翰·罗尔斯著，何怀宏、何包钢、廖申白译：《正义论》，中国社会科学出版社1988年版（2005年12月第7次印刷），第286页。

② 罗尔斯说："在一个现代民主社会里，公民依照他们所理解的善观念来确认不同的、也是不可公度的和不相容的、但是理性的统合性学说。这就是理性多元论的事实。……我们将这种多元论当作民主社会的一个永久性特征，并将它视为一种对我们可以称为正义之主观环境的东西的典型描述。"（［美］约翰·罗尔斯著，姚大志译：《作为公平的正义：正义新论》，上海三联书店2002年版，第127—138页。）参见杨通进《论正义的环境》，《哲学研究》2006年第6期。

代际正义的必要性，"人作为道德存在物的事实"则决定正义与代际正义的可能性，并最终使其从可能变为现实。① 这三个"事实"尤其是前两个"事实"也是制度伦理设计必须考虑的因素。制度伦理设计的总原则是：既不能竭泽而渔，又不能为了后代人的福利而牺牲当代人的合理幸福。

第二，制度伦理设计以对弱势群体的伦理关怀为突破口。弱势群体是指在社会经济利益分配中获利较小、凭借自身力量难以维持一般社会生活标准的困难者群体。低职化或无职化、经济贫困化、地位边缘化、社会承受力脆弱化是其主要特征。② 在我国，老龄贫困群体是一个为数不少的弱势群体，他们需要社会的特殊照顾与制度伦理关怀。

"平等原则"与"差别原则"是罗尔斯提出的两个正义原则。他说："作为一个整体的社会制度，以及由适当的一组背景制度所环绕的竞争经济，能否设计得满足两个正义原则仍是一个悬而未决的问题。不过，至少在某种程度上，答案必定依赖于要被制定的社会最低受惠值的水平"；"最低受惠值应在考虑到最少受惠者工资因素的情况下、最大限度地提高其期望这一点上来确定。通过调节转让的数量（比如，追加收入补助的数量），较不利者的期望和他们的基本善指标（这可以通过工资加转让来测量）就有可能提高或降低以达到值得想往的结果。"③ 在他看来，确定一个最少受惠者的最低受惠值是制度伦理设计的基点。最少受惠者就是利益分配的获利较少者，是社会的弱势群体，老龄贫困群体当属其列。罗尔斯进一步指出，社会和经济的不平等应该这样安排，使它们"在与正义的储存原则一致的情况下，适合于最少受惠者的最大利益"④。通过正义的社会制度安排，使弱势群体得到一定程度的利益补偿，是"差别原则"的宗旨。"在差别原则的运用中，恰当地期望就是那些关于最不利者的延伸到其后代的长远前景的期望。"⑤ 确定"最低受惠值"不仅有助于缓解最少受惠者当下的生活困境，而且事关他们后代的利益。可见，"差别原

---

① 杨通进：《论正义的环境》，《哲学研究》2006 年第 6 期。

② 沈立人：《中国弱势群体》，民主与建设出版社 2005 年版，第 23 页。

③ ［美］约翰·罗尔斯著，何怀宏、何包钢、廖申白译：《正义论》，中国社会科学出版社 1988 年版（2005 年 12 月第 7 次印刷），第 285—286 页。

④ 同上书，第 302 页。

⑤ 同上书，第 286 页。

则"是实现代际公正和代际伦理关系可持续发展的一个重要伦理原则。

《联合国老年人原则》规定:"老年人不论其年龄、性别、种族或族裔背景,残疾或其他状况,均应受到公正对待,而且不论其经济贡献大小均应受到尊重。""老年人的生活应有尊严、有保障,且不受剥削和身心虐待。"对老龄人的尊重、对老龄贫困群体的社会关怀是制度伦理建构不可缺少的内容。

制度经济学认为:"从一种规范的观点来看,人类福利的改善是与制度设计与运转的改善紧密联系在一起的。"① 老龄贫困群体生活状况的改善与制度伦理设计息息相关。目前在我国,老龄贫困群体应成为国民收入再分配的重点关照对象,社会有责任以正式制度形式切实保障他们的生活水准与同期国民生活整体水平持平并逐步提高。为此,在进一步扩大社会养老保险覆盖面、落实养老保险金的同时,要对老龄贫困人群实行特殊的政策关怀,国民收入再分配的杠杆要更多地向他们倾向,使其得到较多的利益补偿与社会伦理关怀。

三、代际公正的制度伦理实施

制度伦理设计是制度伦理实施的前提,因为只有制度本身具有道德"合法性",对它的公正实施才会引向善的目标。正如有的学者所言:"制度本身的正义性与制度运作的正义性不是一码事:前者只需要遵循普遍正义的政治原则来进行制度设计、制度选择和制度安排,而后者还需要政治权力的公共运用(政府运作)、公共管理者的制度化行为示范和对于社会非正义结果的合理有效的社会校正机制等实践资源或条件。换言之,正义的制度本身并不能确保社会正义的普遍实现和持久实现。"② 正义制度的伦理实施是社会正义原则产生实效的关键。因为若仅有正义的制度,而没有制度的公正实施,再好的制度也是一纸空文。制度伦理实施是指公共权力机关对公正制度的伦理运作以及个体对制度的自觉遵循,它使制度内蕴

---

① V. 奥斯特罗姆、D. 菲尼、H. 皮希特编,王诚等译:《制度分析与发展的反思——问题与抉择》,商务印书馆1992年版,第158页。

② 万俊人:《从政治正义到社会和谐——以罗尔斯为中心的当代政治哲学反思》,《哲学动态》2005年第6期。

的善的价值目标由可能变为现实，进而促进代际公正的实现。制度伦理实施的根本要求是公正，这是一种程序公正或曰形式公正，具体包含以下两个原则：

第一，普适原则。它是指公共权力机关（包括立法、司法、行政机关）严格照章行事，按照各项制度规定平等地对待每一个人，通俗地说，就是制度面前人人平等。

资产阶级启蒙运动时期，"平等"是资产阶级争取自身权利与权力的一个响亮的政治口号，得到上升资产阶级的热烈响应。自启蒙运动以来，"平等"从一般意义上的人权平等，扩展到政治、经济、文化各个领域的平等。哈耶克认为，"争取自由的斗争的伟大目标，始终是法律面前人人平等（equality by the law）"，"将法律面前人人平等的原则扩大至包括道德的和社会的行为规则（the rules of moral and social conduct），实乃人们通常所说的民主精神（Democratic Spirit）的主要表现"①。制度伦理实施的普适原则是平等原则的历史延伸与现实拓展。

柯武刚、史漫飞在《制度经济学》中将普适性视为有效制度的本质特征之一，指出普适性包含三项准则：一是制度应具有一般性，即"制度不应在无确切理由的情况下对个人和情境实施差别待遇。"二是有效规则具有确定性，即制度信号、违规后果明确易懂，能清晰地为正常公民所知。三是制度应具有开放性，以使行为者通过创新行动对新环境作出反应。②"无差别待遇"是普适性的核心要求，它意味着无人可高居于法律之上，对所有的人程序平等，它"与要求法治而不是（任意的）人治联系在一起"③。因此，根据人们在财富、政治影响力、种族或宗教方面的地位，有差别地运用规则和惩罚是不公正的。④

制度伦理实施不仅要使非伦理制度（即正式制度）由规则化为公民的具体行动，而且要使制度蕴涵的道德原则与价值目标得到有效实现。公

---

① ［英］弗里德利希·冯·哈耶克著，邓正来译：《自由秩序原理》上，生活·读书·新知三联书店1997年版，第102页。
② ［德］柯武刚、史漫飞著，韩朝华译：《制度经济学——社会秩序与公共政策》，商务印书馆2000年版，第147—148页。
③ 同上书，第85页。
④ 同上书，第148页。

共权力机关在制度实施过程中，只有对所有的制度受众实行"无差别待遇"，才能保证制度实施的公正性。制度受众不仅包括一般社会公众，还包括公共权力的具体执行者即各级政府官员、公职人员。制度是一种行为规范的集合，它规定人们可以做什么，不可以做什么，并对如何赏善罚恶有相应的规定，对所有人都普遍适用。如果警察违反交通规则而不受惩罚，用于政府官员的道德标准比用于普通公民的标准更宽松，对有钱人用不同于普通公民的道德尺度来评判，那么，对制度的自觉遵守就可能衰退，制度实施就难以有效进行。"违背普适性准则一般都会削弱对规则的服从和规则的显明性，并因此而削弱制度的规范性、协调性品质。"①

在现代社会，由于社会环境、受教育程度、家境、主观努力以及年龄等诸多因素的影响，个体间存在很大差异，但是，制度实施的普适性并不因此而有任何改变。哈耶克说："个人间的差异并未给政府提供任何理由以差别地对待他们。……如果要确使那些事实上存在着差异的人获得生活中的平等地位，那么就必须反对国家对他们施以差别待遇。"② 罗尔斯指出："如果我们认为正义总是表示着某种平等，那么形式的正义就意味着它要求：法律和制度方面的管理平等地（即以同样的方式）适用于那些属于由它们规定的阶层的人们。"③ 制度管理就是制度实施，平等的制度管理即制度的伦理实施，普适性原则正是制度伦理实施的形式正义要求。

代际公正对于制度伦理实施的具体要求是：一方面，要以普适原则张显制度公正、体现程序的公正严明，使制度内蕴的道德原则、价值目标得到实现。另一方面，公共权力机关在制度实施过程中，要以人为本，在"制度面前、人人平等"的前提下，更多地关注老龄人权益，对老龄一代给予更多的社会伦理关怀，如，切实维护老龄人的赡养权、堵塞养老保险金"黑洞"、保证养老金按时足额发放、保护老龄人的再婚权利等，对违反老龄人合法权益的行为严惩不贷。

---

① ［德］柯武刚、史漫飞著，韩朝华译：《制度经济学——社会秩序与公共政策》，商务印书馆 2000 年版，第 148 页。

② ［英］弗里德利希·冯·哈耶克著，邓正来译：《自由秩序原理》上，生活·读书·新知三联书店 1997 年版，第 103 页。

③ ［美］约翰·罗尔斯著，何怀宏、何包钢、廖申白译：《正义论》，中国社会科学出版社 1988 年版（2005 年 12 月第 7 次印刷），第 58 页。

第二，忠实原则。制度伦理实施不仅包括公共权力机关对制度的公正实施，还包括社会个体对制度的忠实服从。只有个体忠实地服从正义的社会制度，并将制度规则内化为自身的行为需要，制度伦理实施才具有完整性，制度规则才能落到实处，制度的伦理价值才能最终得到实现。

从社会学角度看，社会整合的主要途径是制度整合与道德整合。制度整合是通过社会制度体制将社会统一协调为一整体，它又称法律整合、权力整合。道德整合是通过社会风习、舆论以及人们的良心将社会统一为一整体。① 制度伦理实施将制度整合与道德整合合二为一，是一种制度伦理整合。制度伦理整合的依据一方面在于非伦理性制度（即正式制度）通过国家强制力使其对主体权利、义务的分配得到实现，由此协调人们之间的利益关系；另一方面在于这种制度本身具有道德"合法性"，并得到社会公众的认可。如果说国家权力机关对制度的实施主要依靠国家强制力，那么，个体对制度的遵从在很大程度上是基于对制度道德"合法性"的认肯。

柯武刚、史漫飞指出："外在规则的建立和执行是一件复杂的事情，单纯依靠编撰出来的法律或习惯法的办法都不能令人满意地服务于建立外在规则的意图。"② 制度的道德"合法性"是形成制度公信力的重要依赖条件，制度与伦理道德的耦合是个体忠实服从制度、积极内化并履行制度规范的伦理基础。罗尔斯说："形式的正义是对原则的坚持，或像一些人所说的，是对体系的服从。"③ 这种坚持不仅是慑于正式制度的国家强制力的一种被动接受，更重要的是由于对制度道德"合法性"的认可而产生的一种发自内心的遵从。

制度是调整人们之间利益关系的规则体系。利益关系可以从不同角度加以区分，有人我利益关系、公私利益关系、代际利益关系。代际利益关系是社会利益关系的重要形式，在场的老龄一代与年轻一代以及未来一代之间权利与义务的分配及其协调发展是制度伦理建构的题中应有之意，建

---

① 高兆明：《制度公正论——变革时期道德失范研究》，上海文艺出版社 2001 年版，第 296 页。

② ［德］柯武刚、史漫飞著，韩朝华译：《制度经济学——社会秩序与公共政策》，商务印书馆 2000 年版，第 142 页。

③ ［美］约翰·罗尔斯著，何怀宏、何包钢、廖申白译：《正义论》，中国社会科学出版社 1988 年版（2005 年 12 月第 7 次印刷），第 58 页。

立良好的代际利益关系是制度伦理实施的重要目标。它有赖于个体忠实地服从社会制度。

个体对社会制度的忠实服从是对制度内含的公正原则、至善价值目标的认同，并将外在规范加以内化、使之成为自觉的行为需要。А. И. 杜勃罗留波夫说："有的人只是忍受着义务的吩咐，把它当作一种沉重的枷锁，当作'道德负担'。这样的人，看来不能把他们称为真正有道德的人。而有的人注意把义务的要求和自己内在本质的要求结合起来，努力通过自我意识和自我发展的内在过程把义务的要求化为自己的血肉，使这些要求不仅成为本能的必需，而且带来内心的享受，这样的人才可以称为真正有道德的人。"① 对规则的认同与内化不仅是个体道德社会化的需要，也是协调代际关系、实现代际公正的伦理基础。制度公正在个体的至善追求中得到张显，个体品性在规则认同与内化中不断提升，代际公正在制度伦理与个体至善的互生中得到实现。

四、"亲亲互隐"的道德"合法性"辩难

"亲亲互隐"是与制度伦理建构密切相关的一个法伦理问题。它蕴涵着情、德、法之冲突。具体而言，这种冲突包括如下问题：法律、道德对触犯他者利益之亲伦关系应否包容？当亲属利益与社会公共利益发生冲突时，证人应如何取舍？尤其是当父母长辈身陷不义时，子女是应该"大义灭亲"还是以孝拒法？

先来看"亲亲互隐"的历史记录。"亲亲互隐"是儒家的重要伦理主张。《论语·子路》载："叶公语孔子曰：'吾党有直躬者，其父攘羊，而子证之。'孔子曰：'吾党之直者异于是。父为子隐，子为父隐，直在其中矣。'" 如何理解"攘"对于我们解读"亲亲互隐"非常重要。"攘"的字面含义是"盗"，刘宝楠著《论语正义·子路》注曰："有因而盗曰攘。""高诱淮南注云：凡六畜自来而取之曰攘也。"② "直"意为正直、

---

① ［苏］А. И. 季塔连科主编，黄其才等译：《马克思主义伦理学》，中国人民大学出版社1984年版，第133页。

② 刘宝楠著：《论语正义·子路》，《诸子集成》第1卷，上海书店影印出版1986年版，第292页。

正义。孔子认为，在父有因"盗"羊的情况下，父子相隐符合人伦道德，也就是正义的。孔子认为，"爱亲"是"仁"的本始。"爱亲"就是爱自己的父母、兄弟、姐妹，涉及的是家庭内部血亲关系。由于深厚的"爱亲"之情与严格的长幼之序，当父"攘羊"时，作为人子，是不应该告发的，这就是"直"；反之，"大义灭亲"则是不孝。"夫孝，天之经也，地之义也，民之行也。"① 尽人子之孝道、维护父子间的人伦亲情是至关重要的，"为了相对次要的过错而牺牲父子关系，同'直'的精神并不一致"②。在"百善孝为先"的观念支配下，"亲亲互隐"不仅不是徇情枉法，而恰恰是孝道的现实选择。可以说，"亲亲互隐"是中国古代社会代际伦理的根本原则。当然，它是有限制条件的，不能将其无限夸大或作任意推广，如："不孝"始终不在"亲隐"之列，西汉以后律法中的"亲隐"原则不包括谋反、谋判罪等危害国家安全的重大罪行。

如果说"攘羊"情节还未严重到足以破坏父子人伦亲情，那么，在《孟子》的下述设案中，当事人行为的严重程度则远远超过了"攘羊"，身为天子的舜是如何处理的？我们先看材料。

"桃应问曰：'舜为天子，皋陶为士，瞽瞍杀人，则如之何？'孟子曰：'执之而已矣。''然则舜不禁与？'曰：'夫舜恶得而禁之？夫有所受之也。''然则舜如之何'曰：'舜视弃天下，犹弃敝屣也。窃负而逃，遵海滨而处，终身诉然，乐而忘天下。'"③

案例的设问是：如果舜的父亲杀了人，身为法官的皋陶该怎么办？舜又该怎么做？孟子的回答很巧妙：法官当秉公执法；而舜既要支持皋陶的护法之举，以严明法纪、震慑天下，又不能违背父子亲情而将父亲绳之以法，他只能选择"窃负而逃"，带着父亲逃到"海滨"即法律管辖不到的地方。案例在情与法的冲突背后隐含的是代际伦理关系问题。血缘亲情是人类最原始而又最为根本的感情，也是人与人之间其他一切情感之源。孝敬父母、友爱兄弟是为人之本，维护尊卑长幼的人伦秩序对于家庭和睦、族业兴旺至关重要。在情与法发生冲突时，舜以情为上，"窃负而逃"，巧

① 《孝经·三才》。
② 杜维明著，段德智译：《论儒家的宗教性》，武汉大学出版社1999年版，第164页。
③ 《孟子·尽心上》。

妙地回避了情、法两难选择，维护了血缘亲情及其内含的宗法人伦秩序。

《睡虎地秦墓竹简》有如下记载："'子告父母，臣妾告主，非公室告，勿听。'可（何）谓'非公室告'？主擅杀、刑、髡其子、臣妾，是谓'非公室告'，勿听。而行告，告者罪。告（者）罪已行，它人有（又）袭其告之，亦不当听。"①

这表明：在中国古代社会，子告父母为不孝，奴婢告主则为不忠。因此，有学者依据《孟子》中的上述案例，认为"受到孟子赞许的舜的这一举动，几乎从任何角度看，都是典型的徇情枉法"②。这未必妥当。我们只有把"亲亲互隐"放到具体的历史时空来辨识其道德"合法性"，才能对"父为子隐，子为父隐"、"窃负而逃"做出恰当的法伦理评判。

"君君、臣臣、父父、子子"是我国古代等级秩序的总纲，也是处理代际关系的根本原则，"亲亲互隐"是"三纲五常"的具体运用，对于巩固宗法秩序具有非常重要的作用，因为"互隐的底层，是伦理的常态，而一旦父子、夫妇的相互告发、相互批判等伦理关系的非常态成为常态，普遍化，甚至公开倡扬，那人们无异于在'人相食'的场景中"③。由此我们不难理解孔子所谓"父为子隐，子为父隐，直在其中"④ 的道理，以及孟子强调的"父子之间不责善"⑤，"父子责善，贼恩之大者"⑥ 等主张。朱熹对孔子的"亲隐"论解释道："父子相隐，天理人情之至也；故不求为直，而直在其中。"⑦深厚的血亲根基、维护人伦纲常的现实需要为"亲亲互隐"提供了道德"合法性"根据。

西汉以后，"亲亲互隐"作为一项刑法原则得到确认，亲属之间有罪应当相互隐瞒而不能告发，否则要以罪论处。汉宣帝四年曾诏曰："父子

---

① 睡虎地秦墓竹简整理小组编：《睡虎地秦墓竹简》，文物出版社1978年版，第196页。

② 刘清平：《美德还是腐败？——析〈孟子〉中有关舜的两个案例》，《哲学研究》2002年第2期。

③ 郭齐勇：《也谈"子为父隐"与孟子论舜》，参见郭齐勇主编《儒家伦理思想争鸣集——以"亲亲互隐"为中心》，湖北教育出版社2004年版，第14页。

④ 《论语·子路》。

⑤ 《孟子·离娄上》。

⑥ 《孟子·离娄下》。

⑦ 《论语集注·子路注》。转引自刘清平《美德还是腐败？——析〈孟子〉中有关舜的两个案例》，《哲学研究》2002年第2期。

之亲，夫妇之道，天性也。虽有患祸，犹蒙死而存之。诚爱结于心，仁厚之至也，岂能违之哉！自今，子首匿父母、妻匿夫、孙匿大父母，皆勿坐。"[1] 此外，《唐律疏义》、《宋刑统》、《元史》、《明律例》、《清律例》也有"亲隐"之规定。"亲亲互隐"由父子、母子之隐到夫妇之隐再到祖孙之隐，直至主仆之隐，范围逐步扩大，它也从伦理原则上升为法律规定。古代律法中的"亲隐"原则正是以广泛而深厚的血亲人伦性作为重要的法理依据之一，体现了中国古代社会法律与伦理道德的高度融合。

为庇护亲属而藏匿人犯、放纵或为犯罪亲属脱逃提供便利者减轻处罚、为亲属利益而作伪证及诬告者免刑、为亲属销赃匿赃者免罚、任何人有权拒绝证明亲属有罪、对尊亲属不得提起自诉等规定，从《大清新刑律》到民国刑法先后得到体现，与欧陆法系不谋而合。同时，"从《大清新刑律》开始，基本取消了'干名犯义'即子孙告父母有罪等以相隐为强制性法定义务或纲常义务的规定，基本只剩下容隐权利规定"，完成了从以义务为主要特征的"亲隐"到以权利为主要特征的"亲隐"的转变。[2]

新中国成立以后，延续了两千多年的"亲亲互隐"制度被彻底否弃。我国《刑事诉讼法》第四十八条规定："凡是知道案件情况的人，都有作证的义务。生理上、精神上有缺陷或者年幼，不能辨别是非、不能正确表达的人，不能作证人。"第四十七条规定："法庭查明证人有意作伪证或者隐匿罪证的时候，应当依法处理。"《中华人民共和国民事诉讼法》第七十条规定："凡是知道案件情况的单位和个人，都有义务出庭作证。有关单位的负责人应当支持证人作证。证人确有困难不能出庭的，经人民法院许可，可以提交书面证言。"

由古代"亲隐"的义务性规定到清末"亲隐"的权利规定，一跃变为现代亲属作证的义务性规定，跨越巨大。法律制度的变迁从根本上是由社会经济基础决定的。儒家以孝道为根基的"亲亲互隐"原则产生于一家一户为基本生产单位的自然经济土壤之中，它以家族利益为出发点，是

---

[1] 《汉书》卷八《宣帝纪》。

[2] 范忠信：《中西法律传统中的"亲亲相为隐"》，《中国社会科学》1997 年第 3 期。我在本节参考了该文的部分观点，特此致谢。

儒家基于当时的社会经济状况及"礼"教等级制要求,按照"修身、齐家、治国、平天下"的思路所进行的理性设计。家国同构是我国古代社会结构的基本特征。"君子之事亲孝,故忠可移于君。"① "夫孝,始于事亲,中于事君,终于立身。"② 孝道是宗法等级制的伦理根基,移"孝"作"忠"是统治阶级教化民众、稳定社会秩序的重要途径。我国古代社会的基本经济形式是自给自足的自然经济,家庭是社会生产的基本单位。李大钊曾指出,中国以农业立国,"所以大家族制度在中国特别发达。中国的大家族制度就是中国的农业经济组织,就是中国二千余年来社会的基础构造"③。"亲隐"原则以孝道为内核,对于维护大家族制下的血亲人伦秩序发挥着重要作用,由此成为实现国家长治久安的社会伦理方略。

社会主义生产资料公有制是以社会生产的一体化为基础的,生产资料全民所有、劳动者之间是同志式的平等互助关系、产品按劳分配。占统治地位的生产关系的总和构成社会的经济基础,作为上层建筑之核心的社会意识形态要服务于经济基础,这就决定着社会价值取向要实现由家族本位到社会本位的转变,正义成为最高的价值追求,一切有悖于社会正义的价值观都不能成为主导性价值观。在情与法发生冲突时,作出法不容情的理性选择是社会正义的根本要求。"亲亲互隐"显然与以正义为根本价值导向、以公正为基本理念的现代中国法律制度是不相容的,也与公共利益至上的社会主义伦理原则相背离。

"亲亲互隐"并非只存在于古代中国,古希腊时期也有"容隐"观念。智者游叙弗伦告发父亲杀人,苏格拉底对其进行非难,游叙弗伦最终承认"为子讼父杀人是慢神的事"④。古罗马法中关于"亲亲互隐"的规定较多,如:家属(子)不得告发家长对己私犯;同一家长权下亲属相盗不发生诉讼;尊卑亲属互相告发者丧失继承权(叛国除外);不得令亲属相互作证;家长有权不向受害人交出犯法的子女。⑤ 如果说中国传统

---

① 《孝经·广扬明》。

② 《孝经·开宗明义》。

③ 张晋藩:《中国法律史论》,法律出版社1982年版,第55页。

④ [古希腊]柏拉图著,严群译:《游叙弗伦 苏格拉底的申辩 克力同》,商务印书馆1983年版,第16页。

⑤ 转引自范忠信《中西法律传统中的"亲亲相为隐"》,《中国社会科学》1997年第3期。

"亲隐"制偏重于维护父权家长制下的人伦关系，那么，西方"亲隐"制度则偏重于保护个人基本权利。近现代西方国家"亲隐"制的种种规定，几乎都是为保护人权防止变相株连而设定。如1810年《法国刑法典》第137条、248条、1871条，《德国刑法典》第157条、257条规定：知近亲属犯罪而不告发，甚至故意隐瞒、令他人隐匿自己的亲属、为亲属作伪证、帮助亲属脱逃等均不受处罚。现行《法国刑事诉讼法》第335条，1994年《德国刑事诉讼法》第52条，1988年《意大利刑诉法》第199条均规定：近亲属可以拒绝作证，以及拒绝回答可能使其近亲属负刑责的提问。司法官员应告知近亲属有拒绝作证的权利，并且有义务保护这种权利，不得强迫其作证或宣誓。保护个人权利、崇尚平等、反对株连或变相株连是西方近现代"亲隐"制度的重要特征。①

我们应该看到，西方近现代"亲隐"制度是以生产资料资本主义私有制为基础的，维护资产阶级的统治地位与经济利益是其根本目的，对个人基本权利的保护在很大程度上是对特权阶级利益的庇护。

维护人权是法律的重要功能，社会主义法律也不例外。然而，生产资料公有制占主导地位的经济基础决定了社会主义法制不仅要保护人权，还要维护社会公共利益，以社会正义作为至善追求。"亲亲相隐"显然有悖于社会正义，不利于保护广大民众的合法权益。

"亲隐"制在别的社会主义国家曾一度存在。如：前捷克斯洛伐克刑法第163—165条，前波兰刑法第247—254条，前保加利亚刑法第110条、188条、226条、264条等均规定：包庇藏匿近亲属罪犯、知犯不举、作伪证或湮灭证据、隐匿赃物等不受处罚或减轻处罚。前民主德国诉讼法第46条、49条规定：被告人的近亲属有拒证权。② 当然，"亲隐"的前提是出于亲情而非为了自己获得财产。这些国家的命运在一定意义上向世人昭示了传统"亲隐"制的弊端。所以我认为，我国现行法律明确作出亲属作证的义务性规定，不仅体现了法律之公正，也是当代中国制度伦理建构的必然要求。

履行亲属作证义务，对当事人是一种艰难考验，他们需要在情、德、

---

① 参见范忠信《中西法律传统中的"亲亲相为隐"》，《中国社会科学》1997年第3期。
② 同上。

法之间加以权衡，作出理性抉择。西方刑法理论有"期待可能性"之说，它与"亲亲互隐"在一定意义都是基于人性情感的脆弱性而采取的情、法折中之举，甚至可以说是法对情的一种有条件的妥协。目前，有人主张将"亲隐"原则写入我国法律，还有人建议在《民事诉讼法》中规定"亲属作证特免权"。我认为这是值得商榷的。不可否认，我国现行法律制度只规定相关当事人有作证的义务而无拒绝作证的权利，这使得不少当事人面临着履行法定义务与维护血缘亲情的两难选择，但这并不能成为"亲隐"合法化的充分条件。维护社会正义是现代法律的基本精神，如果人人都"亲亲互隐"，那么，势必纵容违法犯罪行为，助长邪气，造成对他人、社会更大的侵害，社会正义将遭受践踏，广义的代际公正即社会公正①亦无从谈起。

正义是法律之魂，维护社会正义是法治之本。社会主义市场经济是法治经济，依法治国是现代法治国家的根本特征，维护公有制经济的主导地位、保护社会公共利益与个人合法权益是社会主义法律制度的重要功能。美国法理学家 R. 庞德在分析社会正义时指出："在伦理上，我们可以把它看成是一种个人美德或是对人类的需要或者要求的一种合理、公平的满足。在经济和政治上，我们可以把社会正义说成是一种与社会理想相符合，是保证人们的利益与愿望的制度。在法学上，我们所讲的执行正义（执行法律）是指在政治上有组织的社会中，通过这一社会的法律来调整人与人之间的关系及安排人们的行为；现代法哲学的著作家们也一直把它解释为人与人之间的理想关系。"② 张显正义是社会主义法律与道德的共同价值目标。当亲属团体利益与社会公共利益发生矛盾时，当情与法、情与德发生冲突时，舍小利护大利，法、德至上，既是法治的根本要求，也是社会主义道德的根本价值取向。这种取舍对一般公民来说是一种比较高的行为要求，只有具备较强的法律意识与高尚的道德素养，才能作出舍情维法、弃情护德的选择。目前，法学界有一种观点认为，若不能期待多数人大义灭亲、告发犯罪亲属，就不必立责众之法，否则就有变相株连之

---

① 家庭内以孝道为根基的血亲代际公正为狭义的代际公正。

② ［美］罗科斯·庞德著，沈宗灵、董世忠译：《通过法律的社会控制 法律的任务》，商务印书馆 1984 年版，第 73 页。

嫌。"变相株连"的提法需要慎重考虑。我们不能因为"期待可能性"之疑问而放弃对人类至善——社会正义——的追求，或使社会正义退让于亲伦。相反，我们要做的是，一方面加强法制建设，建立、健全各项法律制度，提高公民的守法、护法意识；另一方面加强公民道德建设，以家庭道德建设为突破口，提高公民的道德素养，这样才能防患于未然，也才能使子女在父母长辈身陷不义时，作出法不容情的理性抉择。

作为社会主体的人既不可能完全抛弃亲情，也不能背离社会正义，但作为理性的人正是在不断超越自己、追求至善的过程中提升道德品格、促进社会正义、实现代际和谐。"大义灭亲"虽可能给当事人带来不同程度的心灵伤痛，但这种伤痛与社会正义以及长远的代际公正相比，其码重显然要轻。

第三章　继替论：让贤伦理

"让"的字面含义是辞让、礼让。"贤"在这里特指后贤。让贤指老龄人主动将社会职位让给年轻一代，并进行传道、教化即通常所说的传、帮、带，德启后贤。现代社会，老龄与退休是紧密相连的。退休是指职工、干部达到规定年龄而退出工作岗位，赋闲休养。目前我国是以男性60岁、女性55岁作为法定退休年龄。俗话说："人事有代谢，往来成古今。"代际继替是自然规律，退休制度可确保世代交替有条不紊地进行。老龄人届时而让位于后辈是一条重要的代际伦理规则，是代际公正在社会继替问题上的体现。让贤重在让，体现的是老龄一代让位的主动性及其对后代的帮带性，因此，它是一种高尚的老龄品德。

第一节　让贤的伦理依据

让贤不仅是社会继替的伦理规则、文化传承的代际机制，也是一种新的老龄发展形式。我国古代的"尚贤"与"禅让"是让贤的历史源流，它为现代社会老龄一代之让贤提供了历史借鉴。

一、社会继替的伦理规则

社会运行及其发展有其内在动力，物质资料的生产方式是最终的决定性因素。作为社会主体的人是生产方式中能动而又最活跃的因素，没有人，没有人类的世代交替，就没有社会，也就无所谓社会的运行与发展。人的主体性存在以及人类的世代交替是社会发展的必要条件，通过让贤实现代际继替，是社会发展的基本伦理规则。

费孝通先生认为："在人类中，除了在一个因技术不断发展，经济也在不住扩大的期间，一般说来，一个新分子的生存空间，物质和社会的支配范围，还得在旧世界里寻觅，他得在原有社会分工体系中获取他的地位。社会结构不再扩张时，新分子入社的资格就得向旧分子手上去要过来，换一句话说，他一定要等社会结构中有人出缺，才能填补进去。这就是我所谓社会继替。"① "社会继替"是老龄一代退出社会职业劳动岗位、年轻一代替位入社的动态过程，是社会不断吸取新生力量、保持社会结构动态平衡的过程，是社会可持续发展的重要伦理规则。

在中国传统社会中，社会继替是一种亲子间的继替，一般情况下，只有当父祖死亡时，才发生权位继替，由子代（通常是长子）继替父祖管理家事，并代表家族进行各种社会交往活动。这是由中国古代的父权家长制决定的。瞿同祖先生指出："中国的家族是父权家长制的，父祖是统治的首脑，一切权力都集中在他的手中"②，"家庭范围或大或小，每一个家庭都有一家长为统治的首脑。他对家中男系后裔的权力是最高的，几乎是绝对的，并且是永久的。子孙即使在成年以后也不能获得自主权"③。父祖死而子代继的传统法则使子代入社掌管家业或独当社会责任的年龄大大推迟了，正如费孝通先生所言："从整个社会结构的继替过程上看，实在是把世代交替硬劲改成代代相承的方式，把退伍一直拖延到死亡的时候，结果是延迟了新分子入社的时期。"④ 传统亲子间的代代相承与现代意义上的社会继替是有区别的。就前者而言，划分世代的标准是生物性的，"继替过程按着世代秩序，交代的对手是亲子"⑤。后者是按照社会年龄分层标准进行"代"的划分，世代继替是老龄一代与年轻一代之间社会角色退出与角色替补的代际互动，"交代的对手"是社会的年轻一代而未必是亲子。

如果说传统社会的代代相承是依照生物性的世代标准，以宗法制下的父权制为基础进行的亲子替位，适应于一家一户为生产单位的自给自足的自然经济，那么，现代社会的世代交替则是按照社会性的世代标准，以一

① 费孝通：《乡土中国 生育制度》，北京大学出版社1998年版，第225页。
② 瞿同祖：《中国法律与中国社会》，中华书局1981年版，第5页。
③ 同上书，第6页。
④ 费孝通：《乡土中国 生育制度》，北京大学出版社1998年版，第237页。
⑤ 同上书，第234页。

定的社会规则进行的代际继替。退休制度就是基于社会运行的新陈代谢规律与社会结构的动态平衡而产生的现代社会世代交替制度，是社会化大生产的产物。社会化大生产各个环节、各个领域都是紧密相联的，每个环节、每个领域都必须"有足够数量的人口来担负分工结构所规定的各种工作"①，退休制度确保年轻一代有进入社会、扮演角色、承担责任的制度性机会，由此维持社会生产的连续性、社会发展的完整性与持续性。

让贤是老龄人主动将社会职位让给年轻人，强调让位的主动性，因此，它是一种积极的社会继替方式。费孝通先生认为："继替原则的规定其实是一种消极的保障，使社会秩序不致因社会分子的新陈代谢而趋于紊乱。"② 退休制度对社会继替的调整是刚性的，"使社会职位，包括对物和对人的各种义务和权利，以及所担任的工作，在规定和公认的方式中，一代一代地传递下去，使社会的新陈代谢，有条不紊地进行，不影响社会的完整和个人的生活"③。让贤建立在对退休制度充分认肯的基础之上，体现了老龄一代对年轻一代的提携与关爱，是减小代际冲突、促进社会新陈代谢的伦理实践过程，是一种积极的代际互动。

邓小平同志于 1982 年 9 月在中央顾问委员会第一次全会上的讲话中，就党和国家领导干部老化问题，严肃指出："我们干部老化的情况不说十分严重，至少有九分半严重。这个问题不解决，我们的国家、我们的党就缺乏活力。"④ 在党的十一届三中全会召开之前，他审时度势地提出改革党和国家领导制度，解决干部新老交替问题，并率先垂范，为第二代领导集体向第三代领导集体顺利过渡与交接作出了榜样。邓小平新老干部交替思想的核心就是老干部、老同志要积极让贤，主动腾位子、让担子，对年轻一代进行传、帮、带。"老的不腾出位子，年轻的上不了，事业怎么能兴旺发达？"⑤ 让贤不仅是党和国家干部队伍充满活力的重要保证，而且是世代交替的普遍伦理规则，对深化当前干部人事制度改革、建立和谐代际伦理关系具有积极的现实意义。

---

① 费孝通：《乡土中国　生育制度》，北京大学出版社 1998 年版，第 224 页。
② 同上书，第 231 页。
③ 同上书，第 230 页。
④ 《邓小平文选》第三卷，人民出版社 1993 年版，第 5 页。
⑤ 同上书，第 92 页。

二、文化传承的代际机制

让贤不仅是社会职位的世代继替，还指老龄一代将一生积累的知识、经验、技能、文化成果等一切从社会获得或积累的财富传递给年轻一代的文化传承过程。孔子曰："君子有三思，而不可不思也。少而不学，长无能也；老而不教，死无思也；有而不施，穷无与也。是故君子少思长则学，老思死则教，有思穷则施也。"① "教"就是"交"。"老思死则教"意思是说，人至老龄，自然要思考死亡及死后之事，对后人要有所"交代"。将毕生积累的知识、经验、技能、文化成果等传给年轻一代是老龄一代的道德使命，也是社会文化代代相续、绵延不绝的发展方式。青年一代、中年一代、老年一代不仅描述的是生物学意义上的年龄群体，而且在很多时候表述的是这些不同年龄群体即世代所具有的文化特征，因为"代"是标示不同年龄群体之间文化差异的一种符号，即"文化的世代"②。"老思死则教"体现了世代之间的文化传承性，"不教"不仅意味着死后无人思其德，而且也将使代际文化之链断裂。

"蜜蜂能单靠生物机能来分工合作，而人类却靠积累的文化。"③ 文化是一个综合体，包括人类的知识、信仰、法律、道德、艺术、宗教、习俗以及作为社会成员的人所掌握的技能、所形成的行为习惯。它体现在人类一切活动及其成果中，渗透在人类社会的方方面面。文化以人为活的载体，以"社会遗传密码"形式一代一代地传递下去，推动社会和人类向前发展。梅德（Mead）曾说："文化乃传统行为的全部丛结。这样的丛结为人类所发展，且为每一代继续不断学习着。"④ 老龄一代积累的知识、经验、技能、劳动成果及其价值观与信仰等都是社会文化的具体形式，文化的代际传承体现了文化的代际互动性及其绵延特质。

韦政通先生曾用"文化的涵摄性"描述"两种以上文化接触时，所

---

① 《荀子·法行》。

② 陈映芳：《在角色与非角色之间——中国的青年文化》，江苏人民出版社2002年版，第36页。

③ 费孝通：《乡土中国　生育制度》，北京大学出版社1998年版，第225页。

④ 韦政通：《中国文化概论》，岳麓书社2003年版，第4页。

发生的吸收和合并的过程"①。让贤是老龄一代与年轻一代之间持续的文化互动与精神交流过程，它不仅使老龄一代积累的文化在年轻一代手中得到延续，而且使老龄文化与青年文化相互碰撞，这样，社会文化才能在交融与扬弃中获得新生。

三、一种新的老龄发展形式

让贤也是一种新的老龄发展形式。传统的老龄发展观强调老有所为，也就是老龄人退而不休，在不同的社会岗位上继续工作，发挥余热。然而，在当今社会经济条件下，老有所为面临诸多困境。让贤是一种高尚的老龄品德，应以让贤对传统的老有所为进行重新诠释。

关于老有所为，学界已有很多研究成果。就老有所为的必要性而言，主要集中在两个方面：其一，它是解决老有所养的需要；其二，它是实现老龄人生价值的重要方式。

老有所养是一个很复杂的问题，是应对我国人口老龄化挑战必须解决的首要问题。建立与完善社会养老保障制度是实现老有所养的根本途径。中国老龄科研中心进行的《中国城乡老年人口状况追踪调查》研究报告显示：截至 2006 年 6 月 1 日零时，我国城市老龄人享受退休金（养老金）的比例由 2000 年的 69.1% 上升到 2006 年的 78.0%，农村老龄人享受退休金（养老金）的比例由 2000 年的 3.3% 上升到 2006 年的 4.8%。② 这表明，目前我国城市还有 22%、农村则有 95.2% 的老龄人口未能享受养老金。老有所为是这些没有养老金的老龄人实现老有所养的主要方式。就目前我国农村具体情况而言，农村老龄人口自养型的老有所为并不与新增劳动人口发生冲突，而且随着农村大量青壮年劳力外出打工，有劳动能力的老龄人成为农业生产的主力军，因此，老有所为仍然是解决农村老龄人口老有所养问题的一条重要途径。对于城镇退休人员来说，若还在原来的工作岗位上"老有所为"，在一定程度上将与社会新增就业人口发生矛盾，影响年轻人入社。

---

① 韦政通：《中国文化概论》，岳麓书社 2003 年版，第 28 页。

② 《中国城乡老年人口状况追踪调查》研究报告，http://www.china.com.cn/policy/txt/2007 - 12/17/content_ 9393143. htm。

2008 年上半年，全国累计实现城镇新增就业 640 万人，为全年目标任务的 64%。据教育部统计，2008 年我国高校毕业生达 559 万人，比 2007 年增加了 64 万人。而全国高校毕业生总量压力还将继续增加，2009 年高校毕业生规模达到 611 万人，比 2008 年增加 52 万人。① 退休职工尤其是有一技之长的专业人员通过再就业，确实可以继续为社会创造一定的物质财富，同时缓解养老金不足的困难，老有所为也因此被视为应对人口老龄化挑战的策略之一。然而，面对庞大的新增就业队伍，我们不得不对传统的"老有所为"进行反思，在社会就业的大门外等待的青年人更希望老龄一代能急流勇退，让贤于年轻后辈，从而使社会发展获得新生力量。正如有的学者所言："相应于不同的年龄所构成的人生阶段，不同的社会与文化方式为之确立了不同的生存方式。你到了一定的年龄，就必须退休，否则，年轻人就无法安身立命。"②

今天，我们"进入了历史上的一个全新时代，年轻一代在对神奇的未来的后喻型理解中获得了新的权威"③。他们精力充沛、思维敏捷，富有革新精神，是当今知识经济时代社会发展的生力军。王选院士生前曾说，现代技术没有权威，不是资格老就是权威；年轻人思想活跃、富有冲劲，这是发展高新技术所必需的；自己年纪大了，很多方面有些趋于保守，因此，老科学家要积极鼓励和支持年轻人去创新。韦政通先生指出："老年人的生活应以奉献为其最高的伦理准则，奉献是老年人真正快乐的源泉。"④ 奉献就是传、帮、带，这是老龄道德的最高境界。"新竹高于旧竹枝，全凭老干为扶持。明年更有新生者，十丈龙孙绕凤池。"年轻一代的成长离不开老龄一代的扶持。老龄人虽然体力逐渐衰退，但正值智慧成熟之时，退休阶段也是闲暇最多的时期，对年轻一代进行传、帮、带，使未竟的事业在年轻一代身上得到延续，并帮助其开拓新的事业，可以使劳动后阶段变得美满充实。池田大作认为："虽然肉体的衰老是不可避免的，

---

① 《09 年 611 万高校毕业生陷入就业低谷》，http：//www.51edu.com/daxue/2009/0121/article_78055.html。

② 张永杰、程远忠：《第四代人》，东方出版社 1988 年版，"代序"第 3 页。

③ [美] 玛格丽特·米德著，周晓虹、周怡译：《文化与承诺——一项有关代沟问题的研究》，河北人民出版社 1987 年版，第 27 页。

④ 韦政通：《伦理思想的突破》，中国人民大学出版社 2005 年版，第 85 页。

但是相当多的老人头脑和精神活动并不那么衰退。甚至有许多例子表明，由于有漫长而丰富的人生经验，更使老人增辉添色。使老人从事这种能发挥其特质的职业，从而使老人感到自己的存在对社会来说是不可缺少的，这一点才是最重要的。"① 老龄一代创造了昨天，今天和明天应交给年轻一代去创造。让贤、传道、教化、德启后贤是实现老龄人生价值的重要途径，是一种新的老龄发展形式。当然，部分高端科技人才、高级知识分子虽已至退休年龄，但身体尚好，工作上又确实需要他们再留用一段时间，是可以考虑延缓退休的，这与传、帮、带并不矛盾。

在劳动力资源短缺的国家，如日本，老有所为、超龄工作为政府所倡导。日本政府颁布的《高龄者雇用安定法》规定：有工作意愿和能力的人员，可以工作到 65 岁退休。政府还把领取全额退休金的年龄从 60 岁提高到 65 岁。近年来，老龄人再就业在日本成为一股热潮。再就业的老龄人有的开出租车，有的整理停车场，做公园清扫、垃圾分选、园木修剪等工作，有的甚至搬运行李。此外，还有一些具有金融专业知识和实践经验的老龄人进入金融机构发挥余热。② 日本老龄人再就业是为了解决生计问题吗？当然不是，从 20 世纪 60 年代起，日本就已建立较完善的全民社会福利制度，退休者的生活、医疗等费用都有足够的保障，且年龄越大，享受的保障越多。同时，再就业者大多从事的是脏、累、收入低的工作，很多老龄人还常常以志愿者的身份参与公益事业。通过再就业开始第二人生，在劳动中体验快乐、实现余生价值，而不是将其当做谋生的手段，是日本老龄人再就业的主要动因。

从劳动力资源供给和社会福利制度建设两方面看，中日两国存在很大的差异性。延缓退休在我国不宜提倡。解决我国养老问题的根本途径在于建立和完善各项社会养老保障制度，而不是再就业。至于退休后志愿参与社会公益事业和其他帮带性活动，则是值得提倡的。

"立德"、"立功"、"立言"③ 是古人关于人生不朽的三要道。老龄一代对年轻一代进行传、帮、带，德启后贤，是老龄阶段人生发展的特有形

---

① ［英］汤因比、［日］池田大作著，荀春生译：《展望二十一世纪——汤因比与池田大作对话录》，国际文化出版公司 1985 年版，第 107—108 页。

② 参见徐北：《日本老人退休不下岗》，《北京青年报》2008 年 6 月 25 日。

③ 《左传·襄公二十四年》。

式，是现代社会老龄人实现余生价值和精神不朽的基本道德要求。

四、让贤的历史源流

"让，礼之主也。"① 这里的"让"不仅指礼让，还指让贤。我国有尚贤的优良传统，远古时代的禅让是让贤的典例。古代的"尚贤"与"禅让"主要是对贤才的崇尚与举用，贤才就是有德之人，长于德行者为贤，长于道艺者为能②。

尚贤的论述散见于我国古代多部典籍中。孔子认为，"举贤才"③ 是为政的根本措施之一。他曾对鲁国大夫臧文仲不举贤才评议道："臧文仲其窃位者与！知柳下惠之贤而不与立也。"④ 孔子认为，臧文仲对柳下惠知贤而不举，是为窃位。"窃位"一般指武力夺权，知贤不立虽未用武力，但同样使贤才落位，因而与武力篡权无异。《论语》还记载了子夏对舜举皋陶、汤举伊尹的赞赏之情："舜有天下，选于众，举皋陶，不仁者远矣。汤有天下，选于众，举伊尹，不仁者远矣。"⑤ 舜举皋陶、汤举伊尹，仁者至、不仁者远。这些记载表明了孔子及其弟子对尚贤举能的肯定与赞赏态度。孟子虽然否认"尧以天下与舜"⑥，但是继承了孔子尚贤的思想，他说："莫如贵德而尊士，贤者在位，能者在职"，"尊贤使能，俊杰在位，则天下之士皆悦，而愿立于其朝矣。"⑦ 荀子认为："君人者，隆礼尊贤而王"，"贵贵、尊尊、贤贤、老老、长长，义之伦也。"⑧ 主张"贤能不待次而举"⑨，即选贤任能不以尊卑等级、血缘亲疏而定。但他又说："尚贤使能，等贵贱，分亲疏，序长幼，此先王之道也。故尚贤使能，则主尊下安；贵贱有等，则令行而不流；亲疏有分，则施行而不悖；

① 《左传·襄公十三年》。
② 《周礼·地官司徒·乡大夫》载："正月之吉，受教法于司徒，退而颁之于其乡吏，使各以教其所治，以考其德行，察其道艺。"参见《周礼·仪礼·礼记》，岳麓书社1989年版，第32页。
③ 《论语·子路》。
④ 《论语·卫灵公》。
⑤ 《论语·颜渊》。
⑥ 《孟子·万章上》。
⑦ 《孟子·公孙丑上》。
⑧ 《荀子·大略》。
⑨ 《荀子·王制》。

长幼有序，则事业捷成而有所休。"① 尚贤使能是维护宗法等级制度的重要手段，荀子"尚贤"论从根本上是由儒家一贯奉行的德治主义所决定的。

战国诸子中，当属墨家对"尚贤"最为推崇。墨子认为："夫尚贤者，政之本也。"② 贤良之士"厚乎德行，辩乎言论，博乎道术"，乃"国家之珍，而社稷之佐也"③。"国有贤良之士众，则国家之治厚；贤良之士寡，则国家之治薄。故大人之务，将在于众贤而已。"④ 因此，"古者圣王之为政，列德而尚贤，虽在农与工肆之人，有能则举之，高予之爵，重予之禄，任之以事，断之以令"⑤。可见，墨家"尚贤"论强调要突破亲亲、尊尊的宗法等级制，在上位者"举义不辟贫贱"⑥、"不党父兄，不偏富贵，不嬖颜色"⑦。以"德"、"能"作为选贤的标准，反映了墨家追求平等、崇尚大同的人民性伦理品格。

尚贤思潮的形成与春秋战国时期的社会变革有着直接关联。春秋时期，铁器与牛耕的使用使社会生产力获得很大发展，封建土地私有制开始出现并不断膨胀，动摇并最终冲垮了以"王有"为形式的奴隶制土地制度，"私田"取代"公田"。旧经济制度的变革带来了社会关系的深刻变化：父子相篡、兄弟相残、诸侯争霸，灭国灭嗣，整个社会出现了"礼崩乐坏"的局面。⑧ 新旧制度的更替、百废待兴的时局既呼唤圣王贤君的出现，也需要民众修身立德，努力培养成为德才兼备的贤士，由此在思想领域掀起了一股"尚贤"之风。"士"阶层的兴起以及大批士人登上政治舞台不能说与"尚贤"之风无关。同时，社会经济制度的变革使传统社会意识受到极大冲击，人们的伦理观念也发生了相应变化。"君臣无常位"观念的产生就是这一时期封建"礼"制对奴隶制"礼"制的革新，

---

① 《荀子·君子》。
② 《墨子·尚贤上》。
③ 同上。
④ 同上。
⑤ 同上。
⑥ 同上。
⑦ 《墨子·尚贤中》。
⑧ 朱贻庭主编：《中国传统伦理思想史》，华东师范大学出版社 1989 年版，第 19—20 页。

也是尚贤思潮在社会意识形态领域的一种反映。墨子认为："当是时，以德列就，以官服事，以劳殿赏，量功而分禄。故官无常贵，而民无终贱。有能则举之，无能则下之。举公义，辟私怨，此若言之谓也。"① 新兴地主阶级需要贤能之士为封建专制统治服务，尚贤举能成为不可阻挡的潮流。《左传》载："鲁君世从其失，季氏世修其勤，民忘君矣。虽死于外，甚谁矜之？社稷无常奉，君臣无常位，自古以然。故诗曰：'高岸为谷，深谷为陵。'三后之姓，于今为庶，王所知也。"② 这是鲁昭公被季氏驱逐出国而死于国外后，晋国史墨发表的评论。在他看来，鲁昭公对民之"失"与季氏对民之"勤"是导致君臣易位的重要原因，"君臣无常位"观念"否定了依据血缘宗法确定的永恒不变的等级秩序"③，从一个侧面映射了"尚贤"之风，也反映了时人对"贤君、贤臣、贤人"的拥戴与渴望。

春秋战国时期的尚贤思潮以维护封建等级制为宗旨，贤才能否"得势"关键在于"王公大人"是否慧眼识珠。以孔子为代表的儒家以举贤才作为德治主义的重要内容，主张普遍性的选拔与举荐，以让士人有晋身之阶和施展政治才能的机遇，但是，又有多少贤士身逢其时呢？像孔子这样的圣贤尚且饱受仕途之挫，更何况一般贤者。封建礼制虽然否弃了原有的作为等级基础的血缘宗法制，从理论上否定了等级永恒不变性，但"序尊卑贵贱大小之位，而差外内远近新故之级"④ 仍然是其不变的主流。

尚贤突出位高者举贤任能，禅让则强调君王主动让位于贤者，重在让。墨家由于十分推崇尚贤而充分肯定了禅让的意义。《墨子》载："古者尧举舜于服泽之阳，授之政，天下平。禹举益于阴方之中，授之政，九州成。汤举伊尹于庖厨之中，授之政，其谋得。文王举闳夭泰颠于罝罔之中，授之政，西土服。……虽在农与工肆之人，莫不竞劝而尚意。"⑤ 墨子举"禅让"说旨在表达"举义不辟贫贱"⑥，不辟"疏"、"远"，唯

---

① 《墨子·尚贤上》。
② 《左传·昭公三十二年》。
③ 沈善洪、王凤贤：《中国伦理思想史》上，人民出版社 2005 年版，第 74 页。
④ 《春秋繁露·奉本》。
⑤ 《墨子·尚贤上》。
⑥ 同上。

"贤"为上的主张。

《庄子·让王》载："尧以天下让许由，许由不受。又让于子州支父。子州支父曰：'以我为天子，犹之可也。虽然，我适有幽忧之病，方且治之，未暇治天下也。'""舜让天下于子州支伯，子州支伯曰：'予适有幽忧之病，方且治之，未暇治天下也。'""舜以天下让善卷，善卷曰：'余立于庙宇之中，冬日衣皮毛，夏日衣葛缔。春耕种，形足以劳动；秋收敛，身足以休食。日出而作，日入而息，逍遥于天地之间，而心意自得，吾何以天下为哉？'""舜以天下让其友石户之农"，石户之农"负妻戴，携子以入于海，终身不反也"。此外，北人无择拒舜之让王而投清冷之渊，卞随和瞀光拒汤之让王而投水自尽。可见，尧、舜之禅让并非一帆风顺，而是在遭受几次拒绝之后才完成的千古德业。由此观之，道家对"禅让"并非如儒墨两家那样持盛赞态度，而是带有一种"冷眼旁观"之态，表达了道家不以物累形的无为洒脱胸襟。其实，庄子更欣赏子州支父、石户之农那种"不以国伤生"之隐者。庄子在此暗喻居上位者进入老龄时，应有子州支父、石户之农那样让以顺性、退以养生的智慧，像尧舜那样主动让贤。

荀子主张"尚贤、使能"[1]，但对"老衰而擅"[2] 持批评态度。"夫礼义之分尽矣，擅让恶用矣哉？曰：'老衰而擅。'是又不然。血气精力则有衰，若夫智虑取舍则无衰。曰：'老者不堪其劳而休也。'是又畏事者之议也。"[3]"擅"通"禅"，即"禅让"。他认为，"禅让"虽有盛名，但"老衰而擅"只不过是老者血气精力衰退、不堪政事之劳而休矣。今圣王但求能任天下者传之，是尽礼义之分，何必复求禅让之名！荀子对"禅让"的看法虽有片面之处，但从一个侧面反映了他希望君王或位高者不待年耆而让、适时举用后贤的思想。

郭店楚简《唐虞之道》是先秦时期论述"禅而不传"的重要文献。"禅也者，尚德授贤之谓也。上德则天下有君而世明，授贤则民举效而化

---

① 《荀子·君子》。
② 《荀子·正论》。
③ 同上。

乎道。不禅而能化民者，自生民未之有也。"①"尚德授贤"就是打破血亲封官制，以任人唯贤取代用人唯亲。这是教化民众、推行道统的重要方式。不行"禅让"而能德化民众者，自古未有。"唐虞之道，禅而不传。尧舜之王，利天下而弗利也。禅而不传，圣之盛也。利天下而弗利也，仁之至也。""禅，义之至也。"②禅让而不传子是以天下大利为利，而不是为了一家私利，是最高的德行、最大的仁义。所以，"尧舜之行，爱亲尊贤。爱亲故孝，尊贤故禅。孝之施，爱天下之民。禅之传，世亡隐德"③。"德以叙位"是"禅让"的宗旨。"禅让"不是抛弃爱亲孝亲之情，而恰恰是以孝、悌、仁、慈等德行作为"授贤"的根据，如尧传舜就是"闻舜孝，知其能养天下之老也；闻舜悌，知其能事天下之长也；闻舜慈，乎弟（象□□，知其能）为民主也"。相反，"爱亲忘贤，仁而未义也。尊贤遗亲，义而未仁也。"④"禅让"不仅反映了贤者有君子之德，而且体现了让者不以天下私亲的至高德行。《唐虞之道》还写道："七十而致政，四肢倦惰，耳目聪明衰，禅天下而授贤，退而养其生。""（夫唯）顺乎脂肤血气之情，养性命之政，安命而弗夭，养生而弗伤，知（天下）之政者，能以天下禅也。"⑤看来，"禅让"不仅是"尚贤"使然，还是"安命"、"养性"所需。《史记·历书》记载："年耆禅舜，申戒文祖，云'天之历数在尔躬'。"⑥人至老龄，各种脏器功能渐趋衰退，这是不可抗拒的自然规律，应尽早择贤而让，以葆性延年。这一点对于现代社会老龄一代之让贤是很有启发意义的。

　　《上海博物馆藏战国楚竹书·容成氏》也是关于禅让、传贤的重要文献。该篇写道，卢是氏、赫胥氏、乔结氏、仓颉氏、轩辕氏、神农氏等上古帝王"之有天下也，皆不授其子而授贤"⑦。"尧以天下让于贤者，天下

---

① 李零：《郭店楚简校读记》，北京大学出版社2002年版，第96页。
② 同上书，第95页。
③ 同上。
④ 同上。
⑤ 同上。
⑥ 《史记》卷二十六《历书第四》。
⑦ 马承洛主编：《上海博物馆藏战国楚竹书》（二），上海古籍出版社2002年版，第250页。

之贤者莫之能受也。万邦之君皆以其邦让于贤者，而贤者莫之能受也。"① 意在表明不仅天子要"尚德授贤"，"万邦之君"也要如此，强调"尚德授贤"的广泛性。"上爱其下，而一其志，而寝其兵，而官其才。"② "于是乎不赏不罚，不刑不杀，邦无食人，道路无殇死者，上下贵贱，各得其世，四海之外宾，四海之内卤，禽兽朝，鱼鳖献，有无通，匡天下之政，十有九年而王天下，卅有七年而民终。"③ 由此看来，"禅让"是实现理想大同社会的重要机制，也是儒家德治主义的体现。

我国古代"尚贤"、"禅让"思想突出强调在上位者尤其是君王"尚德授贤"，虽未从普遍意义上凸显老龄一代之让贤，但是隐含着年长者、位高者对后辈贤能的积极举荐与任用，这点可资今鉴。

第二节　老龄道德资源的代际传承及其伦理效力④

让贤有三个层次：其一是指老龄一代届时将社会劳动岗位让与年轻一代，使之顺利入社；其二是指举任后贤；其三是指将蕴藏于老龄一代的道德资源加以传续、德启后贤。老龄道德资源的代际传承是让贤伦理的重要组成部分。

一、老龄道德资源的内涵与形式

资源一般指天然的物质财富。道德资源是人类在文明进程中积淀的、对社会发展具有促进意义的道德文化。老龄道德资源是老龄一代在长期的社会实践中形成的、对年轻一代成长能够产生积极的道德影响，并可融入实物资本运行过程，从而推动社会经济发展的老龄道德品质与老龄道德文化成果的总称。

社会是由不同年龄段的人组成的有机体。社会的发展是上一代积累知

---

① 马承洛主编：《上海博物馆藏战国楚竹书》（二），上海古籍出版社 2002 年版，第 257—258 页。

② 同上书，第 250—251 页。

③ 同上书，第 253—254 页。

④ 参见刘喜珍《老龄道德资源初探》，《道德与文明》2006 年第 4 期。

识、经验，并向下一代传递的过程。在早期游牧社会，人的一生都是在积极的劳动中度过的，也就是活到老、干到老，直到失去劳动能力。在前工业社会，生产以体力劳动为主，生产技能与经验是个人在长期的生产实践中摸索并积累起来的，因而人的年龄与生产经验的多少、生产技能的高低是成正比的，老龄人拥有的劳动经验与生产技能被奉为至宝。这种经验型生产方式决定了老龄人在前工业社会中具有很高的威望和社会地位。自工业革命以来，人类的生产、生活方式发生了巨变，传统的经验型生产方式已经成为过去。N. R. 霍曼、H. A. 基亚克在考察了赞比亚汤加部落老年人、美国北方土著人、爱尔兰西部老年人社会地位的变化后，指出："知识作为老年人权力的基础因西方的技术和科学专门知识的传入而在许多社会里受到了挑战。例如，向孩子们传授传统耕作方法的老农可能会沮丧地发现，子女们已不再听从这些劝导，转而依靠新的耕作方法和农产品了。传统知识的重要性由于现代化而下降的例子可以在许多领域里大量地找到，这些领域包括农业、渔业、建筑业、管理家务、甚至抚养孩子。"[①]尤其是在当今信息时代，劳动力密集型产业已被知识密集型产业所取代，知识大爆炸、信息的日新月异给年轻一代创造了空前的发展机遇，他们成为引领时代潮流的先锋。在剧烈的社会变迁中，老龄人的权威地位受到极大冲击。

　　然而，老龄一代所积累的优秀道德品质及其创造的道德文化成果却是不可忽视的精神财富，是珍贵的社会道德资源，在人类世世代代的持续发展中具有承前启后的重要作用。第 37 届联合国大会批准的 1982 年维也纳"首届老龄问题世界大会" 57 号决议写道："全世界要认识到，寿命的延长是一项生理上的成就和一种进步的象征，并认识到老年人是社会的财富而非负担，因为他们可以以积累的丰富知识和经验作出价值无比的贡献。"[②] 这是对老龄人社会价值的充分肯定。《联合国第二届世界老龄大会政治宣言》指出："老年人的潜力是未来社会发展的强有力的基础。社会依靠老年人的技能、经验和智慧，不但能首先改善他们自己的条件，而且

---

① ［美］N. R. 霍曼、H. A. 基亚克著，冯韵文、屠敏珠译：《社会老年学——多学科展望》，社会科学文献出版社 1992 年版，第 55—56 页。

② 陈蕃主编、刘兵副主编：《二十一世纪老龄问题研究》，宇航出版社 1993 年版，第 185 页。

还能积极参与全社会条件的改善。"老龄群体不仅是社会既有财富的创造者，他们拥有的技能、经验和智慧还是一种具有开发潜能的社会资源。正确认识并努力挖掘老龄道德资源，发挥其应有的社会作用，既是老龄人实现自身价值的有效途径，也是构建和谐代际伦理关系的需要。

老龄道德资源主要有两种形式：

其一，老龄道德品质。道德品质是道德认知、道德情感与道德意志的有机统一。老龄道德品质是老龄一代在长期的社会实践中形成的深刻的道德认知、真挚的道德情感、坚定的道德意志的综合体现。

老龄道德认知的特征是反思性，即它是对以往道德认识的再认识。老龄阶段是生命的总结阶段，是反省的存在阶段。道德反思不仅包含主体对道德过失的追悔与觉醒，也包括对一生优秀品德的肯定与发扬。孔子曰："朝闻道，夕死可矣。"① 卢梭曾说："如果通过我自身取得的进步，学会了怎样能在结束此生时虽不比投入此生时更好一些——这是不可能的——但至少更有道德的话，那我就深以为幸了。"② 老龄一代积累了丰富的道德经验，他们一生的道德得失是对年轻一代的道德昭示。

道德情感是人们基于一定的价值标准，对个体的行为和社会道德关系所产生的一种爱憎或好恶的心理体验。道德情感的发展具有阶段性。年轻一代处在道德塑形时期，情感活动呈现多变性。老龄人的道德情感随着道德实践的拓展、深化而不断升华。由于老龄人历经了人生的磨砺，对人与自然、人与人以及人与社会之间的关系有着丰富而深刻的道德体验，形成了较为稳定的世界观、人生观和价值观，道德情绪的波动、道德激情的迸发已不再是他们道德情感的主要表达形式，稳定性和真挚性成为老龄道德情感的主要特征。余生的有限性增强了他们对亲友、对人世的依恋和对自然的热爱，对祖国、对人民的感情也更为真挚。明达的道德心境、真挚的道德情感、高尚的道德操守是人生的至善追求，也是老龄道德情感的至高境界。它似醇醪，时间越久，越散发出醉人的芳香。

道德意志是主体依照一定的道德原则进行道德抉择和行动时，调节行为克服困难的道德能力。坚定性是老龄道德意志的特征。顽强的道德意志

---

① 《论语·里仁》。
② ［法］卢梭著，徐继曾译：《漫步遐想录》，北京十月文艺出版社 2005 年版，第 43 页。

以正确的道德信念为心理基石，通过恒久的道德实践磨炼而成，是通往道德自由境界的桥梁和保证。道德高尚的老龄人首先是具有崇高道德信念的人。因为只有在崇高的道德信念指引下，人们才能以自觉能动性对感性欲求进行理性调控，并将困难转化为动力，排除困难不断前进。坚定的道德意志是一种高尚的道德品质，它不是一朝一夕就能养成的，而要通过持之以恒的道德实践。老龄人历经了岁月的沧桑，他们中的优秀分子正是在毕生实践中磨炼了坚强的道德意志；相反，意志薄弱往往是道德堕落而导致犯罪的深层心理诱因。在我国社会主义市场经济条件下，引导年轻一代树立崇高的道德理想与信念、磨炼坚强的道德意志，是公民道德建设的核心内容。老龄一代的道德实践历程为年轻一代提供了生动的道德读本。

其二，老龄道德文化成果。指老龄一代创作的反映人与人之间的道德关系和社会道德活动的文化产品，如文章、书籍、图片、影像资料、合理化建议等。它是老龄道德资源的客观化形态，是社会道德文明的老龄表达。

社会文明的发展离不开道德文化的积累与传递，而道德文化的发展在一定意义上是道德资源代际传承的结果。一定时代的老龄道德资源是该时代社会精神文明的重要表现形式，是社会道德文化不可缺少的组成部分。高尔基曾说，每一个老龄人的死亡，等于倾倒了一座知识库。老龄一代不仅是以往人类知识与生产经验的继承者和传播者，还是社会道德文化的创造者，尤其是具有知识优势与技术专长的老龄人在退休后，通过对年轻一代的传、帮、带，实现着老龄期的道德延伸价值。据我国第五次人口普查资料推算，2000 年全国 60—69 岁的低龄老人为 8082.29 万人，约为老龄人口总数的 58.9%。他们中大部分身体较好、经验丰富，不少人还有一技之长。其中有中、高级技术职称，身体健康的离退休知识分子约有 350 万人[1]，他们通过传、帮、带，对促进社会全面发展发挥着不可替代的作用。

老龄道德文化成果是人类文化宝库中的重要资源，是一种不可忽视的

---

[1]　全国老龄工作委员会办公室编：《老龄工作干部读本》，华龄出版社 2003 年版，第 253 页。

隐形文化资本。《中华人民共和国老年人权益保障法》规定："国家和社会应当重视、珍惜老年人的知识、技能和革命、建设经验，尊重他们的优良品德，发挥老年人的专长和作用。"消除老龄歧视，实现从"老龄包袱论"到"老龄财富论与资源论"的转变，为老龄一代对年轻一代进行传、帮、带，为开发和继承"银色道德资源"创造有利条件，是我们积极应对人口老龄化挑战的需要。

二、老龄道德资源的代际传承

代际传承指物质财富或精神财富在代与代之间的传递、继承与发展。老龄道德资源的代际传承是指老龄一代将一生形成和积累的高尚道德品质与道德文化成果传递给年轻一代，并由其发扬光大的道德活动。这里的代际传承之"代"是指"在场的代"①，即共同生活于同一时空中的老龄一代与年轻一代。马克思曾指出："历史不外是各个世代的依次更替。每一代都利用以前各代遗留下来的材料、资金和生产力；由于这个缘故，每一代一方面在完全改变了的环境下继续从事所继承的活动，另一方面又通过完全改变了的活动来变更旧的环境。"②"继承"与"变更"的辩证统一就是代际传承。需要指出的是，年轻一代所继承的不仅是"材料、资金和生产力"等物质资源，还包括道德、风习、价值观、信仰等精神资源。道德是一种十分重要的文化资源，道德资源的代际传承是文化传播与文明发展的重要形式。老龄道德资源是社会文明之树上的硕果，是社会文化生态系统的一分子。老龄道德资源的代际传承不仅延续了社会文化，而且为年轻一代创造新的道德生活奠定了基础，因而是推动社会不断向前发展的重要精神动力。

（一）代际传承的价值基点

年轻一代与老龄一代在生存环境、教育背景以及价值追求等方面的种种差异决定了他们在道德价值观上存在隔阂甚至冲突即代沟，这是不容否认的事实。自觉意识到道德价值观代沟的客观存在，并努力寻求代际道德

---

① 参见廖小平《伦理的代际之维》，人民出版社 2004 年版，第 31 页。

② 《马克思恩格斯选集》第 1 卷，人民出版社 1995 年版，第 88 页。

共识①，是实现代际沟通、促进老龄道德资源代际传承的前提。美国社会学家米德指出："一旦年轻人和老年人真正认识到有一条深深的、新的、史无前例的、世界性的代沟存在的事实，交流才能够重新建立。只有成年人……认为自己需要内省，需要用自己青年时代的所作所为来理解眼前的年轻人，交流才是可能的。"② 年轻一代与老龄一代作为在场的不同代，虽然存在这样那样的分歧，但他们毕竟共同生活在同一现实世界里，需要面对、思考并解决一些共同的人类课题，如人的物质需求与精神满足的关系问题、自然资源的适度开发与社会可持续发展的关系问题、人口增长与环境保护问题等。生存与发展的伦理底线决定了年轻一代与老龄一代之间必然有着共同的社会需求和道德价值取向，这就是代际道德共识。正如有的学者所言："对代际道德价值观普遍性和共同性的寻求，就是在承认代际道德价值观差异的前提下，对具有普遍合理性意义、可以为各代人所共同接受和履行的基本道德的追求。"③ 代际间的道德共识为我们发掘代际共享的道德资源提供了价值基点，也使老龄道德资源的代际传承成为可能。

（二）两种代际传承模式

老龄道德资源是一种客观存在的、静态的社会文化资源，需要通过老龄一代之"传"与年轻一代之"承"的道德互动才能将其激活，并转化为年轻一代所需的有效道德信息。

"传"是一种道德辐射，体现为老龄人以高尚的品德醇化社会风尚、感染年轻后代，并将其创造的道德文化成果奉献于社会、服务于社会精神文明建设的各种活动。道德辐射分为波式辐射与根式辐射两种形式④，老龄道德资源的代际传承也由此分为波式传承与根式传承两种模式。任何文化信息的传播都有一个核心的原始信源，代际道德传承以老龄道德资源为始发信源，通过老龄人自身的言行示范、社会舆论、大众传媒的传播，以及在场年轻一代之间的信息互递，在老龄群体周围形成一个波状辐射网，

---

① 参见廖小平：《伦理的代际之维》，人民出版社 2004 年版，第 112—114 页。
② ［美］玛格丽特·米德著，曾胡译：《代沟》，光明日报出版社 1988 年版，第 78—79 页。
③ 廖小平：《伦理的代际之维》，人民出版社 2004 年版，第 115 页。
④ 司马云杰：《文化社会学》，山东大学出版社 1990 年版，第 350 页。

老龄道德资源不断向四周扩散道德信息而得到广泛、有效的传播，这就是波式代际道德传承模式（见图3.1）。

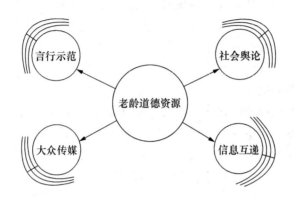

图3.1 波式代际道德传承模式

老龄道德资源还以垂直形式从老龄个体直接向年轻个体传递，并由年轻个体再次向下一代传递，依次类推。这样，老龄道德资源如同树根，从主根→支根→毛细根依次传递、扩散，日复一日、年复一年，催生着新枝绿叶。这就是根式代际道德传承模式（见图3.2），它在家庭代际伦理传承中体现得最为明显。《礼记·学记》载："良冶之子，必学为裘，良弓之子，必学为箕。"《荀子·儒效》载："工匠之子，莫不继事，而都国之民安习其服。"均指家庭内知识、经验与技艺的代际传承。父辈把自己一生积累的知识、经验与技艺毫无保留地传给子代，子代得以直接、快速地掌握它们，这样，子代就能更快地成长以旺续家业，所谓"父兄之教，不肃而成"[①] 就是这个道理。家庭内代际道德传承是我国传统的代际伦理传承方式，具有相对的封闭性，不利于社会文化的广泛交流与知识的普遍交融，然而，它在一定意义上担负着华夏文化传承的重任，使得我国传统伦理文化在以一家一户为生产单位的自然经济土壤中根深蒂固，并不断向纵深拓展。

如果说波式代际道德传承是道德资源的横向传播，是代与代之间的群

---

① 《管子·小匡》。

际道德信息互递，那么，根式代际道德传承则是道德资源的纵向传播，是发生于在场不同代的个体之间的道德信息流动。亚里士多德曾说："在各个城邦中法规和习俗都具有权威性，在各个家庭中父亲的话语和惯例也具有权威性，而血缘关系越近，好事做得越多，这种权威也就越大。亲子之间的依恋与服从是自然先天赋有的。"① 家庭是社会的细胞，家庭的荣辱兴衰在很大程度上取决于家长或其他长辈的行为，他们的言行对晚辈具有示范效应。"老子终日浮水，儿子做了溺鬼。老子偷瓜盗果，儿子杀人放火。"蒙学篇《小儿语》中的这几句话十分形象地说明了父母长辈的行为对晚辈的定式性影响。因此，树立长辈的良好道德形象是根式代际道德传承在家庭内顺利进行的必要条件。

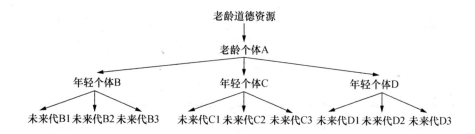

图 3.2　根式代际道德传承模式

（三）老龄道德资源的内化

老龄道德资源的有效性源自年轻一代对它的吸收、改造与利用。因此，它必须通过年轻一代的道德内化，才能转化为他们道德素养的细胞，并成为其道德品质结构的一部分。

道德内化是主体学习社会道德原则与道德规范，将外在的道德要求转化为内在的道德需要，并形成自觉的道德行为的活动。模仿是一种十分重要的道德内化形式，是年轻一代培养道德品质、养成道德行为的基本方式。榜样的力量是无穷的，德高望重的老龄人是活的道德明镜，使人自省、催人奋进。积淀深厚的老龄道德资源如陈年佳酿，品味悠长，是年轻

① ［古希腊］亚里士多德著，苗力田译：《尼各马科伦理学》，中国社会科学出版社1999年版，第239页。

一代立身成人的甘泉。孔子曰："见贤思齐焉，见不贤而内自省也。"① 道德模仿就是以贤者为榜样，反身自察，积德成善。从无意识模仿到有意识模仿，从观察模仿到参与模仿，从模仿榜样的外部行为到学习榜样的内在品质，是道德模仿的一般路径。

模仿不是简单的行为复制，而是模仿者根据内在道德需要对作为客体的道德资源进行信息选择、加工与整合，形成新的道德认知与新的道德行为的过程，是主体道德品行新生的道德实践。年轻一代在对老龄道德资源进行信息选择与认知加工后，将有效的道德信息融入日常行为与自身品德结构之中，并进行道德观念重组与行为新造，在潜移默化中提高道德素养、培育道德品行、塑造理想人格。

L. 科尔伯格指出："在西方文化中，成人不是把道德内化界定为对文化规范的行为服从，而是把道德内化界定为高于对文化期望之实际服从的道德原则的发展。"② 道德内化不仅是对道德规范的服从与自觉把握，而且是对规范的理性超越以及对规范由以确立的道德原则的能动发展。年轻一代对老龄道德资源的内化也是如此，它是批判地继承与创新的统一，是道德信息的过滤。老龄道德资源在继承与发展的辩证统一中获得了新生，实现了自身道德价值增值。

三、老龄道德资源的伦理效力

老龄道德资源的伦理效力是指老龄一代以高尚的道德品质及其道德文化成果促进年轻一代的道德社会化，并通过道德资源的资本转化，推动实物资本增值的综合效能。具体表现在以下两个方面。

（一）道德社会化效能

道德社会化是个体通过内化社会道德规范、学习道德角色行为模式，成长为社会道德公民的过程。社会化贯穿人的一生。虽然在人生各个不同的阶段，社会化的内容具有明显的差异，但是，学习和传承一定的社会文化、从自然人转变为社会人是社会化一以贯之的目的。社会性是人的根本

---

① 《论语·里仁》。

② ［美］L. 科尔伯格著，郭本禹等译：《道德发展心理学 道德阶段的本质与确证》，华东师范大学出版社 2004 年版，第 93 页。

属性，而道德性又是社会人的本质所在。年轻一代通过自我内化与社会道德教化，成为社会的道德人，是形成与发展个体社会性的基本方式。

游戏是儿童社会化的主要形式，他们通过扮演游戏中的角色来学习如何做人，通过模仿大人的行为而习得各种不同的角色行为模式。长者风范成为儿童道德社会化的直接参照镜。少年好动、爱问、喜欢听故事、看小人书，还常常直接模仿成年人的行为。老龄范例形象可唤起他们的感佩之情，老龄范例品德能晓之以理，道德冲突之境则可引导其做出正确的道德选择。通过"形"、"情"、"理"、"境"有机结合的立体型德教方式，老龄道德资源成为促进少儿道德社会化的一种重要的社会文化资源。青年道德社会化是少儿道德社会化的延续，是把一个"道德雏形"转化为合格的社会道德成员的过程。青年的本质是青年期社会性的形成和发展。系统学习社会文化、全面掌握谋生技能、正确定位社会角色是青年走向社会的入场券，树立正确的世界观、人生观和价值观是青年道德社会化的核心。老龄道德资源为青年道德社会化提供了有力的道德文化支持。邬沧萍指出："从功能学的立场上看，老年人对社会最主要的功能就在于对下一代的教育使其社会化上。老年人有长期积累的经验，而且也是文化的传播者，因此在下一代的社会化过程中，老年人承担了把文化由他们这一代传递到下一代，使文化持续下去的责任。"① 这是对老龄一代促进年轻一代道德社会化的延伸价值所作的概括与肯定。

内化老龄道德资源仅仅是年轻一代道德社会化的传统单向路径，对老龄一代进行道德反哺正成为其道德社会化的另一路径。这就是说，年轻一代的道德社会化不仅是自上而下的、"向我"的道德教化，而且是自下而上的、"向他"的道德后育，即"上一代人接受下一代人道德价值观的过程，或者说，是下一代对上一代发挥道德影响的过程。"② 年轻一代不再是道德教化的受众，而成为道德后喻的主体。美国文化人类学家玛格丽特·米德将长辈反过来向晚辈学习的文化称为"后喻文化"，形象地说明了在急剧的社会文化变迁中，年轻一代"在对神奇的未来的后喻型理解

---

① 邬沧萍主编，杜鹏、姚远、姜向群副主编：《社会老年学》，中国人民大学出版社1999年版，第109页。

② 廖小平：《伦理的代际之维》，人民出版社2004年版，第127页。

中获得了新的权威"①。K. W. 夏埃、S. L. 威里斯认为，社会化是代际之间的双向协商，"在一个技术倾向的社会中，年轻人通常先于他们的长辈了解到新事物；他们也必须向他们的父母或是祖父母解释如何操作微型计算机或是电视中的音乐录像带的意义。组成家庭中的社会化的双向的协商不会停止，直到孩子长大搬出去住"②。年轻一代是未来的象征，是社会发展的中坚力量，他们乐于接受新事物、新观念，当今这个瞬息万变的时代给他们提供了对老龄一代进行知识后喻、道德反哺的良机。努力融入新时代，坦然接受年轻一代的道德反哺，是老龄一代帮助年轻一代实现道德社会化的行动回应，也是老龄道德资源永葆生命活力、焕发青春朝气的内在要求。

（二）资本增值效能

资本是能够带来剩余价值或创造新价值的一切价值实体和价值符号③，分为有形资本与无形资本两种形式。有形资本是指生产力中的实体性要素，包括资金、材料、能源、厂房、机器设备等实物资本，以及劳动者本身。无形资本指生产力中的渗透性要素，即科学技术、现代管理、教育、人文精神等非实物形态的价值符号。劳动者是生产力中最活跃的因素，在生产力诸要素中居主导性、支配性地位。劳动资料、劳动对象必须与劳动者相结合，才能转化为现实的生产力。

在投资等值等量的实物资本、采用相同的科学技术、实行相同的管理体制以及管理者管理水平大体一致的情况下，企业生产效率的高低与劳动者本身有着直接关联。马克思曾指出："人本身是他自己的物质生产的基础，也是他进行的其他各种生产的基础。因此，所有对人这个生产主体发生影响的情况，都会在或大或小的程度上改变人的各种职能和活动，从而也会改变人作为物质财富、商品的创造者所执行的各种职能和活动。在这个意义上，确实可以证明，所有人的关系和职能，不管他们以什么形式和在什么地方表现出来，都会影响物质生产，并对物质生产发生或多或少是

---

① ［美］玛格丽特·米德著，周晓虹、周怡译：《文化与承诺———一项有关代沟问题的研究》，河北人民出版社1987年版，第27页。

② ［美］K. W. 夏埃、S. L. 威里斯著，乐国安、韩威、周静等译：《成人发展与老龄化》，华东师范大学出版社2003年版，第150页。

③ 王小锡、华桂宏、郭建新等著：《道德资本论》，人民出版社2005年版，第5—6页。

决定的作用。"① "对人这个生产主体发生影响"的因素是复杂多样的，包括劳动者的健康状况、知识储备、道德能力等，其中道德能力对主体主观能动性的发挥起着决定性作用。道德能力是由道德认知水平、道德意志力、道德觉悟程度以及价值追求等要素综合构成的一种精神生产能力，是道德生产力的核心，是一种无形资本。英国《金融时报》股票交易所国际公司应投资者的要求，于2001年7月底推出8种名为"FTSE4GOOD"的"道德"指数，分别涵盖英国、欧洲大陆以及美国等国家的100家公司，旨在提倡和促进道德投资，因为投资方在选择投资对象时，越来越多地挑选有社会责任感的公司。首批被选中的公司是在环境和社会责任方面起表率作用的公司。目前英美等国对有关"道德投资"的需求越来越大。在英国，这方面的基金已达50多亿美元。② 这有力地证明了道德作为资本参与经济运行的重要性。

老龄道德资源参与物质生产，具有以下三个特点：

第一，依附性。它只有依附于劳动者，并借助一定的实物资本，才能融入物质生产的实际过程，并发挥自身独特的道德影响力。马克思指出："我们把劳动力或劳动能力，理解为人的身体即活的人体中存在的、每当人生产某种使用价值时就运用的体力和智力的总和。"③ 劳动力资源的主体是一定社会劳动年龄人口中具有实际劳动能力的人。从严格意义上说，老龄人即使具有劳动能力，也不构成社会的劳动力。但是，老龄道德资源作为一种"智力"形式，通过代际传承，依附于社会的劳动年龄人口，参与社会生产过程，成为推动社会发展的潜在力量。

第二，帮带性。传帮是老龄道德的中心内容之一④。孔子曰："三十而立，四十而不惑，五十而知天命，六十而耳顺，七十而从心所欲不逾矩。"⑤ 达到"从心所欲不逾矩"之道德上境的老龄一代对年轻一代的成长具有重要的帮带作用。明太祖朱元璋认为："古之老者，虽不任以政。至于咨询谋谟，则老者阅历多而见闻广，达于人情，周于物礼。""文王

---

① 《马克思恩格斯全集》第26卷（I），人民出版社1972年版，第300页。

② 刘桂山：《英国推出"道德"股指》，《北京青年报》2001年7月12日。

③ 《马克思恩格斯全集》第23卷，人民出版社1972年版，第190页。

④ 曾钊新：《道德与心理》，湖北教育出版社1989年版，第221页。

⑤ 《论语·为政》。

用吕尚而兴，穆公不听蹇议而败，伏生虽老犹足传经。"① 他还提出："父老归，宜教导子弟为孝，立身孝悌，勤俭养生。"② 这说明古人对老龄人及老龄道德资源的价值已有一定的认识。费孝通先生曾提出《老人守则》，其中有一条是："得之于社会的还要还之于社会。把自己的学识尽可能交给下一代，不要把这些财富带到火葬场去殉葬。"③ 老龄一代积累的生产经验、技术、才识与智慧，及其优良品德——如敬业、奉献、团结、协作的精神等，都是传之后世的无价之宝，将其毫无保留地传给年轻一代，对他们进行社会生产将起到巨大的帮带作用。

第三，它是一种潜在的道德生产力。马克思在论及货币的性质时曾谈到"一切生产力即物质生产力和精神生产力"④。道德属于"精神资本"或"知识资本"的范畴⑤，是一种重要的精神生产力，这已逐渐为学界认同。西奥多·W. 舒尔茨认为："劳动者成为资本拥有者不是由于公司股票的所有权扩散到民间，而是由于劳动者掌握了具有经济价值的知识和技能。这种知识和技能……同其他人力投资结合在一起是造成技术先进国家生产优势的重要原因。"⑥ 知识、技能是可以带来经济效益的人力资本，道德也是依附于劳动者的一种隐形资本，它通过劳动者的生产，与知识、技能一道，渗透到生产力的实体性要素中，以商品形式物化为现实的生产力，成为推动实物资本运行与增值的软资本。老龄道德资源以代际道德传承为桥梁，通过年轻一代的生产劳动参与实物资本运作的整个过程，以生产过程中劳动者的潜能挖掘力、人际协同力、实物资本的激活力，交换与分配活动中主体的价值导向力及其利益协调力，消费活动中的奢俭张弛力等道德生产力形式促进实物资本增值。

---

① 《明太祖实录》（四）第 178 卷。

② 《明太祖实录》（一）第 20 卷。

③ 转引自曾钊新：《道德与心理》，湖北教育出版社 1989 年版，第 221 页。

④ 《马克思恩格斯全集》第 46 卷（上册），人民出版社 1979 年版，第 173 页。

⑤ 参见王小锡、华桂宏、郭建新等著《道德资本论》，人民出版社 2005 年版，第 8 页。

⑥ ［美］西奥多·W. 舒尔茨著，蒋斌、张蘅译：《人力资本投资——教育和研究的作用》，商务印书馆 1990 年版，第 25 页。

第四章　厚生论：养老伦理

　　老龄阶段的主要任务是养老。厚养老人，使之安享晚年，是厚生的主要内容，也是养老伦理的根本要求。孝道是传统家庭养老的伦理根基。厚生为民、扶弱济困、娱情养志是养老的基本伦理原则。通过社会互济实现社会公正是社会养老的伦理目标。传统养老伦理与当代养老伦理在性质、内容、形式以及责任分担方面都呈现出鲜明的时代差异。代际财富流动模式与情感回报模式的不同则是中西方养老伦理的主要差异。探寻这两种差异，旨在构建适应社会主义市场经济体制要求，体现以人为本、厚生利民的伦理宗旨的社会养老保障制度。

第一节　养老的伦理根基、原则及其目标

　　"孝敬忠信为吉德，盗贼藏奸为凶德。"① "吉德"即美德。孝亲养老是中华民族的传统美德。《礼记·祭义》云："众之本教曰孝，其行曰养。"教育大众的根本是孝道，其具体行为就是赡养父母。在我国悠久的历史文化长河中，孝亲养老的佳话不可胜数。舜孝感动天、老莱子年七十舞彩娱亲、郑子鹿乳奉亲、黄香扇枕温衾、孟宗哭竹生笋、王祥卧冰求鲤、吴猛恣蚊饱血、黄庭坚为母涤溺器、朱寿昌弃官寻母等故事感人至深。虽然其中包含着"孝感"迷信和"愚孝"观念，但孝道作为中国传统伦理文化的根荄，仍然值得我们批判地加以继承。我国古代是以一家一户为基本生产单位的典型的农业社会，以孝道为根基的家庭本位是传统伦理道德的重要特点，它决定了家庭养老在中国古代社会的主导性。研究养老伦理不仅

---

　　① 《左传·文公十八年》。

要剖析其深层的伦理基础即传统的孝道思想，而且要探寻当前老龄化社会背景下其提出的社会生活依据。传统的家庭养老体现为以孝道为根基、以"反哺"为目的的、以家庭为本位的代际责任伦理，现代社会养老体现为以代际平等、代际互惠、代际补偿为理念，以共享为目标，以社会为本位的代际责任伦理。

一、养老伦理的社会生活依据

养老伦理是基于抚幼与赡养的双向互动的代际责任伦理，是通过社会制度伦理安排确保老龄群体在人生最后阶段获得幸福、实现各项养老目标的伦理原则与道德规范。它是老龄伦理的核心内容，其提出的社会生活依据主要有三个方面：一是社会可持续发展的伦理要求；二是文化延续的内在需要；三是老龄闲暇生活的伦理建构需要。

从主体之间的交往关系看，养老伦理是老龄一代与年轻一代之间抚育与赡养的双向互动关系，也是人类群体先期给与与后期受益的对等交往形式，反映了代际交往的"主体间"性关系，即作为伦理主体的老龄群体和其他群体的相互主体性。维系这种"主体间"性关系的纽带就是代际伦理责任，这是养老伦理提出的一个重要根据。它既包括上一代对下一代的抚育责任，也包括下一代对上一代的赡养责任。自人类进入文明时代以来，抚幼与赡养就成为人类世代持续发展不可分割的两个方面。基于抚幼与赡养的代际伦理责任是社会可持续发展的坚实的伦理基础。

责任是道德哲学的重要范畴，是伦理关系赖以产生、发展的内核，是维系伦理关系的基点。所谓责任，是指个人所意识到的对他人、集体和社会应尽的道德义务。它源于一定的社会关系。个人总是处于一定的社会关系中，客观上对他人和社会负有一定的使命和职责，承担着一定的道德义务。代际伦理责任就是按照年龄划分的社会群体基于代际交往关系所应担负的道德义务。人类之所以能世世代代繁衍并持续健康发展，主要是基于良知下的代际伦理责任。可以说，没有责任，就没有道德行为，也就没有伦理关系的良性互动。抚幼与赡养的双向伦理互动之所以能够世代延续，关键在于代际伦理责任的客观存在和代际群体对各自责任的忠实履行。缺少任何一方对代际伦理责任的履行，代际交往就会断裂，代际冲突就会发生，人类的世代繁衍和社会的可持续发展就无从谈起。

代际互动表现在经济、政治、文化各个领域，由此形成了不同的代际伦理关系，抚幼与赡养的代际互动是各种代际伦理关系的综合反映。其中，抚幼是维系代际伦理关系的前提，赡养老人是保持代际伦理关系良性循环、实现社会可持续发展的根本。幼儿与老龄人都是社会的弱势群体，同为社会的伦理关怀对象，抚幼与养老不可偏废任何一方。上一代对下一代的抚育是一种因爱而生的倾心付出，下一代对上一代的赡养则是一种因爱与感恩而生的无私回报。然而，对幼儿怜爱有加、对老龄人关爱不足却是现代社会不可忽视的一个道德现象。幼儿如初升的太阳，蓬勃向上，是社会伦理关怀的倾斜对象。老龄人却"日薄西山"，每况愈下，加之老龄群体社会地位的边缘化，其权益往往受到忽视。老无所养是人生的悲哀，更是社会的悲剧。德尼·古莱指出："发展的目标是改善人类生活和社会安排，以便为人们提供日益广泛的选择来寻求共同的和个人的福祉。"①发展是当代社会的主题之一，养老伦理是以发展为导向的社会责任伦理，它是发展伦理不可或缺的组成部分。实现老有所养，使老龄人共享社会发展成果，是现代社会最为基本的发展目标，也是衡量一个社会精神文明发展水平的重要标尺。

养老伦理的提出是文化延续的内在需要。广义的文化是指人类在社会实践中所创造的物质财富和精神财富的总和。②人类既是文化的创造者，也是文化的传播者。人类历史就是一代又一代人创造并积累文化，推动社会文明不断向前发展的过程。老龄人曾经是社会的生力军，他们为家庭和社会贡献了毕生心血，不仅养育了下一代，创造了丰富的物质财富和精神财富，而且在风雨沧桑的人生实践中积累了宝贵的道德经验，磨炼了许多优秀的道德品质，创造了绚烂的道德文化成果，是一座丰富的道德资源宝库。赡养老人不仅是为了感恩与回报，也是为了更好地传承其所创造的物质文化、精神文化及其所积累的道德资源，使社会文化绵延不绝，并由此推动人类文明永续发展。

玛格丽特·米德曾用前喻文化、并喻文化、后喻文化描述代际间文化

---

① ［美］德尼·古莱著，高铦、温平、李继红译：《发展伦理学》，社会科学文献出版社2003年版，前言第1页。

② 《辞海》（缩印本），上海辞书出版社1990年版，第1731页。

互动与传递的三种形式。在价值多元化、文化多样化、传媒网络化的今天，道德文化的代际交流与涵化也呈现出多向性特征。尽管青年文化代表着当今社会文化发展的主流，年轻一代甚至对老龄一代起着"反向社会化"的作用，但传承老龄一代所创造的道德文化与所积累的道德资源仍然是年轻一代的使命，也是其实现道德社会化的重要方式。

养老伦理的提出也是老龄闲暇生活的伦理建构需要。闲暇指空闲、闲时。老龄阶段是人生闲暇最多的时期，对闲暇生活进行伦理建构是提高老龄人口生活质量的一个重要途径。

美国斯坦福国际研究所开展了"对未来十年最重要的社会地位的象征的选择"的社会调查，排在前几位的依次是：自我支配的自由时间、工作与娱乐的统一、对个人创造力的认可、非金钱的回报、对社会的回报[1]。这表明闲暇的多少已成为公众评价生活质量的重要参数。中国社会科学院人口与劳动经济研究所对 5 个城市的调查结果显示：男性实际退休年龄平均为 57 岁，女性为 50 岁。按照 2002 年我国平均预期寿命男性为 70 岁、女性为 75 岁粗略计算，男女退休后的余寿分别为 13 岁和 24 岁，平均为 18.4 年，已经接近 OECD 国家的水平。[2] 对漫长的退休闲暇阶段进行伦理设计，使之成为生命的第二春，不仅是老龄人个人的事情，也是老龄化社会的伦理建构的题中应有之义。

由于退出了职业劳动岗位，很多老人感觉闲得无聊、闲得无奈，看电视、打牌、搓麻将以及闲呆、闲聊、闲逛成为他们休闲的主要方式。"上海、天津、哈尔滨三市在业群体和非在业群体时间分配状况"调查结果显示，在老龄人的闲暇中，看电视的时间所占比例最多，60 岁以上的老人每天看电视约为 4 小时 16 分。[3] 中国人民大学王琪延教授主持的"中国人的生活时间分配"的调查统计结果亦表明，看电视是老年休闲的主要方式（见表 4.1 和表 4.2）。长时间看电视或搓麻将、打牌等是诱发心血管疾病、"三高"（血压高、血脂高、血糖高）、偏瘫、痴呆以及老龄人

---

① 转引自马惠娣、张景安主编《中国公众休闲状况调查》，中国经济出版社 2004 年版，第 20 页。

② 蔡昉：《我国人口老龄化趋势和政策思考》，http：//iple. cass. cn/show_ News. asp。

③ 马惠娣、张景安主编：《中国公众休闲状况调查》，中国经济出版社 2004 年版，第 34 页。

表 4.1　　　　　　　　　　男性离退休后的时间分配（周平均）　　　　（单位：分钟）

年龄（岁）	学习	阅读	听广播	看电视	观看展览演出	游园散步旅游	体育锻炼	其他娱乐	闲坐	教育孩子	亲友交往	公益活动
60—64	9	34	23	254	1	31	24	42	28	6	25	3
65—69	7	39	33	242	1	46	35	43	46	4	24	5
70 以上	10	41	27	251	0	43	39	48	41	4	24	7

表 4.2　　　　　　　　　　女性离退休后的时间分配（周平均）　　　　（单位：分钟）

年龄（岁）	学习	阅读	听广播	看电视	观看展览演出	游园散步旅游	体育锻炼	其他娱乐	闲坐	教育孩子	亲友交往	公益活动
60—64	12	21	19	236	1	29	38	39	34	2	28	5
65—69	5	22	24	246	1	34	28	46	44	3	27	4
70 以上	3	26	25	241	0	31	26	41	73	4	17	1

　　资料来源：马惠娣、张景安主编：《中国公众休闲状况调查》，中国经济出版社 2004 年版，第 194 页。

精神疾患的重要原因。

　　健康不仅是指身体无病痛，而且包括精神健康和心理健康。营建丰富多彩的闲暇生活是实现健康老龄化的根本要求。用消极被动的方式度过漫长的老龄闲暇阶段无异于慢性自杀。对子女来说，让老龄父母过上一种洋溢着伦理关怀的闲暇生活是精神赡养的基本要求。就老龄人自身而言，培养一些闲趣是充实闲暇生活的有效途径。闲暇不仅是用于娱乐和休息的时间，也是发展智力、实现精神自由的时间。在退休之前的劳动阶段，由于工作繁忙，加上孩子小、家务事多，很多人既没有心情也没有时间"偷闲"于自己的爱好。退休阶段为培养各种兴趣、爱好，获得精神自由提供了充裕的时间。马克思曾经指出："自由王国只是在由必需和外在目的规定要做的劳动终止的地方才开始；因而按照事物的本性来说，它存在于真正物质生产领域的彼岸。"[①] 在满足基本的物质生活需要的前提下，种花、养鸟、游玩、垂钓、歌舞娱乐、收藏、摄影、琴棋、书画、写作、设

――――――――――

　　① 《马克思恩格斯全集》第 25 卷，人民出版社 1974 年版，第 926 页。

计、网聊、博客等，无不是以生养心的妙方。此外，力所能及地参加一些社会活动，如公益事业、社区服务、助老助残、扶幼助孤、街头义演、爱心捐赠、慈善活动等，不仅能延年益寿，也是在闲暇中实现老有所为。

我国已进入老龄社会，整合老龄闲暇资源，对老龄闲暇生活进行伦理建构，是实现政府职能转换、加快推进以改善民生为重点的社会建设的必要环节。党的十七大报告指出："社会建设与人民幸福安康息息相关。必须在经济发展的基础上，更加注重社会建设，着力保障和改善民生，……努力使全体人民学有所教、劳有所得、病有所医、老有所养、住有所居，推动建设和谐社会。"① "老有所养"从最低层次看，是保证老龄人的基本物质生活需要；从较高层次看，是满足老龄人的精神关爱需求；从最高层次看，体现为老龄闲暇生活的社会伦理建构。目前我国60岁及以上老龄人口已经超过1.49亿人，占全国总人口的11%以上。② 为庞大的老龄群体构建充满伦理芳香的闲暇生活是政府的职责。家庭、社区以及老龄群体自身应积极配合政府，制定系统而又具有操作性的关于老龄闲暇生活的社会伦理方案与规程，为提高老龄闲暇生活质量提供伦理指导。

二、养老的伦理根基

我国古代社会是典型的农业社会，以一家一户为生产单位的自给自足的自然经济是基本经济形式，这就决定了养老完全是家庭的责任，家庭养老由此成为我国传统的养老形式，并一直延续至今。

孝道是传统家庭养老的伦理根基。"孝，礼之始也。"③ "夫孝，天之经也，地之义也，民之行也。"④ 孝道是天地运行之规律，人民行为之准则。"人之行，莫大于孝。"⑤ "五刑之属三千，而罪莫大于不孝。"⑥ 百善

---

① 胡锦涛：《高举中国特色社会主义伟大旗帜 为夺取全面建设小康社会的胜利而奋斗——在中国共产党第十七次全国代表大会上的报告》，人民出版社2007年版，第37页。

② 阎青春：《我国城市居家养老服务研究》新闻发布稿，http://www.cnca.org.cn/default/iroot1001310000/4028e47d182f303c01183f052d2e02f6.html。

③ 《左传·文公二年》。

④ 《孝经·三才》。

⑤ 《孝经·圣治》。

⑥ 《孝经·五刑》。

孝为先，"孝"是我国传统伦理思想中极为重要的道德规范。

究竟何为"孝"？《说文解子注》载："孝，善事父母者。从老省，从子，子承老也。"① 《尔雅·释训》云："善父母为孝。"善事父母是孝的一般含义。② 物质上尽力供养父母，精神上尽心关爱父母，这是善待父母的体现，是为孝。孝道作为传统家庭养老的伦理根基，与春秋战国之际家庭结构的变化以及封建父权制的形成有着密切的关系。

夏商周时期是奴隶宗法制时代，"整个社会结构保存了以血缘为纽带的氏族遗制"③，宗族制是基本家庭制度。宗族共同体是一个经济整体，同宗小家庭并不是独立的社会单位，宗子为其最高权威。"有余则归之宗，不足则资之宗。"④ 财产共有、内部互通有无是宗族大家庭的经济运行方式，以此保证整个宗族的生存与繁荣。《尚书·酒诰》载："肇牵车牛，远服贾，用孝养厥父母。"表明周初孝道观念包含了子女奉养父母的要求，但更多突出的是尊祖敬宗，而且施孝的方式主要是祭祀⑤。

春秋战国时期，铁器和牛耕的使用使社会生产力迅速提高，封建私有土地开始出现并发展起来，个体家庭经济也得以逐步发展，广大的小家庭逐渐从宗族共同体中游离出来，成为独立的经济单位和社会单位，这样，父权取代族权，成为家庭最高权力。瞿同祖先生在分析古代的父权时指出："家庭范围或大或小，每一个家都有一家长为统治的首脑。他对家中男系后裔的权力是最高的，几乎是绝对的，并且是永久的。子孙即使在成年以后也不能获得自主权。"⑥ 父权制的确立使孝道的重心从冥界的先祖转移到现世的父母长辈，如何尽心赡养父母成为孝的现实选择。尊祖敬宗作为孝道的传统内容虽然在现世的孝养面前退居其次，但是，由于"中国的家族是着重祖先崇拜的，家族的绵延，团结一切家族的伦理，都以祖先崇拜为中心"，"在这种情形之下，无疑的家长权因家族祭司（主祭人）的身份而更加神圣化，更加强大坚韧。同时，由于法律对其统治权的承认

---

① ［汉］许慎撰，［清］段玉裁注：《说文解字注》，上海古籍出版社 1981 年版，第 398 页。
② 肖群忠：《孝与中国文化》，人民出版社 2001 年版，第 10 页。
③ 朱贻庭主编：《中国传统伦理思想史》，华东师范大学出版社 1989 年版，第 3 页。
④ 《仪礼·丧服》。
⑤ 肖群忠：《孝与中国文化》，人民出版社 2001 年版，第 15 页。
⑥ 瞿同祖：《中国法律与中国社会》，中华书局 1981 年版，第 6 页。

和支持，他的权力更不可动摇了。"① 因此，与其说尊祖敬宗的原始孝道让位于现世的孝养，毋宁说它在幕后使父权家长制蒙上了一层神圣色彩，将现世的孝养衬托得更加突出。

孔子曰："夫孝，始于事亲，中于事君，终于立身。"② 孝行从赡养父母开始，是侍奉君主的准则，终生修德之要目。"善养者，不必刍豢也，善供服者不必锦绣也。以己之所有，尽事其亲，孝之至也。故匹夫勤劳，犹足以顺礼，歠菽饮水，足以致其敬。"③ 孝养父母不在于让其饱食终日或给其穿锦绣绸缎，关键是要尽己之所有尽心奉养，所以，即使是一介匹夫，只要勤劳，也能顺礼尽孝。

从物质上赡养父母，这是古代孝道的基本要求，它还具有丰富的精神赡养内涵。儒家经典对此多有记载。

《论语·为政》载："孟懿子问孝。子曰：'无违。'樊迟御，子告之曰：'孟孙问孝于我，我对曰：'无违。'樊迟曰：'何谓也?'子曰：'生，事之以礼；死，葬之以礼，祭之以礼。'"④ "无违"即无违于"礼"，就是对父母生、养、死、葬都严格循礼而为，此为孝。

"子游问孝，子曰：'今之孝者，是谓能养。至于犬马，皆能有养，不敬，何以别乎?'"⑤ 若仅从物质上供养父母就能称其为孝，那么，这与犬马之养又有何异呢? 养、敬合一，此为真孝。《孟子》载："曾子养曾皙，必有酒肉。将彻，必请所与。问有余，必曰'有'。曾皙死，曾元养曾子，必有酒肉。将彻，不请所与。问有余，曰：'亡矣'。将以复进也。此所谓养口体者也。若曾子，则可谓养志也。事亲若曾子者可也。"⑥ 同是奉养父亲，供给酒肉，曾子所为是"养志"，因为他发自内心地尊敬父亲，尊重他的意见，使其心志愉悦。而曾元对父亲则是"养口体"，因为他仅仅是供给父亲酒肉饭食而已，对之未有尊敬之意。

"子夏问孝，子曰：'色难。有事弟子服其劳，有酒食先生馔，曾是

---

① 瞿同祖：《中国法律与中国社会》，中华书局 1981 年版，第 5—6 页。
② 《孝经·开宗明义》。
③ 《盐铁论·孝养》。
④ 《论语·为政》。
⑤ 同上。
⑥ 《孟子·离娄上》。

以为孝乎？'"① 子女尽心照料父母，有酒食时，让父兄先品尝，这还不足以称为孝；承顺父母颜色虽为难事，却是孝行。孟子云："不得乎亲，不可以为人；不顺乎亲，不可以为子。"② "顺乎亲"就是不违背父母长辈之意，以取悦他们。孔子云："事父母，几谏。见志不从，又敬不违，劳而不怨。"③ 意思是当父母做得不对时，当微言进谏、委婉加以劝说，若见其有不从己谏之色，则还当恭敬，不敢违父母意，此所谓"父母有过，谏而不逆。"④

从上述记载可见，孔孟十分注重晚辈从日常生活细微处体贴、关爱父母长辈，从"无违"，"养"、"敬"合一与"养志"，到"色难"、顺亲、"几谏"，无不表明中国古代儒家对老龄人精神赡养的高度重视。可以说，娱养父母是传统孝道的最高境界。这可为当代中国老龄社会的精神赡养提供一定借鉴。

《礼记·祭义》云："众之本教曰孝，其行曰养。养可能也，敬为难；敬可能也，安为难；安可能也，卒为难。父母既没，慎行其身，不遗父母恶名，可谓能终矣。"父母在世时，做到养之、敬之、安之，其死后，也要终生行孝，不辱没其名声，这种孝养具有更多的伦理延伸意义。"孝子之有深爱者必有和气；有和气者，必有愉色；有愉色者，必有婉容。"⑤即使在举行祭礼时，也要气和、色愉、容婉，以示对父母先祖的敬重。孔子曰："孝子之事亲也，居则致其敬，养则致其乐，病则致其忧，丧则致其哀，祭祀则致其严，五者备矣，然后能事亲。"⑥ 可见，古代孝道不仅强调子女从物质上供养父母，从内心敬重、关爱父母，而且要把孝行延续到冥界，做到承志以行孝。

曾子曰："孝有三：大孝尊亲，其次弗辱，其下能养。"⑦ 孝行有三等，大孝是尊敬父母，其次是不辱没父母名声，最次等的才是从物质上赡

---

①　《论语·为政》。

②　《孟子·离娄上》。

③　《论语·里仁》。

④　《礼记·祭义》。

⑤　同上。

⑥　《孝经·纪孝行》。

⑦　《礼记·祭义》。

养父母。"孝有三：小孝用力，中孝用劳，大孝不匮。思慈爱忘劳，可谓用力矣。尊仁安义，可谓用劳矣。博施备物，可谓不匮矣。"① 尽心孝养父母而忘记疲劳，是为用力之小孝；尊崇仁义并践行之，可称为劳心之孝；广施孝行而泽及万物，此为大孝。

《吕氏春秋》云："凡为天下，治国家，必务本而后末。……务本莫贵于孝。人主孝，则名章荣，下服听，天下誉。人臣孝，则事君忠，处官廉，临难死。士民孝，则耕耘疾，守战固，不罢北。夫孝，三皇五帝之本务，而万事之纪也。"② 孝道不仅是家庭养老的伦理基础，也是平治天下之要道。《孝经》从天子、诸侯、卿大夫、士、庶人，对孝进行了伦理分层。"爱亲者，不敢恶于人；敬亲者，不敢慢于人。爱敬尽于事亲，而德教加于百姓，刑于四海，盖天子之孝也。"③ "富贵不离其身，然后能保其社稷，而和其民人，盖诸侯之孝也。"④ "非法不言，非道不行；口无择言，身无择行；言满天下无口过，行满天下无怨恶。三者备矣，然后能守其宗庙，盖卿大夫之孝也。"⑤ "忠顺不失，以事其上，然后能保其禄位而守其祭祀，盖士之孝也。"⑥ "用天之道，分地之利，谨身节用，以养父母，此庶人之孝也。"⑦ "诸侯之孝"、"卿大夫之孝"虽未从孝亲说起，但是，孝亲是"保其社稷"、"和其民人"、"守其宗庙"的前提。因此，或贵为天子，或贱为庶民，虽社会地位与身份不同，孝道要求各异，但尊老行孝都是从奉养己亲、履行自己的角色道德开始的。自上至下、由内而外行养老敬长之孝道，是形成几千年以来中华民族强大凝聚力的重要人伦基础。

《礼记》曰："先王之所以治天下者五：贵有德、贵贵、贵老、敬长、慈幼。此五者，先王之所以定天下也。……贵老，为其近于亲也；敬长，

---

① 《礼记·祭义》。
② 《吕氏春秋·孝行览》。
③ 《孝经·天子》。
④ 《孝经·诸侯》。
⑤ 《孝经·卿大夫》。
⑥ 《孝经·士》。
⑦ 《孝经·庶人》。

为其近于兄也。"① "老"近于亲，"长"近于兄，这是"贵老"、"敬长"的血亲心理基础。孟子曰："老吾老，以及人之老"②，从关爱自己的父母做起，逐步做到关爱天下所有的老人。"能近取譬，可谓仁之方也已。"③这种推己及人、由近至远的情感辐射法符合人的道德情感与道德认识发展的一般规律，也是道德实践的基本方式，容易被人们接受和践履。

孝道在现代中国得到了继承和发扬。虽然随着社会经济的发展与社会养老保障制度的逐步完善，越来越多的老龄人由原来的主要靠子女提供经济支持转变为主要依靠养老金养老，但从总体上看，家庭养老仍然是我国目前主要的养老形式之一（见本章第三节表4.3"中国老年人主要生活来源构成"），孝养父母长辈仍然是当代中国所倡导的美德。

三、养老的伦理原则

养老不仅是老龄人自己的事，也是家庭、政府和社会的大事。厚生为民、扶弱济困是养老的基本伦理原则，是行政伦理的根本要求，是保证老龄人幸福安度晚年的制度伦理要件。由物质满足到娱情养志体现了现代社会养老内容的变化，也反映了老龄人自身养老境界的提升。

（一）厚生为民

厚生就是关爱民生、厚养百姓，让民众过上充裕、幸福的生活。《书·大禹谟》载："正德、利用、厚生，惟和。"孔颖达疏："厚生，谓薄征徭、轻赋税、不夺农时，令民生计温厚，衣食丰厚。"④ "厚生者，衣帛食肉，不饥不寒之类，所以厚民之生也。"⑤ 薄徭轻赋、不夺农时，事长、慈幼，利济苍生，是古代厚生的基本含义。我国已进入老龄社会，厚养老人、使之安享晚年，是厚生的重要内容，也是养老伦理的根本要求。

厚生是德政的重要体现。中国古代儒家所推行的仁政，集中体现为厚生、惠民的政治伦理实践。《左传》载："邾文公卜迁于绎。吏曰：'利于民而不利于君。'邾子曰：'苟利于民，孤之利也。天生民而树之君，以

---

①　《礼记·祭义》。

②　《孟子·梁惠王上》。

③　《论语·雍也》。

④　《辞海》（缩印本），上海辞书出版社1990年版，第169页。

⑤　蔡沈注：《书经集传》，见宋元人注《四书五经》上，中国书店1985年版，第12页。

利之也。民既利矣，孤必与焉。'左右曰：'命可长也，君何弗为？'邾子曰：'命在养民，死之短长，时也。民苟利矣，迁也，吉莫如之！'"① 邾子认为，有利于民众，也就是有利于国君。民众拥戴我为国君，我当然要为民谋利。迁于绎既然有利于民，自然也有利于我。迁绎一事虽小，但折射出邾文公"命在养民"的为君之道。

孔子以"仁爱"诠释了厚生的道德心理基础。他提出："务民之义，敬鬼神而远之"②，以人本主义思想取代了神本主义思想，为儒家仁政思想的推行确定了基调。他认为："爱亲之谓仁"③，基于宗法血缘关系的亲子之爱是"仁"的初始含义④。《论语·颜渊》载："樊迟问仁，子曰：'爱人'。"孔子将"仁"规定为"爱人"，又提出"泛爱众而亲仁"⑤。由"爱亲"到"爱人"再到"泛爱众"，仁爱的对象由家庭成员扩展到他人，再进一步推及天下的百姓。"能近取譬，可谓仁之方也"⑥，推己及人，由近及远，这就是行仁之方。"仁爱"用于治民，就是"为政以德"⑦，其具体要求是"养民也惠"⑧。孔子认为，凡治国者，必先"富之"，而后"教之"⑨。"故在上者，先丰民财以定其志，是谓养生。"⑩ 为官者首先要使百姓丰衣足食、有足够的财产，才能安定其心志，这叫做厚养民生。"所重：民、食、丧、祭。"⑪孔子解释道："重民，国之本也；重食，民之命也；重丧，所以尽哀；重祭，所以致敬。"⑫ 人民乃国家之

---

① 《左传·文公十三年》。转引自罗国杰主编《中国传统道德·理论卷》，中国人民大学出版社 1995 年版，第 162—163 页。

② 《论语·雍也》。

③ 《国语·晋语》。

④ 参见朱贻庭主编《中国传统伦理思想史》，华东师范大学出版社 1989 年版，第 38 页。

⑤ 《论语·学而》。

⑥ 《论语·雍也》。

⑦ 《论语·为政》。

⑧ 《论语·公冶长》。

⑨ 《论语·子路》。

⑩ 刘宝楠著：《论语正义·子路》，《诸子集成》第 1 卷，上海书店影印出版 1986 年版，第 287 页。

⑪ 《论语·尧曰》。

⑫ 刘宝楠著：《论语正义·尧曰》，《诸子集成》第 1 卷，上海书店影印出版 1986 年版，第 416 页。

本，为官者必须重视民众的衣食、死丧等问题，做到"博施于民而能济众"①，"因民之所利而利之"②。只有这样，民众才能"信之"③。

孟子从性善论出发，主张统治者实行仁政。他说："亲亲，仁也；敬长，义也。"④ 对统治者来说，厚生就是将孝亲、敬长的行为辐射到广大百姓，推恩于民，"以不忍人之心，行不忍人之政"⑤，即实行仁政。仁政具体体现为"省刑罚，薄税敛，深耕易耨"⑥，还要通过"制民之产"，"使仰足以事父母，俯足以畜妻子，乐岁终身饱，凶年免于死亡。"⑦ "制民之产"的目的在于使百姓对上足以奉侍父母，对下足以养活妻子儿女。"养生丧死无憾，王道之始也。五亩之宅，树之以桑，五十者可以衣帛矣。鸡豚狗彘之畜，无失其时，七十者可以食肉矣。五亩之田，勿夺其时，数口之家可以无饥矣。"⑧ 百姓养生无忧、死丧无憾，是王道的开始。为什么要"推恩"、"保民"，实行仁政？这不仅是因为"推恩"、"保民"乃王者之德、王者之道，而且因为"民惟邦本，本固邦宁"⑨，"保民而王，莫之能御也"⑩。所以，孟子提出"民为贵，社稷次之，君为轻"⑪。体现了儒家以民为本的主张。"推恩"保四海，仁政得民心。"老吾老，以及人之老；幼吾幼，以及人之幼；天下可运於掌。"⑫ 这既是孟子对未来大同社会的构想，也是其以厚生、惠民为主旨的仁政思想的精义所在。

以墨子为代表的墨家主张"兼爱"，即"兼相爱、交相利"⑬，同样包含着厚生的伦理情怀。墨子曰："仁人之事者，必务求兴天下之利，除

---

① 《论语·雍也》。
② 《论语·尧曰》。
③ 《论语·颜渊》。
④ 《孟子·尽心上》。
⑤ 《孟子·公孙丑上》。
⑥ 《孟子·梁惠王上》。
⑦ 同上。
⑧ 同上。
⑨ 《尚书·夏书·五子之歌》。
⑩ 《孟子·梁惠王上》
⑪ 《孟子·尽心下》。
⑫ 《孟子·梁惠王上》。
⑬ 《墨子·兼爱中》。

天下之害。"① 只有"先万民之身，后为其身"，才能做一个"明君"②。只有对民"饥则食之，寒则衣之，疾病侍养之，死丧埋葬之"，才称得上"兼君"③。"兼爱"原则强调不分人我，不辨亲疏、贵贱、强弱，彼此互爱、互助、互利，虽然是一种超越现实的空想，但反映了劳动者之间同情、互助、互爱的朴素美德，也反映出底层劳动者希望统治者关爱百姓、厚养民生的美好愿望。

　　唐贞观之初，太宗谓侍臣曰："为君之道，必须先存百姓。若损百姓以奉其身，犹割股以啖腹，腹饱而身毙。"④ 厚养百姓是唐代出现贞观之治的重要原因。明清之际的思想家顾炎武曾说："有天下而欲厚民之生，正民之德，岂必自损以益人哉？不违农时，谷不可胜食也；数罟不入洿池，鱼鳖不可胜食也；斧斤以时入林，材木不可胜用也；所谓弗损益之者也。"⑤ 厚生为民是十分具体的为政之道，体现在不违农时、有节制地捕捞、以时伐木等，由此实现农、林、渔全面丰收，百姓丰衣足食。

　　应该看到，传统的民本观念建立在超阶级的抽象人道主义基础之上，厚生为民的思想及其仁政伦理实践是统治阶级缓和社会矛盾、确保其统治地位的一种柔性手段，但它也给百姓带来了实惠。因此，它是中国传统思想文化中宝贵的德政资源，为构建当代行政伦理提供了一定的借鉴。

　　行政权力的公共性是社会主义社会的重要特征，厚生为民是现代行政伦理的内在要求。它与传统阶级社会中以民为本、厚生为民的思想最大的不同在于，生产资料的社会主义公有制确立了人民的国家主人翁地位，厚生为民就是以人民为本，把人民的利益看得高于一切，权为民所用、情为民所系、利为民所谋。在三年经济困难时期，周恩来曾题写了一副对联："抓好吃穿用，实现农轻重"，横批是"综合平衡"，反映了周总理以人民为本、厚生为民的高尚情操。党的十七大报告指出："必须坚持以人为本。全心全意为人民服务是党的根本宗旨，党的一切奋斗和工作都是为了

---

①　《墨子·兼爱下》。

②　同上。

③　同上。

④　《贞观政要·君道第一》。

⑤　顾炎武：《日知录·上九弗损益之》。转引自罗国杰主编：《中国传统道德·理论卷》，中国人民大学出版社1995年版，第167—168页。

造福人民。要始终把实现好、维护好、发展好最广大人民的根本利益作为
党和国家一切工作的出发点和落脚点，尊重人民主体地位，发挥人民首创
精神，保障人民各项权益，走共同富裕道路，促进人的全面发展，做到发
展为了人民、发展依靠人民、发展成果由人民共享。"① 以人为本是社会
主义核心价值体系的基本理念之一，厚生为民正是基于这一理念指导下的
社会道德实践。从老龄伦理关怀的视角看，厚生为民的伦理原则突出强调
以下两点：一是尊重老龄群体的社会主体性；二是要通过社会制度伦理建
构切实保障老龄人的各项合法权益，实现社会发展成果的代际共享。

（二）扶弱济困

弱势群体包括两类：一类是生理性弱势群体，如幼儿、老龄人、残疾
人；另一类是社会性弱势群体，主要是指处于社会边缘地位、缺乏政治参
与权，经济收入低下、难以维持一般社会生活标准的人群。政治地位的边
缘性与经济的贫困性具有一定的关联性，就老龄弱势群体而言，二者存在
正相关性。老龄群体不仅是生理性弱势群体，也是政治资源贫乏、财富创
造力弱化、缺少文化影响力的社会边缘群体。由于中国社会和经济的急速
转型，老龄人在政治参与、经济利益分配方面往往处于劣势，加上地缘、
业缘因素的影响，相当一部分老龄人陷入贫困，沦为弱中之弱。王德文、
张恺悌利用 2000 年人口普查和中国城乡老年人口状况一次性抽样调查资
料，对中国老龄人口数量、生活状况和贫困发生率进行了分析，认为，在
中国近 1.3 亿的老龄人口中，老龄贫困人口数量为 921 万—1168 万人，
其中城镇为 185 万—246 万人、农村为 736 万—922 万人。全国老龄贫困
发生率为 7.1%—9.0%，其中城市为 4.2%—5.5%、农村为 8.6%—
10.8%。② 2006 年，经国家统计局批准，由中国老龄科研中心具体承担，
在全国 20 个省、自治区、直辖市开展了《中国城乡老年人口状况追踪调
查》，此次调查结果与 2000 年首次进行的《中国城乡老年人口状况一次
性抽样调查》情况相比，可以看出我国城乡老龄人基本生活状况有了比

① 胡锦涛：《高举中国特色社会主义伟大旗帜　为夺取全面建设小康社会的胜利而奋斗——在中国共产党第十七次全国代表大会上的报告》，人民出版社 2007 年版，第 15 页。
② 王德文、张恺悌：《中国老年人口的生活状况与贫困发生率估计》，《中国人口科学》2005 年第 1 期。

较明显的改善与提高，但是，养和医两项基本保障仍然存在较大的需求缺口。城市老龄人享受退休金（养老金）的比例 2000 年为 69.1%，2006 年为 78.0%；农村老龄人享受退休金（养老金）的比例 2000 年为 3.3%，2006 年为 4.8%。且城乡老龄人尤其是农村老龄人收入的总体水平和增幅均偏低。城市中有近 20% 的老龄人年收入处于不足 4600 元的低水平，低于城市老龄人年均中位收入的 50%，且仍有 135 万城市老龄人的收入低于当地的最低生活保障线；农村中有 27% 的老龄人年收入处于不足 750 元的低水平，低于农村老龄人中位收入的 50%，且仍有 2160 万农村老龄人收入低于农村困难救助的水平。从医疗保障看，城市老龄人各种医疗保险覆盖率从 2000 年的 51.6% 上升到 2006 年的 74.1%，没有享受任何医疗保障的老龄人比例从 48.4% 降为 25.9%；农村推行新型合作医疗制度以后，老龄人的基本医疗保障同期从 8.9% 上升到 44.7%，没有享受任何医疗保障的老龄人比例则从 2000 年的 91.1% 降到 2006 年的 55.3%，但看不起病、由病致贫的现象还较严重。调查还显示，城乡老龄人日常生活需要全护理和照料的比例由 2000 年的 6.6% 升至 2006 年的 9.8%；全国目前完全失能的老龄人由 799 万增加到 940 万；部分失能老龄人由 1461 万人增加到 1894 万人。[①] 从广义上看，老龄弱势群体不仅包括老龄贫困人群，还包括由于高龄病残而完全或部分失能、需要护理和日常照料的老龄人。他们是社会伦理关怀的重点对象。

对老龄弱势群体的伦理关怀是实现社会公正的突破口。老龄期首要的风险是健康风险，其次是贫困风险。拥有一个好身体是老龄期幸福的基础，健康风险的规避主要靠先天身体素质、后天的健康投资以及医疗保障，而贫困风险的规避主要依靠制度性经济保障。

建立完善的社会保障制度是规避贫困风险、缓解老龄贫困问题的关键，发达国家的经验证明了这一点。美国的社会保障制度始于 20 世纪 30 年代经济大萧条时期，其基本做法是：在职人员将收入的一定比例作为社会保障税（社保税）和医疗保障税（医保税）上缴国库，单位另为其缴纳相应比例的两税，退休后根据工作时间长短、缴纳社保税数额以及退休

---

① 《中国城乡老年人口状况追踪调查》研究报告，http://www.china.com.cn/policy/txt/2007-12/17/content_9393143.htm。

年龄等享受相应的社保福利。美国目前大约有 1.63 亿在职人员参加了社会保障体系，占全国在职人员总数的 96%。2006 年，美国有 90% 的 65 岁以上老人领取社保福利，占其全部收入的 41%。① 美国政府还通过其他渠道为老人、残疾人以及低收入家庭提供额外的社保福利。从 1935 年罗斯福总统签署《社会保障法》以来，历届政府对该法进行了多次补充与修改，美国的社会保障制度日臻完善，对保障退休者的生活、缓解老龄贫困问题发挥了重要作用。据统计，美国目前约有 10% 的老龄人生活在贫困线以下，而若没有社会保障制度的支持，这一比例将达到 50% 左右。美国社会保障降低的贫困率约为 36.1%。②

共同富裕是中国特色社会主义的基本特征之一。扶助弱势群体、减少老龄贫困是走共同富裕道路、实现民生和谐幸福的重要条件。《中共中央关于构建社会主义和谐社会若干重大问题的决定》指出："完善社会保障制度，保障群众基本生活。适应人口老龄化、城镇化、就业方式多样化，逐步建立社会保险、社会救助、社会福利、慈善事业相衔接的覆盖城乡居民的社会保障体系。……加强对困难群众的救助，完善城市低保、农村五保供养、特困户救助、灾民救助、城市生活无着落的流浪乞讨人员救助等制度。完善优抚安置政策。发展以扶老、助残、救孤、济困为重点的社会福利。……发展老龄事业，开展多种形式的老龄服务。"突出强调对弱势群体的社会关怀是构建社会主义和谐社会的重要内容。党的十七大报告再次提出"加快建立覆盖城乡居民的社会保障体系，保障人民基本生活"，"完善城乡居民最低生活保障制度，逐步提高保障水平。"③ 关注弱势群体，采取有力措施改善老龄贫困人群的生活，是加快推进以改善民生为重点的社会建设的重要内容。一味地追求 GDP 的增长，而忽视社会的贫困人群尤其是老龄贫困人群的生活改善，这不仅是政府的失职，也是对年轻一代未来的漠视，因为每个人都是时间的移民，都要走向老龄，依靠制度伦理安排来减少或规避贫困风险、构建幸福的老龄生活，是人心所向，是

---

① 《综述：美国的社会保障制度与养老机制》，http://news.xinhuanet.com/world/2007-07/02/content_6318552.htm。

② 王宁、庄亚儿：《中国农村老年贫困与养老保障》，《西北人口》2004 年第 4 期。

③ 胡锦涛：《高举中国特色社会主义伟大旗帜　为夺取全面建设小康社会的胜利而奋斗——在中国共产党第十七次全国代表大会上的报告》，人民出版社 2007 年版，第 39 页。

实现社会公平正义、人民幸福安康、社会和谐发展的必由之路。

（三）娱情养志

赡养老人是中华民族的传统美德，它既包括基本的物质赡养，也包括精神赡养。家庭养老是我国目前主要的养老形式之一。随着生产力的发展，以社会养老金作为主要经济支持的老龄人比例在逐渐增加。家庭经济支持与社会养老金为老龄群体安享晚年提供坚实的物质基础，精神赡养和社会伦理关怀则是老龄人安享晚年的精神养料。传统意义上的物质赡养和精神赡养是子代和社会对老龄一代给与物质回报与精神回馈的过程，老龄群体成为被动的接受者。然而，在基本物质生活条件得到满足并不断改善的情况下，娱情养志、以身养心成为越来越多的老龄人的追求，它体现了老龄群体对自身的一种精神关爱和积极向上的道德追求。对老龄人来说，养老并非完全被动地接受年轻一代和社会的物质赡养与精神赡养，以一种积极主动的方式营造幸福的晚年生活显得更为重要。

家庭结构趋向小型化、老龄人空巢现象增加是目前中国人口发展的基本态势。我国自20世纪80年代实行计划生育政策以来，独生子女逐渐增多，家庭结构趋向小型化。1982年我国平均每个家庭的人口为4.4人，1995年为3.7人，2005年为3.13人，23年间家庭平均人口减少了1.27人，下降幅度高达28.86%，这种趋势仍在延续。调查显示，目前全国城市老龄人空巢家庭（包括独居）的比例为49.7%，而对其中地级以上大中城市的调查显示，老龄人的空巢家庭（包括独居）比例更高达56.1%，其中独居老人占12.1%；仅与配偶同住的占44%。①父母与未婚子女组成的核心家庭是中国目前最主要的家庭形式，多代同堂的扩展式家庭逐渐减少。上述现象隐含着老龄一代可以面对面直接享受的亲情资源在逐渐减少。

老龄一代对子代一般都有着较强的精神赡养需求尤其是情感慰藉的需要，这是人之常情。据调查，目前常感孤独的老龄人在城市为18%，农村为30.9%；不喜欢结交朋友的老龄人比例在城市从2000年的20.4%上

---

① 阎青春：《我国城市居家养老服务研究》新闻发布稿，http://www.cnca.org.cn/default/iroot1001310000/4028e47d182f303c01183f052d2e02f6.html。

升到 2006 年的 23.0%，农村同期从 26.8% 升至 29.8% 。[①] 亲情慰藉的确是驱除孤独的妙方，但并非唯一的方式。随着空巢现象的加剧，农村青壮年进城务工的增加，尤其是"四二一人口结构"在中国社会的常态化，面对忙碌而无法"分身"、无暇及时给与老龄一代情感抚慰与亲情关爱的子女，身为父母者还能奢求什么呢?! 积极参与社会，主动地适应家庭的空巢化，娱情养志、以身养心，这是健康老龄化的内在要求，也是和谐老龄化的伦理需要。

四、养老的伦理目标

社会养老是现代社会的基本养老形式之一，它是以国家、企业提供的离退休金作为主要经济支持的养老形式。从家庭养老向社会养老过渡是养老发展的必然趋势。通过社会互济实现社会公正是社会养老的伦理目标。所谓社会互济是以社会保险、社会救助、社会福利为基础，以基本养老、基本医疗、最低生活保障制度为重点，以慈善事业、商业保险为补充的各种社会养老行为。它是对国民收入初次分配后的一种社会调剂，目的是使社会成员普遍得到经济增长带来的好处。作为养老伦理目标的社会公正主要包括以下两个方面：

（一）代际公正

即在场的老龄一代与年轻一代平等分享社会经济发展成果，并在保障老龄人口基本生活需要的基础上，使其生活水平与国民经济发展水平同步提高。

党的十七大报告指出："要通过发展增加社会物质财富、不断改善人民生活，又要通过发展保障社会公平正义、不断促进社会和谐。实现社会公平正义是中国共产党人的一贯主张，是发展中国特色社会主义的重大任务。"要按照"共同建设、共同享有的原则，着力解决人民最关心、最直接、最现实的利益问题"[②]。代际公正是社会公正在代与代之间的历史延

---

① 《中国城乡老年人口状况追踪调查》研究报告，http://www.china.com.cn/policy/txt/2007 – 12/17/content_ 9393143. htm。

② 胡锦涛：《高举中国特色社会主义伟大旗帜　为夺取全面建设小康社会的胜利而奋斗——在中国共产党第十七次全国代表大会上的报告》，人民出版社 2007 年版，第 17 页。

续，实现代际公正是深入贯彻落实科学发展观的内在要求。如何实现代际公正？首先，要加快建立覆盖城乡居民的社会保障体系，使包括老龄贫困人口在内的社会公民享有基本的生活保障。其次，要形成合理有序的收入分配格局，基本消除绝对贫困现象①，特别是老龄贫困现象。这既是实现全面建设小康社会奋斗目标的新要求，也是加快推进以改善民生为重点的社会建设的重要举措，还是实现发展成果人民共享、代际共享的重要保证。党的十七大报告将"深化收入分配制度改革，增加城乡居民收入"列入"加快推进以改善民生为重点的社会建设"的重要范畴，指出："合理的收入分配制度是社会公平的重要体现。要坚持和完善按劳分配为主体、多种分配方式并存的分配制度，健全劳动、资本、技术、管理等生产要素按贡献参与分配的制度，初次分配和再分配都要处理好效率和公平的关系，再分配更加注重公平。……着力提高低收入者收入，……扩大转移支付，强化税收调节，……整顿分配秩序，逐步扭转收入分配差距扩大趋势。"② 再分配作为社会互济的重要途径，是实现共同富裕和人民幸福安康的根本措施，它是政府对初次收入分配后形成的社会利益格局所进行的必要调整。因此，公平是再分配的根本原则、倾斜性原则。在具体分配过程中，公平原则体现为差别补偿，即对初次收入分配后形成的利益差别进行适当调整，补偿获利较小者，所以，它是对效率优先的一种矫正。

罗尔斯关于正义的第二个原则指出："社会的和经济的不平等应这样安排，使它们被合理地期望适合于每一个人的利益"，"虽然财富和收入的分配无法做到平等，但它必须合乎每个人的利益"③，"所有社会价值——自由和机会、收入和财富、自尊的基础——都要平等地分配，除非对其中的一种价值或所有价值的一种不平等分配合乎每一个人的利益"④。"差别原则"旨在通过利益补偿实现社会公正，可为我国政府调节收入分配提供一定的理论参考。政府应从公平原则出发，加大收入再分配的调节力

---

① 胡锦涛：《高举中国特色社会主义伟大旗帜为　夺取全面建设小康社会的胜利而奋斗——在中国共产党第十七次全国代表大会上的报告》，人民出版社 2007 年版，第 20 页。

② 同上书，第 38—39 页。

③ ［美］约翰·罗尔斯著，何怀宏、何包钢、廖申白译：《正义论》，中国社会科学出版社 1988 年版（2005 年 12 月第 7 次印刷），第 61 页。

④ 同上书，第 62 页。

度，使再分配杠杆向社会弱势群体倾斜。老龄人尤其是老龄贫困人群比其他年龄群体更需要社会的经济支持与伦理关怀，社会有责任去关心、帮助他们，保障其基本生活需要，并逐步提高各项养老待遇。

提高全民的生活水平和生活质量是社会经济发展的根本目的。公平原则在结果上表现为所有符合法定资格的公民都能平等分享社会经济利益，因此，它是一项普惠原则。然而，平等分享不是平均分享，而是老龄一代与年轻一代的生活水平在同一社会生活基准线上得到同步提高。2007 年北京市政府颁布《北京市城乡无社会保障老年居民养老保障办法》（京政发［2007］35 号），规定：自 2008 年 1 月 1 日起，凡具有北京市户籍、年满 60 周岁，且不享受社会养老保障待遇的人员，按照相关规定，均可享受城乡无社会保障老年居民养老保障待遇。这一制度惠及北京市 70 万无社会保障的城乡老人，标志着首都社会养老保障建设已经实现制度性全覆盖。

（二）代内公正

即逐步缩小社会养老保障待遇尤其是养老金待遇在城乡间、企事业单位间、行业间以及男女间的差距，实现老龄群体代内公正。

2004 年 3 月 14 日，第十届全国人民代表大会第二次会议通过的《宪法修正案》将"建立健全同经济发展水平相适应的社会保障制度"写入其中，表明国家对民生问题高度关注。近年来，我国社会养老保险参保人数不断增长，领取养老金的退休人员逐年增加。然而，社会养老保险覆盖率与养老金待遇呈现出城乡间、地区间、不同行业间、企事业单位间以及男女间的明显差异。2000 年年底中国老龄研究中心进行的"全国城乡老年人口抽样调查"数据显示，城市老龄人养老保险覆盖率达到 70% 以上，而农村老龄人养老保险覆盖率不到 4%。在具有城市户口的居民中，老龄女性养老保险覆盖率仅为老龄男性的 2/3，这种差异在东、西部地区都普遍相当明显。同时，不同身份的老龄人的养老金待遇也存在很大差别，如城市中，男性每月享受的养老金数额比女性高出 40%，在农村则高出 52%；城市党政机关、事业单位离退休人员人均养老金数比城市集体企业高出 144%，东部地区比西部地区高 23%。城镇非农户口人均养老金数额比农村非农户口高 20%。而同样在城市，非农业户口老龄人人均养老金比农业户口老龄人竟高出 110%。①

2006 年，我国开始实施城镇基本养老保险制度新模式，主要内容是调整养老金计发办法及个人账户规模。基本养老金由基础养老金和个人账户养老金组成。退休时的基础养老金月标准从以前一律等于当地社会平均工资的 20%，调整为"以当地上年度在岗职工月平均工资和本人指数化月平均缴费工资的平均值为基数，缴费每满一年发给 1%"；"个人账户养老金月标准为个人账户储存额除以计发月数，计发月数根据职工退休时城镇人口平均预期寿命、本人退休年龄、利息等因素确定"。同时，个人账户的规模统一由本人缴费工资的 11% 调整为 8%。② 由于女性退休年龄早，新模式对她们的影响比男性大得多，主要体现为新模式中女性的总体养老金发放水平较之旧模式有所下降，而男性则变化不大，养老金发放水平的性别差距将会有所扩大。③

社会养老保障制度是社会保障体系的重要组成部分，构建全民普享的社会保障体系是我国民众的共同愿望。由于社会保障涵盖养老、医疗、失业、工伤、生育等诸多项目，在短期内难以建立覆盖全民的全方位的社会保障体系，然而，建立全民普享的社会养老保障制度已成为当务之急。建立惠及城乡居民的社会养老保障制度不仅要清扫养老保障的"盲区"，而且要以提高养老金待遇作为重点。《国务院关于完善企业职工基本养老保险制度的决定》指出，要"坚持覆盖广泛、水平适当、结构合理、基金平衡的原则，完善政策，健全机制，加强管理，建立起适合我国国情，实现可持续发展的基本养老保险制度。"党的十七大报告指出，要"提高统筹层次，制定全国统一的社会保险关系转续办法"④。全覆盖、高统筹、

---

① 《中国人类发展报告 2005 追求公平的人类发展》，中国对外翻译出版公司 2005 年版，第 65 页。

② 参见《国务院关于完善企业职工基本养老保险制度的决定》，http://www.china.com.cn/chinese/PI－c/1061304.htm。

③ 参见钟仁耀、徐铁诚《城镇新旧养老保险模式中养老金水平比较研究——以 2005 年资料为依据的模拟分析》，《财经研究》2006 年第 11 期。

④ 胡锦涛：《高举中国特色社会主义伟大旗帜 为夺取全面建设小康社会的胜利而奋斗——在中国共产党第十七次全国代表大会上的报告》，人民出版社 2007 年版，第 39 页。

水平适当、持续协调是当代中国社会养老保障制度建设的基本原则①。所谓全覆盖，是指具有中国国籍的公民，不分城乡、职业和其他身份差别，依照规定程序都可享受统一的基本养老保险。所谓高统筹是指养老保险要逐步实现全国统筹。所谓水平适当是指目前惠及全民的养老保障水平应以确保公民的基本物质生活需要为基准，并依物价浮动情况做相应调整，不宜定得太低或过高。所谓持续协调是指全民社会养老保障制度要与其他社会保障制度协调起来、配套发展；养老资金来源稳定可靠，能充分调动在职劳动者的生产积极性，并能促进国民经济持续稳定发展。全民普享的社会养老保障制度是促进代际伦理关系和谐发展、实现社会公正的可行性目标模式。坚持全覆盖、高统筹、水平适当、持续协调的原则来构建全民普享的社会养老保障制度，可在一定程度上矫正当前社会养老保障制度的不公平性，促进老龄群体代内公正。

应该看到，由于社会养老保障只能保证退休人员的基本生活需要，部分城镇退休职工以及绝大多数农村老龄人没有切实可行的医疗保障，加上家庭养老功能弱化以及自我养老能力不足，相当一部分老龄人陷入贫困。由此看来，建立保障水平与我国社会经济承受能力相适应、社会互济与自我保障相结合、公平与效率兼顾的多层次的社会养老保障制度，任重道远，通过社会互济实现社会公正的道路还很漫长。

第二节　养老伦理的时代差异

传统养老伦理与当代养老伦理呈现出鲜明的时代差异。从养老性质看，体现为特权、救济与权利、普惠之异。从养老内容看，体现为物质供养与精神赡养之异。从养老形式看，体现为家庭养老与居家养老之异。从责任分担看，体现为多子养老与独子养老之异。

---

① 吴国玖提出构建全民社会养老保障的五个原则：全覆盖、高统筹、低水平、无条件、可持续［参见吴国玖《构建全民社会养老保障目标模式的可行性研究》，《中国矿业大学学报》（社会科学版）2007年第2期］。

一、特权、救济与权利、普惠：养老性质之差异

在我国古代社会，家庭养老是主要养老形式，但已有社会养老的萌芽。在中国历史上的诸多朝代，社会养老体现为少数官僚的特权以及对老龄贫困者的救济，具体包括以下两个方面：

其一是"致仕"。"致仕"指官吏年老退休，由朝廷给予相应养老待遇的制度。殷至宋代，都是"七十致仕"①。明洪武年改为 60 岁，"戊辰，文武官年六十以上者听致仕，给以诰敕"②。《册府元龟·帝王·养老》载："平帝元始元年诏天下吏比二千石以上年老致仕者，三分故禄，以一与之，终其身。"即二千石以上的官吏退休后享受原有俸禄的三分之一。唐代，五品以上官吏退休后享受半禄，经皇帝特恩的功臣可得全禄。从一品至九品官员退休后，均授给数量不等的永业田与职分田，永业田可传给子孙。③ 宋代，官吏按制退休者，另转一官，享受半禄。明清时期，"致仕"制更加完善，官员退休待遇较以往有所提高。此外，各朝皇帝对退休的有功之臣均有不同的特赏。

其二是对高年百姓的养老优待。各朝所养之老，除了年老的乡官、死于国事的父祖和"致仕"官吏之外，还包括普通百姓中的高年者，历朝一般以减免役租、赐物、济贫等形式给予养老优待。

《礼记》有"养耆老以致孝"④ 之说。《礼记·王制》载："凡养老，有虞氏以燕礼，夏后氏以飨礼，殷人以食礼，周人修而兼用之。五十养于乡，六十养于国，七十养于学，达于诸侯。"有虞氏、夏后氏、殷人分别以燕礼、飨礼、食礼行养老之礼，周人兼用三者，足见古人对老龄人的尊重和对养老的重视。"五十异粮，六十宿肉，七十贰膳，八十常珍，九十饮食不离寝，膳饮从于游可也。六十岁制，七十时制，八十月制，九十日修，唯绞、衿、衾、冒，死而后制。五十始衰，六十非肉不饱，七十非帛不暖，八十非人不暖，九十得人不暖矣。五十杖于家，六十杖于乡，七十

---

① 《礼记·内则》。
② 《明史》卷二《本纪第二·太祖二》。
③ 参见《新唐书》卷六十一《志第四十五·食货五》。
④ 《礼记·王制》。

杖于国，八十杖于朝。九十者，天子欲有问焉，则就其室，以珍从。七十不俟朝，八十月告存，九十日有秩。五十不从力政，六十不与服戎，七十不与宾客之事，八十齐衰之事弗及也。"① 从老龄人的吃、穿、行、寝、日常事物处理，到天子的垂询存问，直至丧具制备等，都有详细规定。《周礼·地官司徒·大司徒》载："以保息六养万民：一曰慈幼，二曰养老，三曰振穷，四曰恤贫，五曰宽疾，六曰安富。""养老"是统治阶级安抚民众、定国安邦的六大措施之一。

对老龄人赐物、减租免役、垂询存问是西周礼制的重要内容，为后代各封建王朝所沿袭。《礼记·王制》曰："凡三王养老皆引年。八十者，一子不从政；九十者，其家不从政。"《册府元龟》载："文成和平二年三月幸中山，至于邺，遂幸信都，舆驾所过皆亲封高年，问民疾苦。民年八十以上一子不从役。""显庆元年正月辛未立皇太子，敕诸年八十以上各赐粟帛。已卯，宴京城老人八十以上赐物各有差。二年二月，幸洛阳父老百岁以上赐毡被一具、袍一领、丝绢十段、粟二十石，仍遣使就家存问。九十以上各赐丝绢五段。十月幸郑州，赐八十以上老人粟帛有差。"③《明史》记载明太祖曾"诏有司存问高年"，"贫民年八十以上，月给米五斗，酒三斗，肉五斤；九十以上，岁加帛一匹，絮一斤；有田产者罢给米。应天、凤阳富民年八十以上赐爵社士，九十以上乡士；天下富民八十以上里士，九十以上社士。皆与县官均礼，复其家。鳏寡孤独不能自存者，岁给米六石"④。

从春秋战国时期开始，各代还设"掌老"、"掌病"等官吏专司养老之事。《管子》云："入国四旬五行九惠之教。一曰老老，二曰慈幼，三曰恤孤，四曰养疾，五曰合独，六曰问疾，七曰通穷，八曰振困，九曰接绝。所谓老老者，凡国都皆有掌老。年七十以上，一子无征，三月有馈肉。八十以上，二子无征，月有馈肉。九十以上，尽家无征，日有酒肉。死，上供棺椁。劝子弟精膳食，问所欲，求所嗜，此之谓老老。"⑤ "掌

---

① 《礼记·王制》。
② 《册府元龟·帝王·养老》。
③ 同上。
④ 《明史》卷三《本纪第三·太祖三》。
⑤ 《管子·入国》。

老"即"掌老之官",也就是政府设置的专门掌管养老事务的官员。"老老"为九惠之首。养老的具体措施主要是减征、免征、实物供给以及死后赐棺木。"问疾"也是养老的具体行为,包含着对老龄人的伦理关爱。"所谓问疾者,凡国都皆有掌病。士人有病者,掌病上令问之。九十以上,日一问。八十以上,二日一问。七十以上,三日一问。众庶五日一问。"① "掌病"即专门负责对老百姓的疾病关心存问的官吏。以上措施都是对老龄人表达社会伦理关怀的较早记录。

自汉代以来,各朝设置专门的养老机构扶老济困、济贫救灾。西汉时设司徒专门负责收容管理老、幼、孤、残。汉光武帝曾诏曰:"往岁水、旱、蝗虫为灾,谷价腾跃,人用困乏。朕惟百姓无以自赡,恻然愍之。其命郡国有谷者,给禀高年、鳏、寡、孤、独及笃癃、无家属贫不能自存者,如《律》。"② "如律"即沿用《汉律》。孝明帝曾诏令:"三老、五更皆以二千石禄养终厥身。其赐天下三老酒人一石,肉四十斤。有司其存耆耋,恤幼孤,惠鳏寡"③。宋代设福田院、居养院,明代设养济院,收养鳏、寡、孤、独、贫、病、残者,清代的普济堂专门负责收养穷困的老龄人及残疾者。各朝还设仓储以备灾荒济贫助老,有义仓、常平仓、惠民仓等。

我国古代的社会养老措施,从根本性质上看,或者体现为官僚阶层的一种特权,或者是统治阶级为缓和阶级矛盾而采取的社会救济措施,与现代的社会养老具有本质区别。

现代社会养老作为社会保障的基本形式,是公民的一项基本权利,具有普惠性。我国社会保障体系包括社会保险、社会救济、社会福利、优抚安置和社会互助、个人储蓄积累保障。社会养老保障包括养老保险与其他各种形式的老龄社会救助,它是社会安全网的核心。新中国成立后,我国社会养老保障制度逐步建立并不断发展、完善,大致经历了初创(1951—1957 年)、逐步发展(1958—1966 年)、遭受破坏("文化大革命"期间)、初步改革(1978 年 6 月至 20 世纪 80 年代)以及全面改革与

---

① 《管子·入国》。
② 《后汉书》卷一下《光武帝纪第一下》。
③ 《后汉书》卷二《显宗孝明帝纪第二》。

发展（20 世纪八九十年代至今）五个阶段。① 20 世纪八九十年代以来，中国致力于建立一个与市场经济体制相适应的社会保障体系，社会养老保障制度进入全面改革与发展阶段。2004 年 3 月 14 日第十届全国人民代表大会第二次会议通过《宪法修正案》，将"国家建立健全同经济发展水平相适应的社会保障制度"写入其中，社会养老保障建设逐渐普惠化、制度化，成为我国公民的一项基本权利。现在，我国已基本建立适应社会主义市场经济体制要求，适用城镇各类职工和个体劳动者，资金来源多渠道、保障方式多层次、社会统筹与个人账户相结合、权利与义务相对应、管理服务社会化的社会养老保险体系。

　　然而，我国社会养老保障事业也面临严峻挑战。第一，老龄人口规模大、养老负担重。2005 年年底全国 1% 人口抽样调查数据显示，我国 60 岁及以上人口为 14408 万人，占全国人口总数的 11.03%（其中，65 岁及以上的人口为 10045 万人，占总人口的 7.69%）。目前，我国人口老龄化呈加速趋势，预计到 2030 年，中国 60 岁及以上老人占总人口的比率将达到 24.46%，高出世界平均水平约 8.5 个百分点。2035 年以后，老龄化增速将有所放缓，但比例和绝对规模仍会继续加大。2050 年左右，我国进入老龄化高峰期，60 岁及以上人口将达到 4.5 亿，相当于当前欧盟 23 个国家的人口总数。在经历了短暂的"人口红利期"之后，沉重的养老负担将成为国民经济发展的桎梏。第二，社会养老覆盖面窄。2000 年以来，社会养老保险参保职工数平均增长率只有 4.04%，低于离退休职工数的年平均增长率 6.64%。占中国人口总数 60% 的农村人口没有建立社会养老体系。至 2005 年，全国基本养老保险参保人数为 1.74 亿人，仅占总人口数的 13.38%。② 第三，养老金"空账"问题。人口的快速老龄化使劳动力人口为老龄人口提供的养老金入不敷出，养老保险个人账户空账以每年 1000 亿元的规模增加。③ 到 2005 年年底，全国养老保险金个人账户空账金额已达 8000 亿元④，这一巨额隐性债务使养老金支付发生危机。根

---

　　① 参见卫兴华主编、魏杰副主编：《中国社会保障制度研究》，中国人民大学出版社 1994 年版，第 58—71 页。

　　② 《中国面临人口老龄化三大挑战》，http：//www.zgjrw.com/zhuanti/zt/2006925332。

　　③ 《人口老龄化带给中国三大压力》，http：//www.zgjrw.com/zhuanti/zt/2006925332。

　　④ 《中国面临人口老龄化三大挑战》，http：//www.zgjrw.com/zhuanti/zt/2006925332。

据劳动和社会保障部统计，预计到 2020 年，领取养老金的退休者将超过 1 亿人，届时抚养比将达到 2.5：1。① 第四，老龄化超前于现代化。发达国家是在基本实现现代化的条件下进入老龄社会的，是"先富后老"。我国却是在现代化刚刚起步、经济尚不发达的情况下提前进入老龄社会的，属于"未富先老"。因此，我国社会养老保障制度改革的任务还很艰巨，实现全民普惠之路还很长。

二、物质赡养与精神赡养：养老内容之差异

广义的老龄供养体系是一个由经济保障、照料保障、医疗保障、精神慰藉保障以及制度、法律、政策、舆论、管理等构成的综合系统。② 其中，经济保障是基础层次的物质保障和物质赡养，精神慰藉是较高层次的精神赡养。传统养老侧重于物质赡养。随着我国社会经济的发展，社会养老保险覆盖率逐步扩大，养老金待遇逐渐提高，老龄人自养能力也在增强，精神赡养在老龄供养体系中日显重要，"精神赡养问题构成了老龄问题的深层挑战"③。在不需要子代的经济支持和生活照料的前提下，精神赡养将成为老龄人对子代的唯一需求。

如果说物质赡养是决定老龄人口生活质量的硬指标，那么，精神赡养则是决定其生活满意度的软指标。北京市"临终关怀与安乐死的研究"课题组对北京市老龄人社会关怀的调查结果显示，老龄人最苦恼的事情中心理问题占 39.2%，医疗保健问题占 35.2%，生活照顾占 22.2%。老龄人生活的不方便主要是医疗问题，占 31.2%；其次是娱乐，占 14.9%。希望社会满足老龄人需要的优先项目依次是：建立养老机构占 40.2%，彰显老龄社会标志占 25.8%，完善社会组织占 23.1%，培育敬老的社会风尚占 10.3%。④ 心理问题主要是情感倾诉与心理调适问题，娱乐需求直接反映了老龄人的精神需要。有报道说，北京市 2000 年 6000 件民事纠纷

---

① 《人口老龄化带给中国三大压力》，http://www.zgjrw.com/zhuanti/zt/2006925332。

② 邬沧萍主编，杜鹏、姚远、姜向群副主编：《社会老年学》，中国人民大学出版社 1999 年版，第 262 页。

③ 穆光宗：《老龄人口的精神赡养问题》，《中国人民大学学报》2004 年第 4 期。

④ 李义庭、付丽、刘芳等：《老龄化社会对老年人社会关怀对策的研究——对北京市老年人社会关怀调查的报告》，《医学与哲学》2006 年第 1 期。

中涉及老龄人生活的有 600 件，其中精神赡养纠纷最多。① 这从一个侧面反映了老龄人对子代精神赡养的渴求。

现代社会，精神赡养呈现多样化特征。在内容上，它不仅体现为传统的家庭亲情慰藉，而且体现为尊重与保护老龄人各项权利，帮助他们实现自身价值，更体现为整个社会尊老、养老、爱老的良好道德氛围。池田大作认为："对老人的福利决不应仅仅是物质方面的，必须兼有精神上的有人情味的真正意义上的福利。"② 穆光宗认为，精神赡养的实质是满足老龄人的精神需求，包括"自尊的需求、期待的需求和亲情的需求"，"与此对应的'满足'是人格的尊重、成就的安心和情感的慰藉"③。三种满足侧重于微观层面的家庭精神赡养，这是精神赡养的基点。对老龄人的社会伦理关怀是宏观层次的精神赡养，这是提高老龄人口整体生活质量、实现代际伦理关系和谐发展的关键。

在形式上，随着两代共居的核心家庭与老龄一代独居的"空巢"家庭增多，以及尚独身所导致的老龄单身户的增加，年轻一代对老龄一代的精神赡养越来越突破面对面的形式，呈现出间距性特征。因此，建立精神赡养的社会伦理网络成为当代老龄供养体系建设的重要内容。它是以老龄人群为关怀对象，由家人、亲友、邻里、社区以及整个社会为关怀实施主体，以亲情慰藉、人格尊重、晚辈成就安心、老龄价值实现、情感归依以及社会普遍伦理关怀为主要内容的道德辐射网。

近年来，老龄人心理疾病和精神障碍的患病率呈现出上升趋势。天津市安定医院对 3000 余名 55 岁以上老人所进行的调查证实了这点。离退休后的不适感、不被重视和理解的沮丧感、丧偶之痛、生病时的无助与痛苦以及死亡恐惧与焦虑等成为老龄人心理病症与精神障碍的主要起因。④ "出门一把锁、进门一盏灯"成为很多单身老人的生活写照。许多"空巢"老人感到孤寂、悲观、失落，甚至有厌生情绪。2007 年 4 月 28 日，

① 曲兰：《来自老父老母的生存报告》，北京十月文艺出版社 2003 年版，第 72 页。
② ［英］汤因比、［日］池田大作著，荀春生等译：《展望二十一世纪——汤因比与池田大作对话录》，国际文化出版公司 1985 年版，第 109 页。
③ 穆光宗：《老龄人口的精神赡养问题》，《中国人民大学学报》2004 年第 4 期。
④ 曲兰：《来自老父老母的生存报告》，北京十月文艺出版社 2003 年版，第 35 页。

北京市第一条面向全市老龄人开通的免费心理咨询专业服务热线正式开通①，给老人们提供了心理倾诉的机会，也在一定程度上缓解了其精神需求。

三、家庭养老与居家养老：养老形式之差异

家庭养老是我国传统的养老形式，也是目前我国法定的一种养老形式。《中华人民共和国老年人权益保障法》明确规定："老年人养老主要靠家庭，家庭成员应当关心和照料老年人。"养老包括经济支持、日常照料、精神慰藉三个方面。经济支持可以量化，来源也比较明确。子女的精神慰藉虽难以量化，却是老龄人最大的精神支持。日常照料既可以由子女直接提供，也可以从社会购买。因此，经济支持与精神慰藉应成为确定养老形式的主要根据。在此意义上，可将家庭养老定义为主要由子女或其他亲属提供经济支持与精神慰藉的养老形式。

国家统计局1994年10月1日进行的人口变动情况抽样调查结果显示，从总体上看，在我国老龄人口的主要经济来源中，子女或其他亲属的经济支持居第一位，约57.1%的老龄人主要从子女或亲属获得经济帮助；老龄人自己的劳动收入居第二位，以此为主要经济支持的老龄人约占25.0%；以离退休金为主要经济来源者占15.6%，排第三；社会保险与救济占1.2%；其他来源占1.1%。② 2000年人口普查资料显示，我国家庭养老占43.83%，农村家庭养老占48.92%。③ 2004年人口变动调查结果显示，在我国老龄人口主要生活来源的排序中，占第一位的仍然是子女或其他亲属供给，占老龄人口总数的45.0%。④ 由此可见，家庭养老仍然是我国目前主要的养老形式。但随着社会生产力的发展、社会养老保险覆盖率的提高，依靠家庭养老的老龄人比例正逐步下降。

---

① 《心理咨询师助"空巢"老人除"心病"》，《北京晚报》2007年4月29日。
② 国家统计局人口和就业统计司编：《2004中国人口》，中国统计出版社2005年版，第124页。
③ 国务院人口普查办公室、国家统计局人口和社会科技统计司编：《中国2000年人口普查资料》（中册），中国统计出版社2002年版，第1572—1577页。
④ 国家统计局人口和就业统计司编：《2004中国人口》，中国统计出版社2005年版，第124页。

从家庭养老向社会养老过渡是养老发展的必然趋势。社会养老是否意味着老龄人一定要在专门养老机构中养老？回答是否定的。社会养老或者说养老社会化程度的提高在根本意义上应体现为社会养老保险覆盖面的扩大、养老金的增加，以及养老社会化服务水平的提高，而并不意味着老龄人一定要进专门的养老机构养老。从社会养老硬件设施看，目前我国每千名老人所拥有的养老机构床位数只有 11.6 张左右，即最多只有 1.16% 的老人能够到养老机构享受养老服务，而其余 98.84% 的老龄人不管是否有足够的经济能力，都必然会在家里养老。① 同时，家庭带给人们的安全感、亲情感和归属感是机构养老所无法比拟的。汤因比在与池田大作对话时指出："养老院的设施尽管在医疗设备和物质方面可以使老人们得到宽慰和享受，但从精神上来说，就像被伪装起来的俘虏收容所一样。"② 池田大作认为："老年人社会保障的理想状态并非只有物质意义上的福利设施就可以了。还必须进一步考虑能否使他们精神生活丰富。因为虽说建立了养护设施，有了直到送终的社会保障，但这对老人来说不见得就是最好的礼物。家庭不断小型化，老人的养护设施很完善，以这种理由将老人送进养老院反而会使老人失望吧。"③ 养老院的养护设施虽然比较完善，但未必能给老人们带来幸福感，因为这里缺少一份浓浓的家庭亲情，两位伦理学家的看法也为大多数中国人所认同。

美国是最早建立社会养老保障制度的国家之一，社会养老保障事业已很发达，但有 96.3% 的美国老人选择在家养老；日本在家养老的老人为 98.6%。全国老龄办组织进行的《我国城市居家养老服务研究》调查表明，85% 以上的老龄人有享受居家养老服务的意愿，他们对居家养老服务方式的认同不受性别、年龄、健康状况的影响，而选择住养老院等养老机构养老的只占 6%—8%。④

---

① 阎青春：《我国城市居家养老服务研究》，新闻发布稿，http：//www.cnca.org.cn/default/iroot1001310000/4028e47d182f303c01183f052d2e02f6.html。

② ［英］汤因比、［日］池田大作著，荀春生等译：《展望二十一世纪——汤因比与池田大作对话录》，国际文化出版公司 1985 年版，第 107 页。

③ 同上。

④ 阎青春：《我国城市居家养老服务研究》，新闻发布稿，http：//www.cnca.org.cn/default/iroot1001310000/4028e47d182f303c01183f052d2e02f6.html。

居家养老是一种适合我国国情的家庭══社会双向互动养老伦理模式，从传统的家庭养老转向居家养老是我国养老改革的发展方向。居家养老是指老龄人居住在自家，而以社会养老保障金作为主要经济来源，由政府、社区或社会依照一定程序向其提供社会化家政服务、医疗护理、心理健康服务乃至情感慰藉等各种服务，帮助其实现养老目标的养老模式。①

《中华人民共和国老年人权益保障法》第三十五条规定："发展社区服务，逐步建立适应老年人需要的生活服务、文化体育活动，疾病护理与康复等服务设施和网点，发扬邻里互助的传统，提倡邻里间关心、帮助有困难的老人。"《中华人民共和国国民经济和社会发展第十一个五年规划纲要》指出："积极发展老龄产业，增强全社会的养老服务功能，提高老年人生活质量，保障老年人权益。实施爱心护理工程，加强养老服务、医疗救助、家庭病床等面向老年人的服务设施建设。"这为居家养老提供了法律保障和政策支持。全国老龄工作委员会办公室、发改委、教育部、民政部等十部门于2008年1月29日联合发布《关于全面推进居家养老服务工作的意见》，确定了发展居家养老服务的基本任务和保障措施，标志着居家养老服务工程全面启动。坚持政府主导和社会参与，推动居家养老服务在城市社区普遍展开，同时逐步向农村社区推进，是居家养老服务网络建设的基本思路。《意见》指出，要整合养老社会资源，"在城市社区和大部分农村乡镇建设综合性居家养老服务中心、居家养老服务站点等基础性服务设施，大力推动专业化的老年医疗卫生、康复护理、文体娱乐、信息咨询、老年教育等服务项目的开展，构建社区为老服务网络，为老年人提供就近就便的多种服务。吸引生活自理的老人走出家门到社区为老服务设施接受服务和参加活动；对生活不能自理的老人则采取派专人上门包

---

① 全国老龄工作委员会办公室、发改委、教育部、民政部等十部门联合下发的《关于全面推进居家养老服务工作的意见》指出："居家养老服务是指政府和社会力量依托社区，为居家的老年人提供生活照料、家政服务、康复护理和精神慰藉等方面服务的一种服务形式。"这里没有指明居家养老是以社会养老保障金作为老龄人的主要经济来源。我认为，是否以社会养老保障金作为主要经济来源是家庭养老与居家养老的一个重要区别。有稳定的经济来源以满足基本生活需要是养老的物质基础。家庭养老主要是由子女或其他亲属提供经济支持；而居家养老实际上是将社会养老的依托形式由专门的养老机构转移至家庭和社区，但老龄人的主要经济来源应该是社会提供的养老金。因此，居家养老是一种兼具家庭养老与社会养老之长处，并辅以社会化为老服务的新模式。

护，满足老年人生活照料、医疗护理、文化娱乐、心理慰藉等多种需求。依托城市社区信息平台，在社区普遍建立为老服务热线、紧急救援系统、数字网络系统等多种求助和服务形式，建设便捷有效的为老服务信息系统"。为了对居家养老服务实施有效的监管，各级政府应在区、街道（乡镇）和社区（村）"建立老年人信息库，发布老年人服务需求信息和社会服务供给信息，对享受政府补贴的居家老人进行资格评估；对居家养老服务人员相关资格进行审查，接受服务对象的服务信息反馈，检查监督服务质量。"逐步形成连片辐射、连锁经营、统一管理的居家养老服务模式。①

居家养老既是对传统家庭养老模式的补充和更新，也是家庭养老与社会养老相结合的一种综合性养老模式，其伦理优越性主要体现在如下三个方面：

首先，居家养老适应了老龄人对家的情感需求，也能在一定程度上满足其多种服务需要。家庭是人们情感的归属与避风港，也是安度晚年的最佳场所。儿孙绕膝的天伦之乐、与子女的情感交流大大增加了老人的精神幸福感。然而在现代社会，随着两代共居的核心家庭与老龄一代独居的空巢家庭的增加，以及农村劳动力转移所导致的农村家庭"空巢化"与隔代共居的增多，传统的家庭日常照料与护理功能正在弱化，子女对父母的直接亲情关怀大大减少。

根据中国老龄科研中心调查，目前全国城市老龄人空巢家庭（包括独居）的比例已经达到 49.7%，比 2000 年提高 7.7%。而通过对其中地级以上大中城市的调查显示，老龄人的空巢家庭（包括独居）比例已经达到 56.1%，其中独居老龄人占 12.1%；仅与配偶同住的占 44%。随着人们生活观念的改变、住房条件的改善，尤其是随着独生子女的父母开始进入老龄期，家庭空巢化现象将更加普遍，空巢期也将明显延长。目前，发达国家独居与夫妇空巢户比例高达 70%—80%。随着中国社会老龄化进程的加剧，老龄人空巢家庭比例必将持续增加。②

---

① 参见《关于全面推进居家养老服务工作的意见》，http：//www.mca.gov.cn/article/zwgk/fvfg/shflhshsw/200802/20080200011957.shtml。

② 阎青春：《我国城市居家养老服务研究》，新闻发布稿，http：//www.cnca.org.cn/default/iroot1001310000/4028e47d182f303c01183f052d2e02f6.html。

　　不可否认，子女的"离巢"在客观上减少了对老龄父母进行直接照料与亲情关怀的机会，但这并不意味着养老责任的弱化，孝亲养老仍然是不变的社会伦理主流。子女可以通过购买社会养老服务如日常照料、家政服务、医疗康复护理等来弥补自身照料的缺位与不足。当子女们工作繁忙无暇照料老人或与之交流时，社会养老机构可提供专业化上门服务，这种社会化服务与替代情感支持可在一定程度上满足老龄人的日常生活照料与护理需要，缓解其精神慰藉需求。

　　《我国城市居家养老服务研究》调查显示，城市中48.5%的老龄人有各种各样的养老服务需求，其中需要家政服务、护理服务、聊天解闷、法律援助服务的分别占25.22%、18.04%、13.79%和2.25%。但目前我国城市居家养老服务需求总的满足率只有15.9%，其中家政服务满足率为22.61%，护理服务满足率为8.3%，聊天解闷服务满足率仅为3.16%。① 另有调查资料表明，定期体检，57.8%的老人需要，仅有7.6%的老人得到服务；应急服务，45.1%的老人需要，只有4%的老人得到服务；家庭病床，42.5%的老人需要，仅有14.8%的老人得到服务；保健指导，38.6%的老人需要，而只有9.3%的老人得到服务；托老所，18.6%的老人需要，仅有0.5%的老人得到服务；老人饭桌，13.9%的老人需要，而只有0.7%的老人得到服务。② 全国几次较大规模的社会调查数据表明，我国约有3250万老人需要不同形式的长期护理③，但目前我国老龄服务设施严重不足，服务项目与内容不全，服务人员素质也参差不齐，为老服务的数量与质量远远不能满足需要。1999年6月，由北京市政府政策研究室、北京大学万科社区研究中心、北京勺海市场调查有限公司联合完成的"北京市新型社区问题研究"调查数据显示，48%的中年人认为照顾老人有困难，而排在前三位的困难依次是没有时间、精力不够及经济方面压力太大。④ 由此可见，大力发展居家养老服务是破解我国日趋尖锐的养老服务难题，满足老龄人的多种服务需求，切实提高其生存质量的现实出路。

---

　　① 阎青春：《我国城市居家养老服务研究》，新闻发布稿，http://www.cnca.org.cn/default/iroot1001310000/4028e47d182f303c01183f052d2e02f6.html。
　　② 陈德君：《人口老龄化与养老服务保障体系》，《人口研究》2001年第6期。
　　③ 《人口老龄化带给中国三大压力》，http://www.zgjrw.com/zhuanti/2006925332。
　　④ 伊密：《社区——接过家庭照顾功能的第一棒》，《人口与经济》2000年第3期。

居家养老实际上是一种家庭⟷社会双向互动养老伦理模式，家庭是一个开放的养老载体。老龄人通过与社区养老服务站或专门社会养老机构签订相关协议，在不离开自己所熟悉的家庭生活环境的前提下，在需要帮助之时，能及时得到养老院式的照料服务、医疗与康复护理、心理咨询服务等，同时在子女亲情慰藉出现缺位时，又能感受来自社区或社会的一份替代亲情。因此，居家养老就是把养老院搬进老人家中，把社会伦理关怀送到老人心中。

其次，费用较低。居家养老服务费用一般由老龄人自己或子女支付。对生活困难而又确需帮助的老龄人，也可以由政府购买。居家养老的服务费用比进专门的养老机构要少得多。2002 年 9 月，大连市在全国首创居家养老院。根据老龄人经济条件与养护员岗位不同，分为 A、B、C、D 四档，每户每月享受不同档次的政府养护补贴，有 300 元/月、200 元/月、100 元/月不等，经济条件较好者自费。① 也就是说，政府只要每月支付 100—300 元就可以解决一户两位老人的居家养老服务问题。而进专门的养老机构养老，每位老人每月大约需要支付 600 元②，居家养老可节省 50%—80% 的养护费。大连市的居家养老模式得到了美国驻沈阳总领事、日本养老问题专家的高度评价，认为"中国人找到了一条适合自己的养老方式，解决了一个世界难题"③。

近几年来在长沙等地兴起的"道德银行"也为居家养老服务开辟了一条新的途径。老龄人可以在退休之初身体健康时，为需要照料的年老多病者提供服务，老人亲属也可以志愿服务，记事、计时、计件存入"道德银行"存折。当老人需要照料服务时，可以向"道德银行"提取。子女也可以从"银行"为父母购买这种服务，或以以前的服务向"银行"提出支取申请，回馈给老龄父母。提供这种服务虽不能获得现时的劳酬，但当免费享受同样的服务时，就能感受到这种互助式、回馈式服务所带来

---

① 邝峰：《一种新型社会养老模式：居家养老》，《辽宁师范大学学报》（社会科学版）2005 年第 3 期。

② 任净：《从老有所养到老年小康的模式探索——"居家养老院"的调查分析和多层次发展设想》，《中国发展》2005 年第 2 期。

③ 邝峰：《一种新型社会养老模式：居家养老》，《辽宁师范大学学报》（社会科学版）2005 年第 3 期。

的人与人之间的关爱与温暖。

从 2004 年 3 月开始，浙江省宁波市海曙区政府向全区 80 岁以上的 600 多位独居贫困老人，以每人每年 2000 元的标准，每天提供 1 小时免费上门服务。这种服务由政府向非营利组织（海曙区星光敬老协会）购买，该区政府每年拿出 150 万元投入到居家养老服务中，其中 120 万元用于购买服务，30 万元用于该敬老协会的日常开支。政府预算拨款到位后，敬老协会提前两个月把居家养老社工的工资划拨到社区，社工按月到社区领取工资。社工多为刚退休者，他们为老人提供的各种服务如买菜、做饭、洗衣、陪聊等，可以通过"义工银行"储存起来，当他们年老体衰需要帮助时，再向社区申请等额服务。该区分管民政的副区长许义平算了一笔账：建一个养老院首期投资最少每张床位 5 万元，之后每张床位每月至少需补贴 250 元。以一个 200 张床位的养老院为例，建设并运行 10 年的总计费用至少为 1600 万元，而 1600 万元可支持 800 个老人的居家养老服务。也就是说，居家养老制度使资金的使用效率提高 3 倍。[①]

居家养老还包括居家临终关怀服务。深圳市从 2007 年 1 月 1 日起试行"临终关怀计划"，所有户籍在该市的临终老人均可获得政府 1000 元的服务额度，用于福利医疗机构购买生活护理和精神慰藉等服务。[②] 这不仅意味着政府职能由计划型向服务型转变，而且体现了政府与社会对老龄人群的伦理关怀。

最后，居家养老服务有着良好的经济发展前景，具有很强的就业容纳力。全国老龄办组织进行的《我国城市居家养老服务研究》表明：我国城市居家养老家政服务和护理服务两项，目前潜在的市场规模已经超过 700 亿元，2010 年将增加到 1300 亿元，到 2020 年将超过 5000 亿元。"十一五"期间大约每年增加 150 亿元，2010—2020 年每年增加约 370 亿元。同时，作为第三产业的居家养老服务可为社会提供大量就业机会。按照就业人员与有需求的老龄人数 1:10 的比例计算，2006 年城市大约需要 180 万服务人员，预计到 2020 年扩大为 650 万人，平均每年增加 30 多万个就

---

① 徐钟：《用最少的钱做最多的事——宁波解决未富先老难题》，《南方周末》2007 年 7 月 19 日。

② 《"临终关怀"的社会意义》，《法制文萃报》2007 年 1 月 15 日。

业岗位。① 此外，居家养老还可以在一定程度上减少国家集中建设大型养老设施的困难，是应对未富先老的可行性选择。

四、多子养老与独子养老：责任分担之差异

传统家庭养老是由多个子女共同分担养老责任，其优点可以从两个方面看。其一，对老龄人来说，如果每个子女都是孝顺的，那么，他们所能获得的养老资源就是每个子女所提供的养老资源的总和。通过生育形成多向养老资源构成传统养老形式下老龄一代的基本养老保障，所谓"多子多福"道理即在此。其二，就子代而言，多人分担养老责任比一人独挑负担要轻、风险要小。个别子女由于经济能力有限或其他原因而不能为父母提供实际养老资源时，其他子女可以担负起养老责任。

自 20 世纪 70 年代末、80 年代初实行计划生育政策以来，我国生育率显著下降。随着第一代独生子女长大成人、相继婚育，"四二一人口结构"成为当前我国一种重要的扩大家庭形式，也是今后较长时期内我国所特有的一种倒金字塔形赡养结构。"四二一人口结构"的形成需要三个条件：三代共存、一对独生子女之间的婚配、第三代也是独生子女。独生子女如何担负养老责任是"四二一人口结构"所面临的主要问题，这涉及多方面的伦理关系。一是养老与抚幼的责任平衡。已婚的两个独生子女是"四二一人口结构"中负担最重的一方，他们既要抚育幼代，又要赡养上一代，包括双方的父母。如何将有限的家庭资源在幼代与老龄一代之间进行合理分配，是实现家庭内代际公正、确保代际关系和谐发展的关键。二是双方父母的养老资源供给平衡问题。双独生子女家庭的养老负担十分沉重。多子养老是"多对一"的关系，而独子养老却是"一对多"的关系。如果双方父母都有足够的退休金或养老储蓄，经济方面就无须负担，主要是精神赡养平衡问题。如果双方父母都没有足够的自养能力，那么，面临的主要问题就是经济资源的供给平衡。当双方父母自养能力不同时，更需要双方协商一致，将有限的家庭养老资源向条件较差一方倾斜。"四二一人口结构"将是未来中国的常态。目前我国农村绝大多数老龄人

① 阎青春：《我国城市居家养老服务研究》，新闻发布稿，http://www.cnca.org.cn/default/iroot1001310000/4028e47d182f303c01183f052d2e02f6.html。

都还没有退休金，也没有医疗保障，"四二一人口结构"的养老资源分配问题将更加突出，矛盾也将更加尖锐。三是四位老龄父母的关系协调问题。祖父母、外祖父母对第三代自然格外疼爱，在第三代的照料上，投入精力的多与少往往成为影响双方关系以及决定其与子代、孙代关系的重要因素。有时，四位老龄父母的关系是否协调直接影响独生子代夫妻双方的关系。尊重、宽容与奉献是"四二一人口结构"下代际伦理关系和谐发展，并实现养老资源最佳组合的基本道德准则。建立、健全基本养老保险与企业补充养老保险和个人储蓄性养老保险相结合的制度是解决"四二一人口结构"下养老问题的根本途径。

第三节　中西方养老伦理差异及其趋同

中西方养老伦理差异主要体现为代际财富流动模式与情感回报模式的不同。在当代中国，代际财富流动是一种"反哺"模式，西方发达国家家庭内部代际财富流动则是一种"接力"模式。从情感回报模式看，西方发达国家体现为一种"有距离的亲密"，我国则体现为一种浓浓的家庭亲情回馈。随着我国社会养老保障制度的逐步完善和居家养老的发展，"反哺式"将与"接力式"趋同，家庭亲情回馈与"有距离的亲密"模式也将融合。

一、"反哺式"与"接力式"：代际财富流动模式的差异

代际财富流动是指上一代与下一代之间物质财富的流转互动，包括家庭内上一代与下一代之间的财富流动，以及整个社会老龄一代与年轻一代之间的财富流动，它体现了上一代对下一代的抚育与下一代对上一代的赡养之间的关系。费孝通先生认为，西方同中国在家庭抚育与赡养模式上的区别表现为"接力"与"反哺"的不同。[①] F1→F2→F3……→Fn是"接力"模式的公式表达；F1←F2←F3……←Fn是"反哺"模式的公式表

---

① 费孝通：《家庭结构变动中的老年赡养问题——再论中国家庭结构的变动》，《北京大学学报》（哲学社会科学版）1983年第3期。

达。父母对子女都有抚育的义务，这是中西方亲子关系的共同点。不同之处在于，"赡养老人在西方并不成为子女必须负担的义务，而在中国却是子女义不容辞的责任。"①"接力"模式表明，在西方家庭内部，只有上一代向下一代的单向财富流动，而没有下一代对上一代的反馈式财富流转，这种财富流动如同接力一般，一代一代向下传递。"反哺"模式则不同，它不仅有上一代对下一代的财富付出，而且存在下一代对上一代的物质回报。抚育与赡养的代际互动体现了上一代与下一代之间双向互动的责任伦理。

（一）"反哺式"

抚育未成年子女是父母的天职，赡养父母是子女的法定义务。乌鸦有反哺之义，羔羊有跪乳之恩。赡养父母也是中国人几千年来固有的道德生活方式。上一代与下一代之间基于抚育与赡养的代际互动的双向责任伦理是中国传统家庭关系得以巩固并代代相续的重要伦理基础。厉以宁认为："社会成员总希望生活渐渐好起来，总希望子女的生活能过得比自己这一代好一些。这就是'生活中的希望'。"② 上一代对下一代的倾心付出受到这种希望的支配，"家长希望子女的生活过得比自己这一代好一些，同家长想从子女那里得到物质上的回报或家长希望子女为家庭作出贡献是两回事，不可混为一谈"③。在当代中国，年轻一代也在努力使自己的父母长辈过上好日子或至少过得比以前好。

国家统计局 1994 年 10 月 1 日进行的人口变动情况抽样调查数据表明，在上海和北京两市（第一类地区）的老龄人口中，以离退休金为主要经济支持的比例接近或超过 50%，分别占两市老龄人口总数的 63.46% 和 49.83%。在天津、辽宁、黑龙江、吉林（第二类地区），以离退休金为主要经济来源的比例约占 1/3，而主要依靠子女或亲属提供经济支持的比例接近或超过 50%。在其他省份（第三类地区），以离退休金为主要经济来源的比例低于 20%，以子女或其他亲属供给为主要经济来源的老龄

① 费孝通：《家庭结构变动中的老年赡养问题——再论中国家庭结构的变动》，《北京大学学报》（哲学社会科学版）1983 年第 3 期。
② 厉以宁：《超越市场与超越政府——论道德力量在经济中的作用》，经济科学出版社1999 年版，第 175 页。
③ 同上。

人口比例超过 50%，大多在 60% 以上，西藏高达 75%。① 从总体上看，在我国老龄人口的主要经济来源中，子女或其他亲属的经济支持居第一位，约 57.1% 的老龄人主要依靠子女或亲属的经济支持与帮助；老龄人自己的劳动收入居第二位，以此为主要经济支持的老龄人约占 25.0%；以离退休金为主要经济来源的占 15.6%，排第三（见表 4.3）。②

表 4.3　　　　　　　　　中国老年人主要生活来源构成

生活来源	2004 年			2000 年			1994 年		
合计	合计	男	女	合计	男	女	合计	男	女
合计	100	100	100	100	100	100	100	100	100
劳动收入	19.3	25.8	13.0	32.99	42.74	23.72	25.0	37.5	13.6
离退休金	31.5	39.3	24.0	19.61	26.66	12.29	15.6	22.5	9.4
子女或其他亲属供给	45.0	31.4	58.2	43.83	27.02	59.81	57.1	37.9	74.7
社会保险或救济	2.0	2.0	2.1	0.03	0.04	0.03	1.2	1.4	1.1
其他	2.1	1.5	2.7	1.76	1.82	1.70	1.1	0.8	1.3

　　2000 年人口普查资料表明，在我国老龄人主要生活来源的排序中，占第一位的仍然是家庭成员的供养，以此为主要经济支持的老人占我国老龄人口总数的 43.83%；排第二位的是老龄人自己的劳动收入，占 32.99%；第三位才是离退休金，占 19.61%。以这三种形式为主要经济来源的老人占全部老龄人口的 96.43%（见表 4.3）。③

　　2004 年人口变动调查结果显示，在我国老龄人口主要生活来源的排序中，占第一位的仍然是子女或其他亲属供给，占老龄人口总数的 45.0%；排在第二位的是离退休金，占 31.5%；第三位为老龄人自己的劳动收入，占 19.3%；以这三项为主要生活来源的老龄人占老龄人口总

　　① 杜鹏、武超：《中国老年人的主要经济来源分析》，《人口研究》1998 年第 4 期。
　　② 国家统计局人口和就业统计司编：《2004 中国人口》，中国统计出版社 2005 年版，第 124 页。
　　③ 国务院人口普查办公室、国家统计局人口和社会科技统计司编：《中国 2000 年人口普查资料》（中册），中国统计出版社 2002 年版，第 1572—1577 页。

数的95.8%（见表4.3）。[①]

　　从上述三次社会调查总体情况看，子女或其他亲属的经济支持一直是我国老龄人口最主要的生活来源，而以离退休金为其主要生活来源的排序已发生变化，由1994年、2000年的第三位上升至2004年的第二位，且所占比例逐步增大。

　　从总体上看，家庭内代际财富流动是目前我国代际财富转移的主要形式，而以子女向父母的"反哺式"代际财富流动较为明显。这反映出目前我国尤其是广大农村仍处于传统的"反哺式"家庭养老状态，表明赡养父母的传统观念已深深根植于中国人心中，孝养父母的传统美德在现代中国得到了长足延续。

　　杨善华、贺常梅通过对1999年9月"北京市老年人需求调查"数据资料分析，认为："北京城区老年人对其下一代的'责任伦理'是确实存在的"，"在养老中表现为大多数老年人都是依靠自己的力量来解决生存必需的经济来源和日常生活照料这两件大事"，"亲代基于'责任伦理'的付出要远远超过子代的'反哺'。"[②] 北京市是我国养老社会化程度最高、人均养老金较高的省市之一，代际财富流动主要是一种社会性代际交换，老龄人经济自立、生活照料自理（必要时自己从社会购买）而不要求子女供养的情况较为普遍，因此，老龄父母对下一代的"责任伦理"较之子代的"反哺"更为明显。但从目前全国范围看，家庭内抚育与赡养的关系则体现为上一代与下一代之间双向互动式责任伦理，而以下一代对上一代的反哺式责任伦理为主流，这在农村尤为突出。

　　社会养老保险是宏观层次的代际财富流动形式。2000年年底，中国老龄研究中心对全国城乡老龄人口抽样调查结果显示，城市老龄人口的养老保险覆盖率达到70%以上，而农村不到4%。[③] 养老金在老龄人口总经济收入中所占比例呈现出城乡间、男女间、不同性质单位之间的较大差异。20

---

　　① 国家统计局人口和就业统计司编：《2004中国人口》，中国统计出版社2005年版，第124页。

　　② 杨善华、贺常梅：《责任伦理与城市居民的家庭养老——以"北京市老年人需求调查"为例》，《北京大学学报》（哲学社会科学版）2004年第1期。

　　③ 《中国人类发展报告2005 追求公平的人类发展》，中国对外翻译出版公司2005年版，第64页。

世纪 80 年代实行计划生育政策以来，我国家庭规模不断缩小，"四二一人口结构"的出现将进一步加剧"未富先老"的养老重负。因此，建立和完善社会养老保障制度是以社会性代际财富转移实现代际公正的必然要求。

（二）"接力式"

西方发达资本主义国家建立了较为完备的社会养老保障制度。从 19 世纪 80 年代开始，西方一些发达国家开始实行社会养老。1889 年，德国颁行《养老、残疾、死亡保险法》，这是世界上首部养老保险法。20 世纪初，西方发达国家兴起了以老龄社会保险为主要内容的社会保障制度。1908 年，英国通过了《养老金法案》。1933 年，国际劳工组织向世界各国提出建议，希望用国际公约的形式制定老龄社会保障制度。美国于 1935 年颁布实施社会保障法案。随后，法国、荷兰、比利时、瑞典等国相继建立了社会养老保障制度。此后，西方社会养老保障事业如雨后春笋般迅速发展。西方发达国家社会养老保障覆盖面广、养老金收入较高，一般老龄人都能依靠养老金和个人储蓄安度晚年。如美国，目前约有 3300 万退休者领取养老金，占 65 岁以上老龄人口的 90%。退休者所获得的总收益水平占该年龄群体收入总额的 38% 左右。其中超过 2/3 的 65 岁以上老龄人口其收入来源的一半来自于社会保障体系，而有 22% 的老龄人退休后完全依靠养老保障及其他社会保障收益。[①] 在英国，政府基本养老金属于缴纳型，具有较强的再分配性质，最终支付给个人的养老金取决于个人在达到国家养老金受益年龄规定之前所完成的缴纳数额。从 2005 年 4 月开始，已按规定完成缴纳义务的英国公民，均可获得每周 82.05 英镑的养老金。若夫妇中有一方具有完整的缴纳记录，则可获得每周最低 127.25 英镑的养老金收益。若夫妻双方均具有完整的缴纳记录，那么，两人可分别获得每周 82.05 英镑的养老金。[②] 瑞士的养老保障属于义务制，即所有瑞士居民和劳动者都必须参加养老保障体系，所有在瑞士居住的个人和企事业单位都要按规定缴纳保费。养老保障、遗嘱保障、伤残保障和补充保障是瑞士的第一保障机制（第一支柱），从 1950 年起，第一支柱就一直保持着较高的覆盖率，占瑞士经济性活跃人口的 82%，至

---

① 于洪编著：《外国养老保障制度》，上海财经大学出版社 2005 年版，第 113 页。

② 同上书，第 47 页。

1998 年该比例上升至 89%。^① 保费征缴按收入比例进行，没有绝对数额上下限，但领取的养老金有上下限之分，退休者每月养老金最低为 1030 瑞士法郎，最高为 2060 法郎；夫妇两人都已退休时，养老金总和不超过上限的 150% 即每月 3090 法郎。这样，低收入退休者有下限作保障，而高收入退休者有上限来封顶。^②

通过社会养老保障制度实现社会财富从下一代向上一代转移，是西方发达国家代际财富流动的基本模式。费孝通先生所指"接力"模式与"反哺"模式的区别主要是针对中西方家庭内部抚育与赡养之间的关系而言，是一种微观层次的代际交换关系，而不是宏观层次的代际交换即整个社会老龄一代与年轻一代之间抚育与赡养的关系。从宏观视角看，西方发达国家年轻一代对老龄一代的赡养正是通过社会性代际财富转移而实现的，家庭内父母对子女的抚育在家庭外以社会财富的代际转移形式得到了补偿，实现了家庭⟵⟶社会的代际均衡互惠，这也是"向下流"的家庭代际责任伦理与"向上流"的社会代际责任伦理的双向互动过程。

二、家庭亲情回馈与"有距离的亲密"：情感回报模式的差异

如果说物质财富的代际流动是代际间物质资源的流转互动，那么，代际情感互动则是一种非物质资源的代际伦理互动，它包含着父母对子代的亲情付出与子代对父母的情感回报。这里主要分析后者。在当代中国，子代对父母的情感回报是一种直接的家庭亲情回馈，它体现为以情感慰藉为主要形式的多样化的精神赡养。在西方发达国家，子代对父母的情感回报是一种"有距离的亲密"，它立足于社区照料与居家养老服务，以专门养老机构的精神慰藉为辅助，以子女对父母的日常照料和情感支持为倡导性伦理责任。

（一）中国式的家庭亲情回馈模式

家庭养老是我国传统的养老形式，子女对父母的情感回馈体现为直接的家庭亲情回馈。《中华人民共和国老年人权益保障法》明确规定，对老龄人的赡养包括经济支持、生活照料与精神慰藉三个方面。广义的情感回

① 于洪编著：《外国养老保障制度》，上海财经大学出版社 2005 年版，第 78 页。
② 同上书，第 72 页。

报包括这三个方面，狭义的情感回报仅指精神慰藉。这里取其广义。将对老龄人的精神慰藉作为子女的法定义务是我国老龄供养体系的一大特点，也是中西方代际情感回馈模式的重要区别。

从国家统计局 1994 年 10 月 1 日进行的人口变动情况抽样调查数据、2000 年中国人口普查资料、2004 年我国人口变动情况调查相关数据（见本节表 4.3）可以看出，子女或其他亲属的经济支持一直是我国老龄人口最主要的生活来源。这充分表明孝养父母的优良传统在现代中国得到了传承，年轻一代对老龄一代的情感回报正是通过家庭内部的"反哺式"物质赡养得到直接体现。

现代社会，精神赡养呈现出多样化特征。它不仅体现为传统的家庭亲情慰藉，而且体现为尊重与保护老龄人各项权利，帮助他们实现自身价值，更体现为整个社会尊老、养老、爱老的良好道德氛围。精神慰藉的核心问题是对老龄人的情感支持与心理需求的满足。费孝通先生认为，在江村家庭结构变动中，"反馈模式基本上是保持的，因为尽管已婚的儿子和父母分家，他对父母经济上的赡养义务并不改变"；但"在精神方面，老年的父母是否能从已婚的儿子方面得到感情生活上的反馈是个比较复杂但又十分重要的问题"[1]。精神赡养具有非量化性，体现在日常生活的细微处，一句嘘寒问暖的话语、一个温馨的电话、一封平安的家书、一张真诚的笑脸都可以使老人倍感幸福，儿孙绕膝是天伦之乐，子女捷报频传更添快乐。在传统家庭形式下，尤其是三代同堂的扩展家庭中，子女对老龄父母的情感回报是面对面的。然而，现代社会生活节奏快、工作压力大，年轻一代往往顾小就难以顾老，特别是随着两代共居的核心家庭与老龄一代独居的空巢家庭增多，精神赡养越来越突破面对面的形式，呈现出间距性特征。

有学者认为："在文化层面上，'精神赡养'是一个孝道能否得到继承的问题；在经济层面上，'精神赡养'是一个养老的时间成本、机会成本和心理成本如何控制在子女能够承受的范围里的事。"[2] 家庭结构小型化、养老间接成本上升是造成现代社会精神赡养危机的主要原因。据中国

---

① 费孝通：《家庭结构变动中的老年赡养问题——再论中国家庭结构的变动》，《北京大学学报》（哲学社会科学版）1983 年第 3 期。

② 穆光宗：《老龄人口的精神赡养问题》，《中国人民大学学报》2004 年第 4 期。

老龄工作委员会提供的信息，1999 年我国空巢老人家庭占有老人家庭的
25.8%。这类家庭在北京、上海、广州、天津的比例分别为 34%、
34.8%、30%、36.5%。① 近 10 年来，空巢老人家庭明显增加。截至
2006 年 6 月 1 日，全国城市老龄人空巢家庭（包括独居）的比例已经达
到 49.7%，其中地级以上大中城市老龄人的空巢家庭（包括独居）比例
更高达 56.1%，且我国老龄人空巢比例将不可逆转地持续增长。②

　　那么，空巢老人精神生活状况如何？"中国婚姻家庭研究五城市调
查"结果显示，上海老龄人中，子女与老人不交谈的占 23%，较少交谈
的占 41%，经常交谈的仅占 36%。③ 江苏省社会科学院会同南京市有关
部门对空巢老人的精神生活做了一次问卷调查，发现：80% 的老人感到孤
寂，40% 的老人觉得子女陪同时间太少，15% 的老人抱怨子女平时很少来
探望；打麻将、看电视成为空巢老人打发时光、满足精神需求的无奈手
段。④ 当然，空巢家庭并非都面临精神赡养危机，老龄人与子女共居也不
一定就能完全解决这个问题。家庭是人们情感交流的最佳场所，是代际关
系的血缘纽带，家庭内部的血亲精神支持是其他社会支持所不能替代的。
不论世间沧桑巨变，家庭内抚育与"反哺"的双向情感交流未曾间断，
这已成为几千年来中国人固有的道德生活方式，也是中国社会长期稳固的
家庭伦理基石。一首"常回家看看"表达了父母对亲情的渴望，打动了
千万游子的心。2002 年 4—6 月，上海市妇联组织的《家庭思想道德状况
调查》结果表明，城市多数老龄人赞成与子女分居，但希望子女能经常
回来看望、照料的占 55.4%。⑤ 当子女不能完全满足老龄人的精神慰藉需
求时，他们大多表示理解和宽容，不会因此责备子女不孝顺，而只是希望
子女提供一个家庭养老的亲情环境。

　　老龄人的精神需求存在较大的个体差异性，精神慰藉方式也各异，但

　　① 王树新：《社会变革与代际关系研究》，首都经济贸易大学出版社 2004 年版，第 101 页。

　　② 阎青春：《我国城市居家养老服务研究》，新闻发布稿，http://www.cnca.org.cn/de-
fault/iroot1001310000/4028e47d182f303c01183f052d2e02f6.html。

　　③ 张桂宝：《关注老年人的精神赡养》，《家庭医学》2000 年第 6 期。

　　④ 舒雨等：《道德盲点》，内蒙古人民出版社 2004 年版，第 263—264 页。

　　⑤ 王树新：《社会变革与代际关系研究》，首都经济贸易大学出版社 2004 年版，第 109 页。

从总体上看，"两面多维"的精神支持是精神赡养的一般形式①。它是以微观层面的家庭精神慰藉与宏观层面的社会伦理关怀为实践领域，由亲情满足、人格尊重、成就安心、代际公正、权益保障、自我价值实现以及善终为具体内容所构成的老龄伦理关怀网络。

弗洛姆曾说："动物只要满足了生理需要——饥饿、干渴与性的需要，它就满意了。人既然也是动物，也必然有这些需要，也同样必须得到满足。但是，他既然是人，只满足本能需要并不能使他完全快乐；这些满足甚至不足以使它健全。对人的精力作最细致的考察分析的着眼点，应是人的独特状况；对人的精神的理解，应建立在分析人类需要的基础之上，而这些需要又来源于他的生存状况。"② 以情感需要为主要内容的精神需求能否得到满足是衡量人们生活质量的重要参数，满足老龄人的精神需要、提高其精神生活质量是和谐社会的发展目标之一。邬沧萍认为："提高老年人生活质量，不能仅满足于把老年人'养起来'，而要着眼于提高他们的身心健康水平、丰富他们的精神文化生活和强调老年人社会参与；并且赋予老年人享有在国内外公认的人权准则和平等享有各种机会包括'独立、照顾、参与、尊严、自我实现'原则并有一个能得以实现的支持体系。"③ 这里突出强调的是宏观层面的精神赡养即整个社会对老龄人的伦理关怀。《维也纳国际老龄行动计划》序言写道："生活素质的重要性并不亚于长寿，因此应当尽可能地让老年人能够在自己的家庭和社会，享受一种被珍视为社会整体一部分的充实、健康、有保障和令人心满意足的生活。"④ 以家庭亲情回报为起点，在全社会形成尊老、养老、爱老的道德氛围是提高老龄人口生活质量的重要保证。

---

① 穆光宗认为，精神赡养包括三个维度与两个层面：三个维度指人格尊重、成就安心、情感慰藉；两个层面，即在宏观上，年轻人要尊重、礼让和关心老人；在微观上，儿女和孙辈能够对老年父母敬重孝顺（参见穆光宗《老龄人口的精神赡养问题》，《中国人民大学学报》2004年第4期）。我在此将三维拓展为多维，包括亲情满足、人格尊重、成就安心、代际公正、权益保障、自我价值实现以及善终等诸多方面，而两维则指微观层面的家庭精神慰藉与宏观层面的社会伦理关怀。

② [美] E. 弗洛姆著，孙恺详译：《健全的社会》，贵州人民出版社1994年版，第20页。

③ 邬沧萍：《提高对老年人生活质量的科学认识》，《人口研究》2003年第5期。

④ 全国老龄工作委员会办公室、中国老龄协会编：《第二次老龄问题世界大会暨亚太地区后续行动会议文件选编》，第309页。

综上所述，在当代中国，代际情感回报一方面以家庭内部子女对父母的"反哺"式物质赡养得到直接体现；另一方面，精神慰藉是传统养老方式下子代对老龄一代的亲情回报的主要形式。然而，家庭结构小型化与老龄空巢现象的加剧使这种传统的、面对面的家庭亲情回馈模式遭到了前所未有的挑战。随着居家养老的发展，我国正在形成以家庭精神慰藉为基点，以社区助老服务与养老机构的替代性精神支持为补充，以社会老龄伦理关怀为宏观目标的情感回报辐射网（见图4.1）。

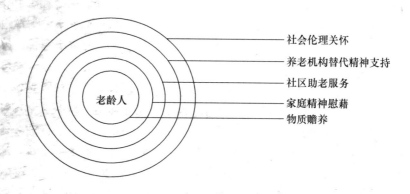

社会伦理关怀
养老机构替代精神支持
社区助老服务
家庭精神慰藉
物质赡养

老龄人

图4.1 我国代际情感回报模式示意图

（二）西方"有距离的亲密"模式

西方发达国家社会养老保障制度较为完善，老龄人一般都能依靠退休金与个人储蓄实现经济自立，子女没有赡养父母的法定义务，这使我们常常认为西方家庭内部也不存在子女对父母的情感支持与照料支持，或者认为即使有这些方面的支持，也是极其脆弱的。其实这是一种误解。费孝通先生指出："尽管不存在法律上的赡养义务，西方子女对父母在感情上和在经济的资助上还是存在着千丝万缕的联系。旧巢里天伦余热，温而不熄还是常态。"① 穆光宗认为："西方虽然少见家庭养老模式，但家庭养老的支持实际上是普遍存在的。""西方文化并没有丢弃家

---

① 费孝通：《家庭结构变动中的老年赡养问题——再论中国家庭结构的变动》，《北京大学学报》（哲学社会科学版）1983年第3期。

庭养老的文化精神。"① 从宏观视角看，西方发达国家年轻一代对老龄一代的赡养正是通过社会养老保障这种社会性代际财富转移形式得到实现，家庭内父母对子女的抚育在家庭外通过社会财富的代际转移得到补偿，这是西方发达国家代际财富流动的基本模式，它决定了代际情感回报的间接性。

有资料表明，1991 年意大利 70 岁及以上丧偶男性中有 35.1% 是与子女合住的，70 岁及以上丧偶女性中有 36.4% 与子女合住。1990 年匈牙利 70 岁及以上的丧偶男性中有 29.8% 是与子女合住的，而 70 岁及以上丧偶女性中有 30.8% 与子女合住；有配偶的 70 岁以上男女与子女合住的比例分别为 21.8%、20.7%。② 南欧一带的老龄人也倾向于与子女合住。英国有 15%、美国有 23.9%、法国超过 32% 的高龄组（80 岁及以上）妇女与子女生活在一起③。与子女合住可以排遣孤独并获得子女的生活照料，这是丧偶及高龄老人愿意选择与子女合住的一个重要原因。随着人口老龄化和高龄化的加剧，20 世纪后半叶以来，西方发达国家老龄人独居比例呈上升趋势，但对老龄父母的照料仍被视为子女的一项重要家庭责任。如意大利人认为"照顾老龄父母是孩子的责任，并且坚信子女一生中能做的最好的事情就是帮助老龄父母。"在一项调查中，认为"照顾老龄父母是孩子的责任"者占被调查总人数的 93%，认为"子女一生中能做的最好的事情就是帮助老年父母"者占 94%。"当年迈的父母生病或遇到困难时，子女和其他亲属要给予物质上的帮助。""即使子女已为人父母、与自己的孩子生活在一起，照顾老龄父母仍然是他们的责任。"在一项调查中，坚持这种观点者占被调查总人数的 74%。④ 随着人口老龄化加剧与生育率下降，"意大利的家庭在规模、功能及内部角色承担上已经发生变化，但是，父母—子女之间的代际联结在意大利人的生活中却是一个牢固

---

① 穆光宗：《家庭养老制度的传统与变革》，华龄出版社 2002 年版，第 378—379 页。

② 同上书，第 379 页表 8.10。

③ 同上书，第 384 页表 8.11。

④ Rossella Palomba："Italy: the Invisible Change", in Hein Moors and Rossella Palomba（ed.），*Population, Family and Welfare: A Comparative Survey of European Attitudes.* Vol. 1. Oxford: Clarendon Press, 1995: 173.

的参考基点。"① 彼得·汤塞（Peter Townsend）认为："如果我们要了解老龄化的许多过程和问题，那么老龄人就必须作为家庭成员来研究（这里的家庭通常是指三代同堂的扩展家庭）；进一步地，如果这是确实的，那么那些关心健康和社会管理的人们，就必须在每一个阶段都自觉地将老龄人看作是家庭团体不可分割的组成部分，家庭不仅仅是一个居住单位"②。"空巢"虽是西方家庭的常态，但这并不表明子女对父母情感支持与日常照料的必然空缺。这种老少分开居住而情感慰藉与日常照料不离的代际交往就是"有距离的亲密"模式③。

不可否认，西方发达国家养老社会化程度较高，老龄人在专门养老机构中可以获得令人满意的各类照料。然而，当今西方发达国家老人日常照料越来越倾向于更富人文关怀的社区服务与居家照料。法国自 20 世纪 60 年代以来，有关老龄人的社会政策由以往的福利机构关怀转变为以社会综合关怀为基础的新目标，居家照顾成为首选。联邦德国 1984 年社会援助行动法案认定，社区照顾应优先于福利机构关怀。④ 荷兰于 20 世纪 60 年代后期开始，老龄政策向居家养老的社区照料倾斜。⑤ 英国的居家照料服务发展迅速而广泛，家庭照料在老人日常照料中仍占主导地位，且是全方位的。⑥ 20 世纪 50 年代后期，英国政府开始提倡社区照顾；80 年代早期，政策的重点转向社区服务，即依靠无偿工作的护理人员——通常是服务对象的女性亲属为需要帮助的老人提供照料服务。⑦ 在美国，老龄关怀服务主要是通过诸如老龄保健医疗制度和医疗补助制度等医疗代理机构和基金会来实施，而

---

① Rossella Palomba："Italy: the Invisible Change", in Hein Moors and Rossella Palomba（ed.），*Population, Family and Welfare: A Comparative Survey of European Attitudes.* Vol. 1. Oxford: Clarendon Press，1995：168.

② 转引自穆光宗《家庭养老制度的传统与变革》，华龄出版社 2002 年版，第 380 页。

③ 同上书，第 381 页。

④ ［英］苏珊·特斯特著，周向虹、张小明译：《老年人社区照顾的跨国比较》，中国社会出版社 2002 年版，第 22—23 页。

⑤ 同上书，第 25 页。

⑥ Chris Phillipson："Family Care of the Elderly in Great Britain", in Jordan I Kosberg（ed.），*Family Care of the Elderly: Social and Cultural Changes.* Sage Publication Inc.，1992：261–262. 转引自穆光宗《家庭养老制度的传统与变革》，华龄出版社 2002 年版，第 382 页。

⑦ ［英］苏珊·特斯特著，周向虹、张小明译：《老年人社区照顾的跨国比较》，中国社会出版社 2002 年版，第 26 页。

不是由社会公共机构提供。各州都有服务形式各异的社区照顾政策，家庭关怀也是政府所倡导的服务形式。① 这些国家对社区照顾及居家养老服务的政策导向说明，西方发达国家的老龄政策正在向社会化服务与人文关怀结合的方向发展，目的是使老龄人在家里获得更多、更直接的精神慰藉与社会伦理关怀，这也可以在一定程度上减轻政府的制度性福利开支压力。

　　我们可以得到结论：西方发达国家子女对父母的情感回报是存在的，从物质层面看，它通过社会养老保障制度以社会财富的代际转移得到间接体现；从精神层面看，它立足于社区照料与居家养老服务，以专门养老机构的精神慰藉为辅助，以子女对父母的日常照料与情感支持为倡导性伦理责任，是一种"有距离的亲密"模式②，如图 4.2 所示。

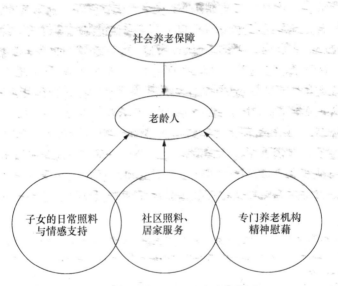

图 4.2　西方"有距离的亲密"模式

三、两种模式的趋同

　　在西方发达国家，不论是物质资源代际交换的"接力"模式，还是

---

① ［英］苏珊·特斯特著，周向虹、张小明译：《老年人社区照顾的跨国比较》，中国社会出版社 2002 年版，第 27 页。

② 穆光宗：《家庭养老制度的传统与变革》，华龄出版社 2002 年版，第 381 页。

非物质资源代际流动的"有距离的亲密"模式，都是以比较完善的社会养老保障制度作为基础的。在当代中国，物质资源代际交换的"反哺"性与非物质资源代际流动所体现的"家庭亲情回馈"模式，则是建立在以家庭养老为主要养老形式的基础上的。我国应借鉴西方发达国家的社会化养老制度，探拓一种以社会养老保障为主要经济支持、以家庭亲情回馈为主导性精神赡养、以社会伦理关怀为道德辐射网的综合性老龄供养体系。居家养老是一种适合我国国情的家庭══社会双向互动养老伦理模式。

　　家庭结构趋向小型化、老人空巢家庭增加是目前中国人口与家庭发展的基本态势。1982 年我国平均每个家庭人口数为 4.4 人，2005 年为 3.13 人，23 年间家庭平均人口减少了 1.27 人，下降幅度高达 28.86%。城市家庭结构小型化更加明显，且这种趋势仍在延续。① 同时，农村青壮年劳力外出打工导致农村家庭空巢化与隔代共居现象增加。上述情况使传统的家庭日常照料功能大大弱化，老龄一代可以直接享受的亲情资源也在减少。在这种情况下，部分老人选择进养老院养老。这的确可以在一定程度上解决生活不能完全自理的老人的照料问题，但其亲情慰藉与心理需求并不能得到有效满足。吴振云等对 441 例年龄在 55—106 岁集中养老者和 1010 例年龄在 55—96 岁北京市城区居家养老者的问卷调查结果表明，集中养老组老人的性格、情绪、适应性、人际关系、认知五项心理健康指标的均分及总分都明显低于居家养老组。造成二者明显差异的主要原因在于集中养老者离开了家庭，难以与子女进行及时的情感交流与心理沟通，即使有子女定期探望，也比不过在家儿孙绕膝的天伦之乐；加上有的养老机构精神文化活动不够丰富，老龄人容易产生孤寂、抑郁、焦虑感，影响身体健康。②

　　居家养老好处很多。对老龄人及其家庭来说，居家养老比进专门机构养老费用要少得多（参见第四章第二节"三、家庭养老与居家养老：养

_____

　　① 阎青春：《我国城市居家养老服务研究》新闻发布稿，http：//www. cnca. org. cn/default/iroot1001310000/4028e47d182f303c01183f052d2e02f6. html。

　　② 吴振云、李娟、许淑莲：《不同养老方式下老年人心理健康状况的比较研究》，《中国老年学杂志》2003 年第 11 期。

老形式之差异"中相关数据）。丁华、徐永德随机抽取了涵盖北京市 10 个区的 33 家社会办养老院，对 386 位老人进行了调查，结果显示：57.8% 的老人认为自己的退休金或储蓄"不够"或"勉强够"支付机构养老的费用与日常开支（他们中绝大多数人月收入在 1500 元以下）。还有 17.4% 的老人根本没有退休金，其入住费用大部分靠个人储蓄或子女负担。[①] 居家养老可以节省 50%—80% 的养护费。更为重要的是，居家养老符合我国以孝道为根基的传统伦理道德与文化习俗。家庭、家业是老人一生心血的结晶，家庭所具有的安全感、亲情感与归属感是其他社会化服务所无法给予的。居家养老服务作为第三产业可以为社会创造很多的就业机会，同时能够产生良好的经济效益与社会效益。2006 年全国老龄办组织进行的《我国城市居家养老服务研究》显示，85% 以上的老龄人有享受居家养老服务的意愿，而选择住养老院等养老机构养老的仅为 6%—8%。[②] 从上可见，居家养老是今后我国养老改革的一条行之有效的途径。大连、宁波、上海、北京等地开展的居家养老服务已初见成效。

健全社会养老保障制度，提高养老金待遇，使之成为我国老龄人口的主要经济来源，是实现居家养老的物质基础。在真正意义上的居家养老模式中，代际财富流动已由家庭内部上一代与下一代之间抚育与"反哺"的双向财富流动转变为社会性代际财富转移。因此，"反哺式"将与"接力式"趋同。

在居家养老模式中，家庭成为一个开放的养老载体。老龄人通过与社区服务站或专门的养老机构签订相关协议，在不离开自己所熟悉的家庭生活环境的条件下，在需要帮助时能及时得到各种日常照料、医疗护理、心理咨询服务等，同时在子女亲情慰藉缺位时，又能感受来自社区与社会的一份替代亲情。可以预计，随着居家养老的发展，中国式的代际情感回报模式已主要不再是传统的、面对面式的家庭亲情回馈，而是逐渐与西方"有距离的亲密"模式趋同。

[①]　丁华、徐永德：《北京市社会办养老院入住老人生活状况及满意度调查分析》，《北京社会科学》2007 年第 3 期。

[②]　阎青春：《我国城市居家养老服务研究》新闻发布稿，http：//www. cnca. org. cn/default/iroot1001310000/4028e47d182f303c01183f052d2e02f6. html。

第五章 偶合论:再婚伦理

双栖双飞、白头偕老是每对恩爱夫妻的心愿,然而,由于男女两性平均预期寿命不同,老龄丧偶成为不可避免的人生之路与婚姻结局。我国已进入老龄社会,老龄丧偶群体成为不可忽视的特殊社会群体。心灵孤寂、情感脆弱是丧偶者的常态。再婚无疑是走出丧偶阴霾的一条途径。虽然再婚之路障碍重重、个中滋味一言难尽,但越来越多的丧偶老人冲破障碍,重塑爱情。代际婚姻与非婚同居是两种具有较大争议的社会现象。代际婚姻应遵循相应的伦理规则。老龄非婚同居潜伏着种种风险,须慎涉。

第一节 老龄丧偶群体及其再婚的伦理价值

随着我国老龄人口绝对数量的增加,老龄丧偶者规模也在扩大,越来越多的丧偶老人冲破重重阻碍,选择再婚。老龄再婚虽没有年轻人火样的激情,却也为绚丽多彩的婚姻市场增添了一道别样的晚景。

一、老龄社会的老龄丧偶群体

目前,中国人均预期寿命已经超过 71.4 岁。60 岁老龄人的平均预期余寿是 18.4 岁,其中 60 岁以上男性老人的平均预期余寿为 17 年,女性为 20 年。男女预期寿命的不同在客观上形成了老龄丧偶群体,这也是造成男女老龄人口丧偶率差异的主要原因。第五次全国人口普查资料显示,2000 年我国老龄人口丧偶率为 30.36%。[①] 北京市婚姻家庭研究会报告中的一组数据显示,北京男性老人有配偶的占 76.83%,而老龄妇女有配偶

---

① 徐勤:《第五次全国人口普查中有关老年人口主要数据》,http: engine. cqvip. com/cnlineread。

率为 51.86%。① 可见，我国已形成一个为数不少的老龄丧偶群体，他们因失去朝夕相处的伴侣而遭受心灵痛苦，而且部分老人随着配偶离世而失去了养老的经济依靠、陷入生活困境，这不能不引起社会的高度关注。每个人都要走向老龄，每个圆满的家庭都要由他/她经受丧偶之痛。因此，对老龄再婚的研究实际上也是对年轻一代未来婚姻生活的伦理思考。

丧偶对老龄人来说是一种巨大的精神打击，会给他们带来一系列心理不适，如果不能进行适当的心理调适，可能会引发一些疾病，影响身心健康。首先，老人丧偶后，心灵孤寂是一般人难以想象的。马全祥、塘萍通过两年多的采访调查，记录了许多丧偶老人寂寞难耐、度日如年的生活。有的老人每夜守着钟表的滴答声盼天明；有的十天半月没人说话，只好楼上楼下地敲门求人与自己聊一聊；有的把猫狗等宠物当"亲人"，同吃同睡。有些老人的子女并非不孝顺，吃、穿、住都替老人想到了，但因忙于工作和照顾下一代，少有时间陪伴老人。由于长期没有人说话交流，有些丧偶老人变得沉默寡言、精神抑郁，个别甚至患上老年痴呆症。我们经常在公园里、马路边看到一些老人落寞无奈、郁郁寡欢的神情。其次，丧偶后老龄人死亡的危险性增大。国外专家研究发现，老龄人丧偶后 2—3 年内死亡危险最大，是同龄未丧偶者的 2.76 倍。66—70 岁的女性丧偶后的死亡率是同龄未丧偶者的 2.16 倍。②

要走出丧偶的阴霾，最主要的是进行自我调整，明白丧偶是老龄阶段无法回避的婚姻结局，适应由配偶角色到单身角色的转换。此外，再婚也是走出情感荒漠、重启幸福生活风帆的一种选择。

俗话说，"少是夫妻老是伴"，"满堂儿女，不如半路夫妻"。许多丧偶老人通过再婚，找到了失去的精神依托，重新焕发生命朝气。北京市统计局 1999 年 11 月进行的北京市老龄人抽样调查结果显示，一半以上的老龄人对老龄再婚持肯定态度，53.9% 的北京市 60 岁以上老龄人赞成老人再婚，29.1% 表示反对，另有 17.0% 说不清（见表 5.1）。③

---

① 马全祥、塘萍：《银发爱情　当代中国老人情感调查实录》，华龄出版社 2005 年版，第 54 页。
② 同上书，第 99 页。
③ 杜鹏、殷波：《两代人对老年人再婚态度的实证分析》，《人口研究》2004 年第 4 期。

表 5.1 老龄人对再婚的态度

年龄组（岁）	赞同（%）	不赞同（%）	说不清（%）	合计	人数
60—64	64.3	20.8	14.9	100.0	1537
65—69	57.4	26.1	16.5	100.0	1296
70—74	46.0	35.6	18.5	100.0	883
75—79	39.4	42.0	18.5	100.0	502
80—84	39.6	40.1	20.3	100.0	182
85 以上	23.0	50.0	27.0	100.0	126
合计	53.9	29.1	17.0	100.0	4526

　　该调查还显示，老龄人对再婚的态度存在明显的城乡差异。城市老龄人比农村老龄人更赞成老人再婚，受教育程度越高越赞成，有配偶老人比丧偶老人更支持再婚。[①] 据天津市有关部门调查，丧偶男性老人再婚需求高达 77.8%，女性为 22.2%，其中 50 岁左右的女性和 70 岁左右的男性有再婚愿望的最多。[②] 随着再婚成为越来越多丧偶老人的自主选择，它已不只是老龄人的个人私事，而成为事关每个人晚年幸福的社会大事。

二、老龄再婚的伦理价值

　　爱情不是年轻人的专利，老龄人同样渴望爱的春天。对于老龄再婚，我们要全面地分析其社会伦理价值，既不能盲目提倡，也不能一概否定。老龄再婚的社会伦理价值一般集中体现在情感归依、经济扶助和性爱满足三个方面。

　　（一）情感归依价值

　　婚姻是人生幸福的重要参数，美满的婚姻是高质量生活的必要条件。有老伴朝夕相处是人生最大的幸福。美国俄亥俄州大学对 7000 名居民进行了长达九年的追踪研究，结果发现，夫妻长期不和及孤独易使人衰老。日本的一项调查证实，孤独生活的男性少活 12 年，女性少活 5 年。夫妻恩爱、

---

　　① 杜鹏、殷波：《两代人对老年人再婚态度的实证分析》，《人口研究》2004 年第 4 期。
　　② 马全祥、塘萍：《银发爱情 当代中国老人情感调查实录》，华龄出版社 2005 年版，第 54 页。

相伴永远是健康长寿的公开秘诀。丧偶使夫妻情感之链断裂、配偶角色中断，丧偶老人犹如断线的风筝，寂寥落寞、情感无所归依。伟人也不例外。马克思在燕妮去世后，在给左尔格的信中写道："最近这场病之后，我已是双重残废了：精神上是由于失去了我的妻子，生理上是由于病后胸膜硬结和支气管应激性增强。"[①] 专家研究发现，丧偶后感到生活了无趣味、希望了此残生者超过 1/3。[②] 美国对 100 多名 65 岁以上丧偶老人为期 10 年的追踪调查结果表明，再婚老人心情舒畅，疾病减少，衰老延缓，其中 33 名再婚老人中仅有 3 名因慢性病死亡；而未再婚者往往情绪低落、郁郁寡欢，发病率与死亡率都明显高于再婚老人，27 名鳏寡老人中竟有 14 名得重病死亡。[③] 云南大理州某地老龄人协会对 20 对再婚老人心理状况进行的问卷调查结果显示，认为婚后健康状况比婚前好的占 90%。[④]

再婚就是重寻生活的另一半，找到携手走完余生的伴侣。婚姻是一种情感的经营，年轻人的爱情火热奔放，中年人的爱情执著沉稳，老龄人的爱情醇香坚毅。青年婚姻重在"磨合"，中年婚姻重在"保鲜"，老龄婚姻重在"扶伴"。再婚虽不能解决所有情绪焦虑与情感失落问题，但是通过理性再婚，可以在一定程度上缓解丧偶之痛，重新找到情感归依，为幸福度过余生建立相依相伴的情感平衡支点。

（二）经济扶助价值

男女预期寿命的不同导致了老龄丧偶者中女性多于男性。2000 年全国人口普查资料显示，我国老龄人口丧偶率为 30.36%，其中女性丧偶率为 41.68%，男性丧偶率仅为 18.45%，前者明显高于后者。[⑤] 同时，从总体上看，我国老龄女性比老龄男性经济收入低、经济依赖性大。北京大学等五所高校对北京市、上海市、吉林省、辽宁省、湖北省进行的老龄人口抽样调查结果表明，男性老龄人口经济来源主要依靠养老金等社会保障收入与个人劳动收入的分别占 49.38% 和 27.58%，依靠家庭供养的仅占

---

① 《马克思恩格斯全集》第 35 卷，人民出版社 1971 年版，第 239 页。

② 马全祥、塘萍：《银发爱情 当代中国老人情感调查实录》，华龄出版社 2005 年版，第 99 页。

③ 同上书，第 100 页。

④ 杨镇涛：《对老年人再婚问题的社会调查》，《中原精神医学学刊》2001 年第 3 期。

⑤ 徐勤：《第五次全国人口普查中有关老年人口主要数据》，http://engine.cqvip.com/on-lineread。

20.93%，而老龄妇女养老经济来源主要依靠家庭提供的占 60.12%，依靠社会提供与本人劳动收入的分别占 27.75% 和 9.68%。① 第五次全国人口普查数据显示，全国 60 岁以上未在业人口中，家庭成员供养和退休金是第一、二位主要收入来源，分别占 65.40% 和 29.27%。而未在业女性老龄人口中，家庭成员供养占 80.07%，退休金占 12.5%，依靠基本生活费补贴的占 2.71%。未在业男性老龄人口中，家庭成员供养占 62.97%，退休金占 24.17%，基本生活费补贴占 4.14%。② 从总体情况看，经济上的脆弱性是我国老龄女性的共同特点，她们比老龄男性更多地依靠家庭成员供养，其中配偶的经济收入是主要养老经济来源之一，丧偶必然使相当一部分老龄女性失去养老经济依靠。通过合理再婚、经济"搭伴"，可以在一定程度上减轻丧偶老人尤其是丧偶老龄女性养老经济支持力不足的困难。

然而，再婚市场的婚姻梯度不同于初婚市场。经济条件是老龄男性的主要婚姻资源，年龄大成为男性再婚的劣势影响比女性要小得多。年龄、身体状况与外貌对女性而言比男性显得更为重要。由于有多年的经济积累、身体也比较硬朗，有相当一部分老龄男性择偶标准不减当年，他们往往偏向于找年龄比自己小的女性。这样，老龄丧偶女性在婚姻市场上处于不利地位，可供她们选择的对象十分有限。处于可再婚状态的男性改变传统的择偶标准，将目光投向身体条件较好、与自己年龄差距不大甚至比自己大的女性，也许是激活再婚市场、减少婚姻挤压的关键。

（三）性爱满足价值

人至老龄，不论男女，各种器官功能都会出现生理性衰退，性器官功能也不例外，但这并不一定导致性无能，也不表明老龄人没有性需求。有专家认为，妇女整个一生获得性欢快的能力只有轻度下降。③ 美国社会学家戴维·L. 德克尔曾引用两则笑话提醒人们重新审视关于老龄性无能的看法。一个老头与一位年轻姑娘结婚，一星期后，老头带着微笑死了，承

---

① 马金：《浅析我国丧偶老人再婚问题》，《南方人口》1998 年第 1 期。

② 国务院人口普查办公室、国家统计局人口和社会科技统计司编：《中国 2000 年人口普查资料》（中册），中国统计出版社 2002 年版，第 1573、1575、1577 页。

③ ［美］N. R. 霍曼、H. A. 基亚克著，冯韵文、屠敏珠译：《社会老年学——多学科展望》，社会科学文献出版社 1992 年版，第 113 页。

办殡葬者花了三天时间才把老人脸上的笑容消去。另一则是：一个年轻的男强盗搜一个老龄妇女的身，没找到钱，正要息手时，老妇大叫："不要住手——我给你写张支票！"① 两则笑话表明老龄人仍有较高的性兴趣与较强的性能力。

美国于 1971 年对 261 名男子、241 名妇女的调查发现，在 61—71 岁的老龄人中，有性兴趣的男性占老龄男子总数的 90%，妇女占 50%；丹麦于 1976 年对 6200 名 80—90 岁的男性进行调查，发现有性兴趣者占 50%；日本 1975 年调查了 500 名老龄人，有性兴趣者，男性占 92%，女性占 50%。我国有人对城市老龄人调查的结果与上述结果大体相似，发现 60—70 岁的老龄人中有性兴趣的，男性占 87%，女性占 48%。②

通过再婚，可以在一定程度上满足性生理需要。当然，性爱具有多样性，性生活并不是性爱的唯一方式，轻轻的一吻、温柔的爱抚、俏皮的挑逗、深情的拥抱、会心的一笑都是爱的表达。人会老，爱情却永远年轻。再次点燃爱的火种，与心爱的人携手走进金色的夕阳中，那里晚霞烂漫、爱意绵绵。

第二节　老龄再婚现状、障碍及其社会伦理援助

关于我国老龄再婚现状，尚缺少全国性的调查数据，我们只能从一些零散的社会调查资料对老龄再婚现状及其障碍作出大体分析，并据此提出老龄再婚的社会伦理援助对策。

一、老龄再婚现状

我国老龄再婚呈现出三大特点：

（一）具有再婚意愿的老龄人呈增加趋势

随着婚姻市场的逐步开放，"从一而终"、坚守"晚节"的传统婚姻观念对老龄人的束缚正在减小。武汉大学人口研究所对湖北省 1986 年 12

---

① ［美］戴维·L. 德克尔著，沈健译：《老年社会学——老年发展进程概论》，天津人民出版社 1986 年版，第 126—127 页。

② 《老年人需要相伴还是爱情》，《科技文萃》1995 年第 9 期。

月 31 日以前年满 60 岁的老龄人口进行的 1% 综合调查结果显示，丧偶男性老人不想再婚的占 79.9%，希望再婚的仅占 8.9%，无所谓的占 11.2%；丧偶女性不想再婚者占 90.9%，希望再婚者仅占 2.8%，无所谓者占 6.3%。① 虽然没有近年来湖北省老龄丧偶人口再婚意愿的直接调查数据进行对比分析，但其他相关调查资料为我们分析老人再婚意愿的变化提供了间接比照参数。北京市统计局 1999 年 11 月进行的北京市老龄人抽样调查数据表明，北京市 60 岁以上老龄人中赞成老人再婚的占 53.9%，反对的占 29.1%，另有 17.0% 说不清。分性别看，男性老人赞成老人再婚的比例高于女性老人。男性有 60% 赞成，女性为 48%；不赞同老人再婚的男性为 24%，女性为 34%。② 一项全国调查显示，我国 60 岁以上无配偶老龄人口中，有再婚意愿的达 37.6%。③ 所以，赞成老人再婚的老龄人以及有再婚意愿的丧偶老人均呈增加趋势。这与"从一而终"传统婚姻观念的淡化、人们对婚姻自由的追求以及老龄人口生活质量评价指标由客观物质生活条件向主观幸福感受的转变密切相关。

（二）老龄再婚率低

第五次全国人口普查主要数据显示，2000 年我国 60 岁及以上人口为 12998 万人，其中丧偶老人占老龄人口总数的 30.36%，约为 3946 万人④，这是一个庞大的老龄群体。然而，据估计，每年再婚老人不超过老龄人口总数的 0.2%。⑤ 在北京一家婚介所注册的老年会员中，女性数量是男性的 6 倍以上，其中老龄再婚的比例不超过 7%，而这在老龄婚介所中已属于成功率较高的了。⑥ 天津市 2001 年 55 岁以上再婚老人只有 500 对，大部分为 55—65 岁的低龄老人。天津市雀仙桥婚介所共登记有 3000 名无偶

---

① 马金：《浅析我国丧偶老人再婚问题》，《南方人口》1998 年第 1 期。

② 杜鹏、殷波：《两代人对老年人再婚态度的实证分析》，《人口研究》2004 年第 4 期。

③ 马全祥、塘萍：《银发爱情　当代中国老人情感调查实录》，华龄出版社 2005 年版，第 83 页。

④ 徐勤：《第五次全国人口普查中有关老年人口主要数据》，http：//engine.cqvip.com/onlineread。

⑤ 陈晓明：《老年人再婚难在哪》，《长寿》2002 年第 6 期。

⑥ 马全祥、塘萍：《银发爱情　当代中国老人情感调查实录》，华龄出版社 2005 年版，第 74 页。

者，其中老龄人不到 100 人。① 福州市象园街 2003 年 3 月统计资料显示，在辖区的 28508 人中，60 岁以上老人 4067 人，其中丧偶老人 1194 人，再婚老人 37 人，男性 29 人、女性 8 人。我国有近 1/3 的老龄人属于可再婚人口，然而由于种种原因未能再婚，城市老人再婚率仅为 2.59%。②

（三）老龄再婚离婚率高

再婚是创造幸福晚年生活的重要途径，部分丧偶老人通过再婚获得了爱的第二次生命。但老龄再婚家庭存在的风险也是很大的，它比初婚家庭和中青年再婚家庭更脆弱、更易破裂。2000 年北京市西城区法院共审结离婚案件近 2000 起，其中老人离婚案有 300 多起。在全部老人离婚案件中，再婚老人离婚案件占九成多。③ 天津市的一组调查数据显示，天津老人再婚离婚率高达 70%。上海市静安区法院调查发现，上海老人再婚离婚率为 50%。哈尔滨市的一项统计资料表明，老人再婚后离婚率超过 40%。浙江省老年学会在杭州等地的抽样调查结果显示，目前 60 岁以上的丧偶老人占 19.43%，离婚老人占 0.57%，未婚占 0.45%，再婚占 7.05%，而在再婚老人中，至少有 1/3 因为各种原因而离婚。一项全国性调查显示，60 岁以上老龄人口中，再婚后离婚率高达 70%—80%。④ 低再婚率与高离婚率是老龄再婚的两大显著特点。

二、老龄再婚的三大障碍

老龄婚姻市场男女人数的高度不对称以及男性择偶低龄化的传统倾向是导致老龄再婚率低以及丧偶老龄女性再婚率明显低于丧偶男性的主要原因。此外，传统观念的束缚、择偶功利心理以及子女阻挠也是影响老龄再婚的重要因素。

（一）传统观念束缚

对中青年人再婚，人们一般持赞同态度，觉得这是很正常的事。而对老龄再婚，虽然人们越来越持宽容态度，而在实际生活中却难以获得社会

① 陈晓明：《老年人再婚难在哪》，《长寿》2002 年第 6 期。
② 徐若兰：《老年再婚的社会学思考》，《社会福利》2003 年第 8 期。
③ 金一虹：《再婚与再婚家庭研究》，《学海》2002 年第 2 期。
④ 马全祥、塘萍：《银发爱情 当代中国老人情感调查实录》，华龄出版社 2005 年版，第 82—83 页。

的普遍认同，"从一而终"的传统观念仍然禁锢着一些人的头脑，部分单身老人自身也受其束缚，这在农村尤为明显。"老不正经"、"老风骚"、"老流氓"、"人老心花"等刺耳言辞，邻居的白眼、唾沫以及像避瘟神似地对再婚老人的回避，不但使老人难以忍受，子女也蒙受大辱。北京市统计局1999年11月进行的北京市老龄人抽样调查结果显示，50%的老人认为再婚阻力在于自身受传统观念的束缚，33%的老人认为再婚阻力来自子女反对，7%的老人认为是房屋、财产等实际问题阻碍再婚，另有10%的人选择其他答案。与此同时，47.9%的中青年人认为传统观念是老龄再婚的阻力，32.3%的中青年人认为是子女的反对。可见，关于老龄再婚的阻力，老龄人与中青年人的看法是非常一致的：主要阻力是传统观念对老龄人的束缚；其次是子女反对。另外，此次调查 Logistic 回归统计结果表明，城市老龄人比农村老龄人更赞成老人再婚，城市老龄人发生比是农村老龄人的1.26倍；城市中青年人也比农村中青年人更赞成老人再婚，前者发生比是后者的3.22倍。[①] 这个结果与多种因素相关，城市老龄人、中青年人比农村老龄人和中青年人更敢于冲破传统观念束缚是其中的一个重要原因。

（二）择偶功利心理

功利心理是老龄再婚的一大绊脚石。经历了婚姻的风风雨雨，许多老人变得非常现实，对再婚持明显的功利心态。有的老翁想找年轻、漂亮又能干的后老伴，既感觉脸上有光、"拿得出手"，又能侍候自己；有的老妪则要找有房子、票子、车子的阔老头。不以感情为基础、不从自身条件出发，很难找到意中人；即使再婚，这种资源交换型婚姻也难以持久。"年轻一些、漂亮一些，最好比我小10多岁，会跳舞但不能太活跃。""年龄在50岁左右，家庭成员简单，只有一个子女。"这是马全祥、塘萍在调查中发现的70岁左右老人的征婚要求，现在提出这样要求的老人越来越多。[②] 好高骛远使本来就小的择偶圈子更小了。一位退休女工在老伴病逝后不久经人介绍结识了一位离休老干部，当时她看到对方有三居室独

---

① 杜鹏、殷波：《两代人对老年人再婚态度的实证分析》，《人口研究》2004年第4期。

② 马全祥、塘萍：《银发爱情 当代中国老人情感调查实录》，华龄出版社2005年版，第77页。

居、离休费每月有近 3000 元，挺满意，认识三个月后便结婚。婚后不久，她希望新老伴替她还为原老伴治病欠下的 10 多万元债，新老伴表示既无能力、也无义务替她还这笔钱，两人因此而分手。婚姻动机不纯、急功近利是老龄再婚离婚率居高不下的重要原因。

（三）子女阻挠

子女阻挠是老龄再婚的又一障碍，也是导致部分老人再婚后离异的一个导火线。初婚主要是两个人的事，再婚背后却跟着双方的子女一大帮子人，所涉关系要复杂得多。从理论上说，现在的子女对老龄再婚越来越持宽容、赞同态度。北京市统计局 1999 年 11 月进行的北京市老龄人抽样调查结果表明，北京市中青年人对老龄再婚比老龄人更为开放，赞同比例更高。在被调查的 15—59 岁人口中，对老龄再婚表示赞同的占 67.3%，不赞同的为 14.9%。① 云南大理州某地老龄人协会对 20 对再婚老人及 50 名亲属进行的问卷调查结果表明，82% 的亲属对老人再婚表示赞成，54% 对老人再婚后的生活表示满意。②

然而，一旦牵涉到家庭财产问题，一些子女就对父/母再婚加以干涉，因为他们不希望自己由于父/母再婚而失去应得的财产。最近一份对单身老人的问卷调查显示，有 40% 的离异者对曾有的再婚生活不满意。关于"单身老年人再婚，最担心的是什么"这个问题，15% 的老人回答担心子女反对，43% 的人担心财产纠纷，21% 的人担心赡养纠纷。③ 老龄再婚涉及与子女关系的重新定位、与对方子女关系的协调，最敏感的是房屋、存款等财产问题。由于部分丧偶老人与子女共居，再婚后新老伴的到来使居住空间变小了，家庭关系复杂化，很多子女就是因为害怕父（母）再婚后，后爸（妈）与自己争抢住房、争夺财产继承权而对之横加干涉。此外，认为父（母）再婚是对生母或生父的背叛，从感情上难以接受或觉得无脸见人，或担心继父母年老、生病时需要给予一定的物质支持与日常照料，也是部分子女反对、阻挠老人再婚的深层心理原因。个别子女因为不赞成老人再婚而放弃应尽的赡养义务，更使一些丧偶老人对再婚望而却步。

---

① 杜鹏、殷波：《两代人对老年人再婚态度的实证分析》，《人口研究》2004 年第 4 期。

② 杨镇涛：《对老年人再婚问题的社会调查》，《中原精神医学学刊》2001 年第 3 期。

③ 景权：《影响老年人再婚质量的原因》，《老年人》2005 年第 5 期。

三、老龄再婚的社会伦理援助

我们并不提倡所有的丧偶老人都再婚，事实上也不可能做到，但作为子女、作为社会的年轻一代应该理解丧偶老人的心理需求，帮助他们顺利度过人生的艰难时期。对老龄人来说，既要改变"从一而终"的传统观念，又要从自身实际情况出发，审慎择偶、宁缺勿滥。同时，要建立和完善老龄再婚的社会伦理援助制度，切实维护老龄再婚权及其他相关权益。

我国《婚姻法》第三十条规定：子女应当尊重父母的婚姻权利，不得干涉父母再婚以及婚后的生活。子女对父母的赡养义务，不因父母的婚姻关系变化而终止。《老年人权益保障法》第十八条规定：老年人的婚姻自由受法律保护；子女或其他亲属不得干涉老年人离婚、再婚及婚后的生活；赡养人的赡养义务不因老年人的婚姻关系变化而消除。第四十七条规定：暴力干涉老年人婚姻自由或者对老年人负有赡养义务、抚养义务而拒绝赡养、抚养，情节严重构成犯罪的，依法追究刑事责任。当再婚权及其他相关权益受到侵害时，老龄人要拿起法律武器，依法保护自己的合法权益。

在全社会形成敬老、养老、爱老的良好道德氛围，并把这种风尚的养成落实到每个家庭、具体到每一件事，是保障老龄人再婚权利的根本途径。老人再婚要尽可能获得子女及亲属的支持，如果确实因为房屋、财产等实际问题而遭到子女反对，除了尽量做好他们的工作外，还可求助于政府相关部门、子女单位及社区。实在无法与子女达成一致意见时，可暂缓再婚。做子女的也要尊重老龄人的婚姻自主权。相互理解、相互尊重，多一点牺牲、多一分宽容，把爱留给长辈，他们毕竟已至老龄，享受幸福的时日不多，而年轻人的好日子还在后头。各级政府部门、相关单位、社区要通过各种方式帮助老龄人协调好与亲子女、继子女的关系，减少财产纠纷与赡养纠纷，为老人再婚创造适宜条件。

第三节　代际婚姻与非婚同居的伦理分析

老龄再婚是老龄人的一项基本权利，其合法性已无可置疑。然而，我们不能因其合法而对之加以泛化。代际婚姻与非婚同居是老龄再婚中两种具有较大争议的社会现象。代际婚姻应遵循一定的伦理规则，否则就会变成爱情游戏。老龄非婚同居潜伏着诸多风险，须慎涉。

一、代际婚姻的伦理规则

所谓代际婚姻是指一方为老龄人、另一方为中年人或青年人的婚姻组合方式，双方年龄差距一般在 20 岁以上。年龄的巨大反差是代际婚姻引人关注的焦点。年龄与辈分存在着一定的关联，20 岁以上年龄差的婚姻一般是"父—女婚"甚至是"祖—孙婚"。合法的代际婚姻本无可厚非，人们对之另眼相看的一个主要原因恐怕就在于二者由于年龄差而产生的"辈分差异"。代际婚姻具有以下特点：

第一，资源互补是代际婚姻产生和维系的重要条件。代际婚姻有相当一部分为丧偶再婚，年长方一般为男性，他们或者具有较好的经济条件、养老资源，或者有较高的学识与社会声望，甚至是名人。女方则常常具有年龄优势、身体较好，她们或者缺乏足够的养老经济支持，或因丧偶、离婚而渴求情感慰藉，或者十分仰慕对方的人品与才识。男性希望通过再婚解决日常生活照料、心灵孤寂、性生活需要等问题；很多女性则希望通过婚姻获得养老经济资源，或得到父辈似的亲情关怀，或实现对师长、名人的爱慕之情。因此，资源互补是代际婚姻的主要特点，爱情居其次。

第二，亲情与关爱是代际婚姻的情感依托。婚姻是男女双方以爱情为基础的一种灵与肉的结合，爱情是男女彼此间以相互倾慕为基础的关系。"性爱、理想、责任是组成爱情系统的三个基本要素，它们分别担负着爱情系统中的不同功能。"[①] 性爱是爱情产生的生理基础。休谟说："两性的爱最值得我们注意……这种感情在它的最自然的状态下是由三种不同的印象或情感的结合而发生的，这三种情感就是：1. 由美貌发生的愉快感觉；2. 肉体上的生殖欲望；3. 浓厚的好感或善意。"[②] 美貌、性欲、好感作为爱情产生的生理与心理基础，不因年龄而改变，只不过年轻人的感受力比老龄人更强而已。恩格斯说："不言而喻，体态的美丽、亲密的交往、融洽的旨趣等等，曾经引起异性间的性交的欲望，因此，同谁发生这种最亲

---

① 曾钊新：《道德与心理》，湖北教育出版社 1989 年版，第 267 页。
② ［英］休谟著，关文运译：《人性论》下册，商务印书馆 1983 年版，第 432 页。

密的关系，无论对男子还是对女子都不是完全无关紧要的。但是这距离现代的性爱还很远很远。"[1] 性生活虽不是性爱的唯一形式，却是主要形式，性爱是夫妻恩爱、婚姻幸福的天然养料。虽然老龄人仍保持着不同程度的性欲，但性能力显然不比当年。由于代际婚姻一方已至老龄，另一方正处于中、青年时期，两者在性欲及性能力方面存在显著差异，因此，性爱很难成为代际婚姻的现实基础，有相当一部分代际婚姻的解体就是由于夫妻性生活不协调所致。

代际婚姻赖以依托的感情更多地体现为一种长辈对晚辈的亲情和晚辈对长辈的关爱，它与对称婚姻（即夫妻双方年龄相仿的婚姻）最大的不同就体现在此。在对称婚姻中，男女双方各自充当丈夫或妻子的角色，承担对等的义务。而在代际婚姻中，男方（一般为年长一方）除担当丈夫的角色外，还充当着父亲的角色，将少妻视为女儿加以疼爱。而妻子对丈夫的感情更多地体现为晚辈对长辈的细心照顾与体贴关怀。有位丧夫的中年女性在与一位比她大 30 岁的老师结婚后，感到很满意，因为他们是师生关系，在他面前，她很任性，而丈夫很宽容，这使她倍感温暖和安全。在某种意义上，代际婚姻是老夫对少妻的大度、宽容与少妻对老夫的任性、关爱之间的和谐变奏。

第三，责任是代际婚姻的伦理基石。责任贯穿于所有的婚姻家庭中，代际婚姻的长久维持更需要以责任作为伦理基石。责任是男女双方对婚姻所应承担的道德义务，它以良心为标尺，以信任为试金石，以忠贞不贰的情感付出为砝码，是道德情感与道德行为的高度统一。有一对再婚夫妻结婚已十年，丈夫觉得余日不多了，于是背着妻子私下将房屋产权者改为自己的儿子。妻子知道后很伤心，不久，他们离婚了。曾有一位年轻女子离异后无住房，得知一名丧偶老干部比较有钱，还有两处住房，于是对他发起攻势，不到半年便结婚。婚后，她让他将两处住房买下，作为夫妻共同财产，之后由于性格不和、女方故意挑刺而离婚，女方顺理成章地得到一处住房。大量事实表明：老龄再婚需三思而行，代际婚姻要以责任为本。

代际婚姻的上述特点决定着具有婚姻意向或已成为夫妻的男女双方要遵循以下伦理规则：

---

[1]　《马克思恩格斯选集》第四卷，人民出版社 1972 年版，第 72 页。

第一，不拿青春当筹码，不以资源待价沽。资源互补是形成代际婚姻的客观因素，它是优势互补、资源共享，目的是互利互赢，实现双方的共同幸福，而不是将青春、美貌、健康的身体或优厚的养老资源、社会地位、才学与声威等作为待价而沽的筹码，或作为婚姻资本居以自傲。以青春为筹码，那是灵肉交易；以资源为砝码，那是婚姻买卖；以资源而自傲，只会使资源贬值。

第二，婚姻自主，责任至重。婚姻自主是指择偶自由、结婚自由、离婚自由，不受他人干涉。代际婚姻是一种比较特殊的婚姻形式，合法的代际婚姻不容侵害与歧视。选择婚姻，也就选择了婚姻的责任。"广种薄收"、多角恋爱是爱情游戏。露水夫妻、保姆加情人不是婚姻自主，而是对自己的放纵、对弱势一方的欺凌。婚姻是男女双方关于共同生活的一种契约，双方既有权利，也有相应的责任。责任是维系婚姻、形成家庭凝聚力的核心要素。烂漫的时日不会永驻，安稳的日子酝酿着恒久的幸福。对对方漠不关心是对责任的背弃；喜新厌旧是对责任的践踏。

第三，折中和处，互谅互让。由于代际婚姻很多为再婚，其中有一方甚至双方都是过来人，性格、习惯、爱好、生活方式等已定型、很难改变，在柴米油盐的日常生活中，少不了这样那样的磕碰。双方折中和处、相互谦让，才能化解矛盾。针尖对麦芒只会激化矛盾，纠葛多了，将会使原本基础不太牢固的婚姻出现裂痕。代际婚姻中的年长一方一般为丈夫，他们往往具有物质资源优势，加上年龄大，有时显得很倔，甚至有些大男子主义；而少妻则难免有些任性、放肆。这些都是婚姻的定时炸弹，如不及时排险，很可能造成难以收拾的残局。相聚都是缘，付出就是情。婚姻不是 $1+1=2$ 的等式，而是付出与收获的动态方程。身为丈夫、长者，要少一些大男子主义，对少妻多一些亲情与爱抚；作为妻子，要少一些任性，对丈夫多一些体贴与关爱。尤其是在对待对方的子女和财产问题上，双方要以诚相待、互谅互让，多一些奉献、少一份自私。付出的亲情与关爱越多，收获的幸福之果越多、越甜。

二、非婚同居的风险

非婚同居是指符合法定结婚条件的男女在未办理结婚登记手续的情况下，在一定时期内公开居住在一起、共同生活的事实状态。未婚同居是时下一些年轻男女的时尚，近年来，其影响也波及到了老龄婚姻市场。2000年12月10日《北京青年报》指出，老龄人选择同居在北京已不是个别现象。《羊城晚报》2002年7月9日报道：广州星寿大厦1500多位老人中，丧偶者为70%，其中同意"找个老伴"的约占30%，在这部分老龄人中，约85%选择同居。《中国法制网》2003年4月25日一篇题为"老人再婚难与设立同居制度"的文章提到老龄人与青年人对老龄同居的看法的一项社会调查：在被调查的100名老人中，50%赞成同居，10%认为应该登记结婚，10%认为无所谓，20%表示反对。在被调查的青年人中，有80%认为老龄人可以同居不必结婚，10%认为无所谓，10%既反对同居也反对老龄再婚。[①]《深圳新闻晨报》2003年12月24日刊有题为"都市高龄同居者：不做夫妻做情人"的报道。非婚同居似乎已成为老龄婚姻的一种时尚，然而时尚背后潜伏着种种风险，老龄人须审慎选择，而不要盲目趋赶潮流。

老龄非婚同居大致有两种情况：其一，它是老龄再婚无法实现时的一种无奈选择。一些丧偶老人的子女反对其再婚，并以难以入耳的言辞及种种行为加以阻挠，或出于社会舆论的压力与传统观念的束缚，部分老人只能无奈地选择同居。其二，为避免日后性格不和、财产纠纷等导致离婚，双方自愿同居。

老龄非婚同居一般出于三个目的。一是为了寻求精神慰藉，找个伴说说话。二是日常生活照顾的需要。很多男性平时基本上不操持家务，丧偶后日常生活陷入混乱，同居是为了找个老伴料理日常生活、生病时有人照料。三是经济扶助、"搭伴养老"。

对于老龄非婚同居，既有赞成者，也有反对者。社会学专家李高源对"搭伴养老"问题进行的网上调查显示：70%的人对此表示赞成；15%的人不赞成；另有15%的人表示不关心。[②]赞成者大多是基于好合好散的考虑。其实，老龄非婚同居未必能好合好散，相反，潜伏着一定风险。其

---

① 中国法制网，第二观点（论坛）：《老人再婚难与设立同居制度》，http://www.law-china.com，2003-04-25。

② 马全祥、塘萍：《银发爱情　当代中国老人情感调查实录》，华龄出版社2005年版，第72页。

一，个别另有所谋者以同居为掩护，伺机行骗，直到把对方的钱财耗尽或行骗到手便销声匿迹，受害方人财两空，心灵受到极大伤害。其二，由于没有法定婚姻责任维系，双方往往缺少积极磨合、相互迁让的态度，同居关系难以持久。一位年近70岁的丧偶老工程师与一位60岁的丧偶妇女同居后，出双入对，爬山、跳舞、垂钓，让不少同辈羡慕。半年后，老头不幸中风住院，"老伴"便不辞而别。不论是老龄再婚还是非婚同居，可以同甘、不能共苦，似乎已成通例。其三，一方去世后，另一方的权益无法得到有效的法律保护。结婚登记是获得婚姻权利、履行婚姻义务的法定依据。我国《婚姻法》不承认非婚同居，同居双方自行约定的权责关系不受法律保护。老龄非婚同居者中，年龄较小一方通常是女性，她们一般身体较好、善于料理家务，但有相当一部分女性没有稳定的经济收入，非婚同居主要是为了"搭伴养老"。有学者认为，"搭伴养老"是一种准婚姻模式与养老模式，除了情感慰藉之外，"更多的目的在于男女老人彼此养老资源的共享与交换。在实际生活中，主要表现为男性老人的经济养老资源与女性老人的生活照料资源的共享与交换"①。这很符合当前我国老龄再婚与非婚同居现状。女方平时给予男方很多照料，甚至在其生病住院期间还要承担一定的照护工作。然而，一旦"丈夫"去世，她们往往难以被对方子女接纳，更难以名正言顺地获得相关财产，再次陷入老无所伴、老无所养的困境。因此，非婚同居、"搭伴养老"受损最大的一般是女性。其四，非婚同居所遭受的社会舆论与心理压力并不比登记结婚少。由于非婚同居不具有合法性、不受法律保护，在世俗眼光中，它比老龄再婚受指为"老不正经"、"老来花"的可能性更大，老龄人本身因不能理直气壮地生活在一起而要承受更大的精神压力。

在再婚无法实现、非婚同居又非最佳选择的情况下，丧偶者需要对单身生活进行调适。第一，要增强自我精神慰藉能力。丧偶是人生的必经阶段，丧偶老人要自强、自立，扩大社会交往范围，积极参加各种有益身心的活动，缩短悲痛期，尽快走出阴影，开始新的生活，切忌匆忙寻找一个新老伴来取代原来的她或他。第二，建立健全社会养老保障制度，尤其要

---

① 谭琳、徐勤、朱秀杰：《"搭伴养老"：我国城市老年同居现象的社会性别分析》，《学海》2004年第1期。

关注老龄女性养老问题，减少她们因缺乏养老经济支持而不得不采取的"搭伴养老"行为。同时，加强老龄社会支持工作，特别要救助因"搭伴养老"一方去世而再次陷入经济困境的老人。第三，进一步加强《老年人权益保障法》、《婚姻法》、《继承法》、《妇女权益保障法》等法律法规的宣传普及工作，切实维护老龄人的再婚权、赡养权、继承权等合法权益。老龄人自身更要增强法律意识，提高依法维权能力。第四，建立以家庭孝道建设为基点，以老龄人自立、自强为主导，以社区助老服务为补充的社会伦理支持系统，在全社会形成尊老、养老、爱老的良好道德氛围。

第六章　善终论：丧葬伦理

死亡是不可阻挡的，生命是时间之神赐予人类的宝贵礼物，死亡也是它给予众生的唯一终局。荀子曰："生，人之始也；死，人之终也；始终俱善，人道毕矣。"① 善终不只是善待生命的终了阶段，而且是由对死亡的深刻领悟而真实地把握生命整体过程的伦理实践。

一个人从幼儿、少年至青年、中年，最后迈入老年，每个阶段的发展都使生命的时钟一步步接近死亡，老龄人比其他年龄阶段的人更多地与死亡相连。消解死亡焦虑是提高死亡品质从而提升整体生命质量的心理基础。如何对老龄临终者实施伦理关怀是一个具有重要现实意义的社会伦理课题。死者虽全然不知身后之事，丧葬却是与死亡不可分割而具有深刻伦理意涵的一个古老而常新的话题。

第一节　死亡焦虑及其消解

生死相依。婴儿出生的啼哭与人死时送葬的哀号虽极不协调，却构成了首尾呼应的人生。面对终死的必然，世人常常发出无奈的叹息。美国儿童教育专家发现，幼儿虽然可能在与小伙伴的交流中提及"死亡"，但尚未真正产生死亡焦虑，"死亡"对他们来说既神秘又恐惧。十岁左右的孩子才理解"死亡是永恒的"即人死不能复活的道理。青年时期是奋发拼搏的时期，极少想到死亡。死亡焦虑大多始于中年时期，老龄阶段真正进入死亡焦虑期。

死亡焦虑是人们由于想到或面临死亡而产生的恐惧、不安、怅惘及揪

---

① 《荀子·礼论》。

心之痛等心理反应。它是人们的一种心理常态，更是很多临终老人的情绪反应。只有消解死亡焦虑，才能提高生死品质，进而实现个体生命的善终。

一、死亡焦虑及其原因

明确死亡焦虑产生的原因，才能有针对性地采取措施加以调适，并消解之。罗灿辉等人对 200 例住院临终患者所作的心理需求调查显示，40%以上的患者对死亡来临充满恐惧，害怕死亡，情绪焦虑、烦躁悲观。[1] 张庆国、曹志勇对济南市 23 家老年公寓 78 位老龄人所进行的临终关怀需求抽样调查中，关于"临终时的困扰"这个问题，41.0%的老龄人回答"死亡会痛苦"，20.5%的老人担心"亲友哀伤"，选择"不再有经历"、"家人的责任"的分别占 12.8%、10.3%，四项之和为 84.6%。[2] 上述两例调查表明，死亡焦虑是老龄人尤其是老龄临终者的普遍心态，也是他们对抗死亡的本能心理反应。

天津医学院临终关怀研究中心于 1988 年 8 月至 1991 年 12 月，先后以上海市、天津市部分城镇居民、河北承德市郊头沟乡农村居民、天津市与河北省献县张庄天主教徒、天津市与唐山市在校大学生共 4250 人为调查对象，进行了问卷调查，证实了死亡焦虑的存在及其主要原因。关于"面临死亡最关心的事情是什么"，回答结果如表 6.1 所示。[3]

调查结果显示，"对家人的责任未完成"、"不能再有任何经历"、"我的亲友会哀伤"是人们面临死亡最关心的三大事情。其中，城市居民组与农村居民组选择"对家人的责任未完成"的比例最高，大学生组作此选择的比例在其所选项中居第二位。可见，人伦责任未竟的遗憾构成中国人死亡焦虑的一个重要原因[4]。城市教徒组与农村教徒组分别选择"不知

① 罗灿辉、谢啸平、冯梅、姜冬九、陶新陆：《200 例住院临终患者的心理特征与护理需求》，《中华医院管理杂志》1997 年第 12 期。
② 张庆国、曹志勇：《老龄人临终关怀的现状与需求——以济南市为个案的调查报告》，《新余高专学报》2003 年第 4 期。
③ 崔以泰、黄天中：《临终关怀学 理论与实践》，中国医药科技出版社 1992 年版，第 202—223 页。
④ 郑晓江：《论死亡焦虑及其消解方式》，《南昌大学学报》（人文社会科学版）2001 年第 2 期。

表 6.1   "面临死亡最关心的事情是什么"

组别	不能再有任何经历	怕死后不知道变成何样	不知死后会发生何事	对家人的责任未完成	我的亲友会哀伤	所有计划都得结束	死亡过程可能很痛苦	其他
城市居民组	366	176	206	493	231	296	471	82
	15.93%	7.66%	8.97%	21.46%	10.06%	12.89%	18.15%	3.57%
农村居民组	34	17	19	76	17	26	17	5
	16.11%	8.06%	9%	36.02%	8.06%	12.32%	8.06%	2.37%
城市教徒组	20	2	88	66	77	16	4	13
	6.9%	0.69%	30.45%	22.8%	26.64%	5.54%	1.38%	4.50%
农村教徒组	9	275	40	10	30			
	2.25%	68.75%	10.0%	2.50%	7.75%			
大学生组	249	21	94	207	146	167	90	54
	23.65%	1.99%	8.92%	19.66%	13.87%	15.86%	8.55%	5.13%

死后会发生何事"、"怕死后不知道变成何样"的比例最高,对死后事情的无知也是一般人产生死亡焦虑的主要原因之一,信教者由于相信来世或天国,对死后世界与死后事情更为关注。"不能再有任何经历"在大学生组中选择比例最高,而在农村居民组与城市居民组中分别居第二、第三位。

从上述调查可知,死亡焦虑分为两个层面:一是内在焦虑,包括因不可救治的疾病对长寿期盼的粉碎而产生的绝望与恼怒、对死亡过程将要经历的痛苦的害怕、对死后事情无法知晓的惶恐、不能再有任何经历与体验而产生的失落等。二是外在焦虑,主要是对家人的责任未竟的遗憾、对子女前程的担忧、无法再帮助子女的揪心之痛以及担心亲友哀伤等。

二、死亡焦虑的消解

消解死亡焦虑是提高死亡品质从而提升整体生命质量的重要途径,死亡焦虑的消解可从内外两个层面进行。

死亡焦虑的内释。认识生死的自然本质、以向死而生的实践伦理精神把握现实人生是缓解死亡焦虑的内在伦理机制。生死乃自然之道,明白此道理才能树立起对生死的达观。道家"齐生死、顺自然"、与道为一的思想，佛教死而后生、死而永生的超越死亡观，儒家向死而生、死而不朽的生活态度对于现代人死亡焦虑之消解具有一定的启发意义。

由生入死是人生的变奏。庄子曰："方生方死，方死方生。"① 这既是对人生无常的无奈叹息，也蕴涵着生死之间的转化。"生也死之徒，死也生之始"②，"死生为昼夜"。③ 人之生死如同昼夜交替、草木开谢，乃自然之道。"人之生，气之聚也。聚则为生，散则为死。"④ 生命是由气构成的，人之生死就是气之聚散，这是一种朴素唯物主义的生死观。"生也死之徒，死也生之始，孰知其纪！"⑤ 生与死如影随形，生是死的起始，死是生的终结。"人生天地之间，若白驹之过隙，忽然而已。注然勃然，莫不出焉；油然寥然，莫不入焉。已化而生，又化而死，……乃大归乎！"⑥ 人生于天地之间，由生机勃勃到寂寥消顿，匆匆如白驹过隙。生命短暂诚可贵，死为大归不足惜，体现了古代道家生死两忘、与道为一的逍遥心境与洒脱情怀。"夫大块载我以形，劳我以生，佚我以老，息我以死。故善吾生者，乃所以善吾死也。"⑦ 意思是，自然给我形体以承载我的生命，用生来使我辛劳，用老来使我清闲，用死来使我安息。生是艰辛的，以死来求得人生的解脱，未免太可悲，而死确为永久的安息、永恒的自由，是对自然本真的回归，所以善待生，也要善待死。庄子十分欣赏那种"不知悦生，不知恶死"、"不忘其所始，不求其所终。受而喜之，忘而复之"⑧ 的"真人"境界。他认为，人应该服从天地"造化"的安排，既不贪生，也不畏死；否则，就像一块在炉中受炼的铁，偏要蹦出来成为一把宝剑一样，铁匠会将它视为不祥之物。同样，"造化"让我们生时，就要快活地生；"造化"让我们死时，就坦然去死；企求永生不死有违于自

① 《庄子·齐物论》。
② 《庄子·知北游》。
③ 《庄子·至乐》。
④ 《庄子·知北游》。
⑤ 同上。
⑥ 同上。
⑦ 《庄子·大宗师》。
⑧ 同上。

然之道，同样会被视为不祥之人。可见，道家对死亡的体悟是以混沌之心融入由生到死的自然运化过程，任由造化安排，"安时而处顺"①，"不以心损道，不以人助天"②，实现生死一如的本真之性。由此，才有庄子妻死、鼓盆而歌的洒脱与凄美。

道家生死两忘、视死如归的洒脱心境也感染了孔子。《庄子·大宗师》载有"孟孙才，其母死，哭泣无涕，中心不戚，居丧不哀"的故事，颜回对此感到惊奇，于是请教孔子。孔子曰："夫孟孙氏尽之矣，进于知矣，唯简之而不得，夫已有所简矣。孟孙氏不知所以生，不知所以死。不知就先。不知就后。若化为物，以待其所不知之化已乎。"③ 孔子认为，孟孙才对死的态度不同于世俗之人，世俗之人将生死对立、分割，因死而烦恐、悲哀。孟孙才超越方内之域，以本真素朴之心遨游于生死之间，在生死一如境遇中随顺自然的变化，与万物契合无间，"同则无好也，化则无常也"④，不以生喜、不以死悲，因为他已把生死一如作为人的本质接受下来。子桑户、孟子反、子琴张三人是好友，一天，子桑户死了，孔子让子贡去帮忙料理丧事。到那里后，子贡大吃一惊：孟子反与子琴张一人在编曲、一人在鼓琴，高兴地唱着歌，庆贺子桑户"反其真"，慨叹自己"犹为人猗"⑤。子贡问他们，临尸而歌，合乎礼节吗？两人相视而笑。子贡回去把此事告诉了孔子，孔子曰："彼游方之外者也，而丘游方之内者也，外内不相及，而丘使汝往吊之，丘则陋矣！彼方且与造物者为人，而游乎天地之一气。彼以生为附赘县疣，以死为决疣溃痈。夫若然者，又恶知死生先后之所在！"⑥ 方外之人与造物为伴，逍遥于天地之间，以生为附赘，视死为脓疮溃破、痛苦的解脱，哪有什么生死之分！他们"忘其肝胆，遗其耳目；反复始终，不知端倪"⑦。五脏犹忘，何物足识？未始有识，故能放任于变化之途，玄同于反复之波，而不知始终之所极也。看

---

① 《庄子·大宗师》。
② 同上。
③ 同上。
④ 同上。
⑤ 同上。
⑥ 同上。
⑦ 同上。

来，方外之人所以能"外其形骸，临尸而歌，颜色不变"①，关键在于领悟了生死之间的变数，将生与死同作为本真的自我存在，而不是以生拒死、贪生怕死而沉沦混迹于世俗之中。孔子深为生死两忘之心境所折服，以致愿像鱼那样相忘于江湖，做一个"相忘乎道术"的"游方之外者"②。

道家学派是重生而非轻生的，"齐生死"并非对生命漠然处之，也并非将生等同于死，或悲观厌世、静候死亡的到来，而是由对生命真谛的体认、对死亡的终极必然性的感悟而生发的一种坦然心态，是以死之必然警示世人要珍生，也是得道后所达到的一种精神自由境界。老子云："不失其所者久，死而不亡者寿。"③ 他认为，不论活多大岁数都不能算长寿，而只有那些身殁而道犹存、死而不朽者，才可称寿。道家生死自然、与道为一、得道者死而不朽的观点对于我们尤其是老龄人来说，不失为化解生死之结、消解死亡焦虑的一剂心方。

再看佛教的超越死亡观对个体死亡焦虑的消解意义。在佛教看来，人生苦短，世俗之人面对死亡充满无奈与恐惧。因肉身无法抗拒死亡而无奈，因死亡过程的未知性而惶恐不安。没有人能够死而复活，这就决定了死亡过程的未知性与神秘性并存。佛教认为，人之"生"是由"四大"（地、水、火、风）和合与"五蕴"（色、受、想、行、识）聚合而成④。构成生命机体的四大要素和谐共生时，生命就处于生长期、康旺期；而当四大物质要素失衡时，人的生命机能则出现紊乱，各种疾病就会袭来，以至死亡。"五蕴"所包含的色、受、想、行、识实际上是五种行为及其衡变、互生，五者皆因缘合聚、相续不断地生灭，由此构成生命的律动。人的生命活动就是"四大"、"五蕴"由和谐共生到失衡、对立以至崩解的运动，人的生、老、病、死就是这样的自然过程，正所谓"命终无常，死丧散尽，寿尽破坏，命根闭塞，是名为死"⑤。这种透悟生死的佛法智

---

① 《庄子·大宗师》。

② 同上。

③ 《道德经》第三十三章。

④ 参见郑晓江《宗教之生死智慧与人类的灵性关怀》，《南京师范大学文学院学报》2005年第4期。

⑤ 《中阿含经》。

慧无疑有助于人们化解生死之结、坦然面对死亡。净土宗印光大师曾说："死之一字，原是假名，以宿生所感一期之报尽，故舍此身躯，复受别种身躯耳。"① 就是说，肉体死亡之时即是另一轮生命新生之始。佛教借此把人引向死而后生、死而永生的超越境界，且主张只有超越肉体生命的有限性，个体才能在死亡中走向精神生命的无限与永恒。一个人如果达到了这种境界，面对终死之必然，还有什么放不下、还有什么恐惧呢?! 那么，如何达此境界? 佛教主张的基本知行方法是：了悟人生即是苦海，通过艰苦"修道"而寂灭一切烦恼、圆满一切"清净功德"，也就是通过彻悟佛法真谛而实现"涅槃"。了悟→修道→涅槃是出家人修行成佛的一般过程。对于世俗之人来说，解悟人之生、死才是最为重要和实际的，这就是"把实在的死亡超越转换成心理超越"②。具体来说，死亡的心理超越由"实"与"虚"两个方面构成。所谓"实"，是指从唯实的层面充分了解人的生死本质，把握生命运动的自然规律。所谓"虚"，就是把死亡看成是世间烦恼和人生痛苦的解脱，并树立对"涅槃"新生与"西方极乐世界"的坚定信仰和向往。虚幻的心理超越虽然只是给现实人生披上一层如梦似幻的面纱，然而，当一个人具有这种信念时，将会看到生命尽头的一线光明，死亡的无奈与恐惧将会消淡，而表现出一种不畏死、视死如归甚至期盼死的超然态度。

禅宗主张顿悟、见性成佛，以"无为"、"无碍"、"无生"、"无我"来参悟人生之谜与生死轮回之道，由此超越有限的俗界，进入"佛"之圣境，此所谓"佛法在世间，不离世间觉"。禅宗六祖惠能的生死观印证了此点。《六祖坛经·付嘱流通第十》记载了这样一个故事："师于太极元年壬子七月，命门人往新州国恩寺建塔，仍命促工。次年夏末落成。七月一日集徒众曰：'吾至八月，欲离世间。汝等有疑，早须相问，为汝破疑，令汝迷尽。吾若去后，无人教汝。'法海等闻，悉皆涕泣。惟有神会，不动神情，亦无涕泣。"③ 听到惠能不久将要离世的消息，法海等弟子悲泣不已，唯有神会神情不动。惠能曰："汝今悲泣，为忧阿谁? 若忧

① 印光法师：《临终三大要》，http://www.hhfg.org/xxsz/f204.html。
② 郑晓江：《论死亡的超越》，《江西财经大学学报》2001年第1期。
③ 《六祖坛经》，中州古籍出版社2008年版，第104页。

吾不知去处，吾自知去处。吾若不知去处，终不预报于汝。汝等悲泣，盖为不知吾去处。若知吾去处，即不合悲泣。法性本无生灭去来。"① 慧能跟弟子们说，你们悲泣，是为谁担忧？是担忧我不知将去何方吗？我自然知道，否则不可能提前告诉你们我将离世。你们悲伤哭泣，大概是因为不知道我将去哪里，若知道就不应该哭泣。就法的本性而言，本来就没有生与死、来与去。"大师七月八日，忽谓门人曰：'吾欲归新州，汝等速理舟楫。'大众哀留甚坚。师曰：'诸佛出现，犹示涅槃。有来必去，理亦常然。吾此形骸，归必有所。'众曰：'师从此去，早晚可回。'师曰：'叶落归根，来时无口。'"② 人死就是叶落归根，回到所从来处；而"来时无口"则否定了有一个最源头的地方。所以，人生无来无去、亦来亦去。慧能嘱咐弟子："汝等好住。吾灭度后，莫作世情，悲泣雨泪。受人吊问，身著孝服，非吾弟子，亦非正法。但识自本心，见自本性，无动无静，无生无灭，无去无来，无是无非，无住无往。"③ 这一番对话深刻展现了慧能透悟生死、达观生死的觉明之性。

当然，并非人人都要信佛、成佛，佛教死而后生、死而永生的信仰及其超越死亡的心路对于人们尤其是临终者消解死亡焦虑不无启迪与安慰的价值。

向死而生是消解死亡焦虑的我向道德实践机制。人终有一死，但死亡并不能阻止世人追寻幸福的脚步；相反，正是死亡的终极可能性使生命变得可贵。试想，生命若没有终结，谁还会珍惜今天？死亡是生命的警示，是催人奋进的号角。正是生命的有限性使人产生了死亡意识与死亡焦虑，基于死亡意识与死亡焦虑，人类建构起顽强的生存信念，造就多姿多彩的人生。以死观生体现了古代儒家乐观向上、积极有为的人生观。《论语》记载了这样一个故事：孔子的学生子路问如何事鬼神，孔子答道："未能事人，焉能事鬼？"子路接着问："敢问死？"孔子曰："未知生，焉知死？"④ 由此看来，孔子重人而不重鬼神，重生而非死。为仁求道，成为

---

① 《六祖坛经》，中州古籍出版社 2008 年版，第 104 页。
② 同上书，第 106 页。
③ 同上书，第 108 页。
④ 《论语·先进》。

君子、圣人，是以孔子为代表的儒家的道德追求。在这种高尚的道德追求中，生与死的对立消融了。"朝闻道，夕死可矣。"① 反映了孔子在生死问题上的洒脱精神与务实态度。"不知命，无以为君子也。"② 儒家可说是知命，而非认命或宿命。以积极入世的精神与不懈的向善追求把握当下与今生，是儒家的人生态度。死亡是人生的终局，这是无法变更，也是不能逃避的，越是企图逃避，越是陷入生与死的交锋，也越是产生更深的死亡焦虑。生死乃自然之化，儒道都认同此点。道家以"逍遥游"而游于世外。儒家把人生的幸福建立在"立德、立功、立言"三不朽之上，以现实的道德追求实践人生的价值，使死亡在丰富的道德人生面前不再可悲，而不过是人生之旅的一个句号，由此缓解了生死之间的对立，使人们在塑造高尚道德人格的实践中超越死亡，而当死亡来临时，问心无愧、死而无憾。

达观生死、生以载道是中国传统生死观的精义所在。人固有一死，在死亡面前众生都是平等的，如何活得有意义才是人与人相区别的根本点。"世俗以形骸为生死，圣贤以道德为生死。赫赫与日月争光，生固生也，死亦生也。碌碌与草木同腐，死固死也，生亦死也。"③ 将死之无奈、死之意识转化为生之创造的理念④与现实的道德实践，在死亡的无限悬临中创造人生的价值，这就是死亡之生存伦理。

古希腊哲学家赫拉克利特在西方思想史上首次提出了关于人的死亡的唯物主义哲学。他以火之燃熄喻示万物之生灭。"这个世界，对于一切存在物都是一样的，它不是任何神所创造的，也不是任何人所创造的；它过去、现在、未来永远是一团永恒的活火，在一定的分寸上燃烧，在一定的分寸上熄灭。"⑤ 这就破除了神创造万物的原始宗教观念，而用具体、朴

---

① 《论语·里仁》。

② 《论语·尧曰》。

③ 汪汲：《座右铭类编·摄生》。转引自罗国杰主编《中国传统道德》简编本，中国人民大学出版社 1995 年版，第 385—386 页。

④ 参见靳凤林《死，而后生——死亡现象学视阈中的生存伦理》序一，人民出版社 2005年版，第 10 页。

⑤ 北京大学哲学系外国哲学史教研室编译：《西方哲学原著选读》上卷，商务印书馆 1981年版，第 21 页。

素的物质观来解释世界万物的构成及其运动变化。他还反对灵魂不死论，认为灵魂与肉体一样是有死的，因为"灵魂是从水而来的"，"对于灵魂来说，死就是变成水"①。"在我们身上，生与死，梦与醒，少与老，都始终是同一的东西。后者变化了，就成为前者，前者再变化，又成为后者。"② 形象地说明了生死的对立统一关系。德谟克利特从原子论出发，认为人与自然万物一样，都是由无数物质性的原子聚合而成的，死亡就是原子的分离，是自然之身的解体。人的灵魂也是由原子构成的，是有形体的，死亡不仅是肉身的解体，也意味着构成灵魂的原子的离散，不存在不死的灵魂。"愚蠢的人怕死"③，是因为其对死亡和灵魂本性的无知。他进一步指出，惧怕死亡、企图逃避死亡的人实际上是在追逐死亡。伊壁鸠鲁从自然主义感觉论出发，认为人的感觉是外物刺激感官与心灵的结果，"一切善恶吉凶都在感觉中，而死亡不过是感觉的丧失"④，感觉的丧失乃因为构成生命的原子的崩解。死亡既然是原子的离散或崩解，是感觉的丧失，那么，它自然与我们无关了。所以他说："死对于我们无干，因为凡是消散了的都没有感觉，而凡无感觉的就是与我们无干的。"⑤ "正确地认识到死亡与我们无干，便使我们对于人生有死这件事愉快起来，这种认识并不是给人生增加上无尽的时间，而是把我们从对于不死的渴望中解放了出来。"⑥ 伊壁鸠鲁不仅诠释了生死的自然本性，而且以此劝导世人消除对死亡的恐惧感，去追寻快乐幸福的生活，"贤者既不厌恶生存，也不畏惧死亡，既不把生存看成坏事，也不把死亡看成灾难。"⑦ 卢克莱修的死亡哲学与先师们一脉相承，他对老龄人的劝死论尤其值得一提。他说："如果一个年纪更大更老迈的人在埋怨，并且为他的死而悲哭超过适当的限度，那她岂不更有权利来对他大喝一声，用更严峻的声音来加以谴责：

---

① 北京大学哲学系外国哲学史教研室编译：《古希腊罗马哲学》，商务印书馆1982年版，第22页。

② 同上书，第27页。

③ 同上书，第116页。

④ 同上书，第366页。

⑤ 周辅成编：《西方伦理学名著选辑》上卷，商务印书馆1996年版，第92页。

⑥ 北京大学哲学系外国哲学史教研室编译：《古希腊罗马哲学》，商务印书馆1982年版，第366页。

⑦ 同上。

'省点眼泪罢,丑东西,别再号啕大哭!你皮也皱了,也享受过生命的一切赏赐;你总渴望没有的东西,蔑视现成的幸福,以致对于你生命不完满而无用地过去了,而现在出乎你意料之外地死神已站在你的头旁边;——并且是在你能吃饱盛宴而心满意足地回家去之前。你就把不适合你年纪的东西放下,大大方方地让位给你的子孙们吧,因为你不能不这样做。'"①由生到灭、由生入死是不可抗拒的自然规律,对于人而言,"顺从自然的厄运"②,生时好好享受生活,而当死神来临之时则随顺自然的安排,这才是最明智的。作为老龄人更不应过分贪恋人生,因为他们已享受过人间的一切。同时,老龄一代的离世也是下一代的新生,"因为旧的东西被新的东西排挤,总得让开来。一物永远从他物而获得补充"③。许多世代过去了,未来的世代也都将逝去,不论是"在许多方面都胜过于你"的帝王、人君,还是"曾经在大海上铺下了大道,给他的军旅以海上的通路"的将军,或是智慧高高地超出全人类的大哲学家等④,都不免于死,这是自然法则。面对死神的来临,老龄人还有什么遗憾、还有什么值得悲泣呢?"生命并不无条件地给予任何一个人,给予所有的人的,只是它的用益权。"⑤ 既然生命是属于自然的,人所拥有的只是生命的用益权,那么,当自然要取走生命时,就应平心静气地将它归还于自然,这样才不致陷入不尽的死亡恐惧与求生不能的烦恼之中。从赫拉克利特、德谟克利特到伊壁鸠鲁以至卢克莱修,都是以自然宇宙观来解释人之生死,为人们认识生死的自然本质,消除死亡恐惧与焦虑,提供了一剂心灵妙方。

面对死亡的困扰,中世纪基督教神学为人类提供了一种信仰层面的终极关怀。它通过原罪、赎罪、回归上帝阐释了死的必然性及其超越性。"死又是从罪来的;于是死就临到众人,因为众人都犯了罪。"⑥ "罪的工价乃是死"⑦。据《圣经》记载,上帝原本是将人造成不死的,但由于亚

---

① 周辅成编:《西方伦理学名著选辑》上卷,商务印书馆 1996 年版,第 126 页。
② [古罗马]卢克莱修著,方书春译:《物性论》,商务印书馆 1982 年版,第 180—181 页。
③ 周辅成编:《西方伦理学名著选辑》上卷,商务印书馆 1996 年版,第 126—127 页。
④ 同上书,第 130—131 页。
⑤ 同上书,第 127 页。
⑥ 《罗马书》5:12。
⑦ 同上书,6:23。

当和夏娃受到隐身于蛇形的魔鬼的引诱，违背上帝的诫命，偷吃了分辨善恶树的果子，犯下罪错，被逐出伊甸园，从此使人间充满各种罪恶、灾难和痛苦，这就是所谓的原罪。人类必须终生劳作直至死亡，才能赎清原罪，得到上帝的宽恕，并最终实现与上帝的归一。原罪说终归是神话，那么，现实的人何罪之有？基督教认为，撒谎、邪恶、贪婪、阴毒、嫉妒、凶杀、竞争、诡诈、毒恨、狂傲、自夸、谗毁他人、无知、背约、无亲情、不孝、违背父母①，以及不将上帝视为唯一真神加以敬拜等，都是罪。做了不该做的事当然是罪，而想了不该想的事也是罪。由此一来，岂不每个人都成"罪人"了吗？的确，《罗马书》上说："因为世人都犯了罪，亏缺了神的荣耀。"② 所以，在上帝面前，每一个人都是"罪人"，都必须为自己的罪付出死的代价。当然，上帝不只是给人安排了死亡的终局，对那些虔诚地信奉、尊崇上帝，心甘情愿地赎罪者，上帝可将其灵魂引向极乐世界，到那里任享一切。复活论是基督教吸引信众的另一剂灵药。《新约》宣称，人死可以复活，而这是以耶稣的复活作为前提的。耶稣的复活是基督教信仰的根基。"若没有死人复活的事，基督也就没有复活了。若基督没有复活，我们所传的便是枉然，你们所信的也是枉然；并且明显我们是为神妄作见证的，因我们见证神是叫基督复活了。"③ 众人是因基督复活而复活的，基督教由此劝导众人"不靠自己，只靠叫死人复活的神"④。众人之所以能够死而复活，乃是本着上帝的恩惠。那么，究竟怎样才能复活？耶稣曾喻诫门徒："若有人要跟从我，就当舍己，背起他的十字架来跟从我。因为凡要救自己生命的，必丧掉生命；凡为我丧掉生命的，必得着生命。"⑤ 然而，"人若赚得全世界，赔上自己的生命，有什么益处呢？人还能拿什么换生命呢？"耶稣回答："人子要在他父的荣耀里，同着众使者降临；那时候，他要照各人的行为报应各人。"⑥ 由此看来，只有坚信上帝、舍身为主，才能死而复活。基督教由此引导人们

① 参见《罗马书》1：21—31。
② 《罗马书》3：23。
③ 《哥林多前书》15：13—15。
④ 《哥林多后书》1：9。
⑤ 《马太福音》16：24—25。
⑥ 《马太福音》16：26—27。

将目光投向虚幻的天国，寄希望于来世，以摆脱今生赎罪的压力与死的烦恐，心生欢喜地与上帝"接吻"。

在现代西方哲学中，海德格尔充分揭示了死亡的深层意义。他指出："死亡作为此在的终结乃是此在最本己的、无所关联的、确知的、而作为其本身则不确定的、超不过的可能性。死亡作为此在的终结存在在这一存在者向其终结的存在之中。"① 他是从死反观生、以生论死。每个人从一出生，就被抛入死亡之无限可能性之中，而死何时到来却不清楚。"本真地为死而在"即不逃避死亡这种最本己的可能性，而是将死亡理解为此在的一种最突出的可能性，它意味着此在是一种"先行到死"的在，"先行到死"使得此在从死中反悟和筹划本真的自我，在死的自觉中摆脱一切"烦忙烦神"，从沉沦着的非本真的状态中走出来，获得"向死亡的自由"②。所以，面向终结而存在就是"为本真的死而在"，这与儒家向死而生的思想十分相似。向死而生就是以向善的道德追求直面人生，在被无情地抛入死亡之无限可能性中实现对此在的本真持有。它有助于人们摆脱死亡恐惧，在一定程度上消解死亡焦虑。

死亡焦虑的外化。主要途径是完善各项社会保障制度与福利制度，对老龄人实施全面的社会伦理关怀，使人生责任未竟的遗憾这一困扰国人的问题通过社会制度的逐步完善得到有效解决。同时，加强死亡教育与心理疏导，帮助人们尤其是老龄人认识死亡的本质、树立正确的生死观，缓解死亡焦虑。如何完善各项社会保障制度与福利制度，前面相关章节已有论述，在此不重复。

死亡教育是关于死亡的本质与意义、对待死亡的态度、濒死调整以及死丧处理的教育活动。其目标主要包括三个方面：（1）使受众接受死亡相关信息；（2）培养处理与死亡相关事件的能力及技能；（3）澄清与培养个人的价值观。③ 死亡教育并非只是针对老龄人或临终者而实施的阶段性教育，而是一种终生教育。美国是死亡教育的发源地，死亡教育从小抓

---

① ［德］马丁·海德格尔著，陈映嘉、王庆节合译：《存在与时间》，生活·读书·新知三联书店 1987 年版，第 310 页。

② 同上书，第 319 页。

③ 转引自袁峰、陈四光《美国死亡教育发展概况》，《湖北教育学院学报》2007 年第 1 期。

起是其特点。早在 1976 年，美国就有 1500 多所中小学开设死亡教育课程。在"死亡课"上，受过专门训练的殡葬从业人员或护士跟孩子们一起讨论人死时会发生何事，并且让他们通过模拟表演，体验突然成为孤儿的凄凉感觉等。孩子们还在家长或老师的带领下，到郊外专为绝症患者提供善终服务的宁养院，把花瓣轻轻撒向临终者的床榻，微笑着目送他们告别人世。孩子们不仅在生死转化的体验中懂得了要珍惜生命，而且培养了从小关爱他人的品德。英国皇家学院于 1976 年建立了死亡教育机构。1988 年教育改革方案出台后颁行的宗教教育 LEA（Local Education Authority）大纲包括"死亡和悲哀"等学习项目，健康教育也包括"死亡和丧失"课程，为 11 岁左右的儿童开设与死亡相关的课程。这些课程能帮助孩子们"体验同遭遇损失和生活方式突变有关联的复杂心情"，并且学会在各种"非常情况下把握住对情绪的控制力度"。德国实施了"死的准备教育"，并出版了专业教材，引导人们以坦然、明智的态度面对死神的挑战。[①] 如果说对儿童、青少年进行死亡教育的目的在于让其明白生命的脆弱与短暂，从而加倍惜时爱生，那么，对老龄人进行死亡教育的目的就是让其在反观人生中，逐步适应生死之间的转化，给人生画上一个圆满的道德句号。

对医护人员开展死亡教育，培养对患者的同情心、提高临终关怀服务的技能，对于帮助患者缓解死亡焦虑也是十分有效的。一项"肿瘤科护士对死亡教育的需求调查"显示：当临终患者出现疼痛、呼吸困难、躁动、严重呕吐等情况时，100% 的护士感到了中、重度压力，不知道怎样做才能帮助患者减轻症状。面对濒死患者的绝望，100% 的护士感到无能为力。79% 的护士在患者提及死亡时感到中、重度压力而采取了忽略或回避的态度。在与家属讨论患者临近死亡时，18% 的护士感到有压力。100% 的护士认为有必要接受与临终患者沟通方面的知识和技能培训。[②]

在临床工作中，部分医护人员对死亡没有正确的认识，加上忌讳死亡的传统观念影响，他们对临终患者采取消极接触的态度，不愿意理睬或尽

---

① 《国外及台湾地区死亡教育情况》，《中国教育报》2006 年 11 月 16 日。
② 《肿瘤科护士对死亡教育的需求调查分析》，http://doctor.fh21.com.cn/huli/20060927/16540157.shtml。

量少与临终患者待在一起。有的医护人员则对主动谈及死亡的患者和家属采取回避态度或转移话题。这在无形中增加了患者的死亡焦虑与家属的心理负担。医护人员自身缺乏对死亡的心理调适与应对技能；缺乏对临终患者死亡态度与心理阶段的评估知识，不了解死亡过渡阶段医护人员应起的作用，不知道如何进行临终护理与关怀；不会与家属有效沟通，缺乏丧亲安抚知识和技能等①，都会在一定程度上影响临终患者生命最后阶段的生存质量与死亡品质。因此，死亡教育应成为广大医护人员的必修课。只有医护人员首先接受死亡教育，具备临终护理知识和应对死亡的技能，才能有针对性地对临终患者实施救治与临终关怀，减轻其死亡焦虑，并及时对家属进行丧亲安抚。

生与死是不可分割的一体两面，生命的终极意义只有借助于死亡才能彰显；死亡焦虑与恐惧也只有在生命的价值追寻与境界升华中才能得到消解。因此，死亡教育与生命教育是分不开的。我国台湾地区的学校于20世纪末广泛开展了生命教育活动。目前，台湾地区的小学教育都有生命教育的内容，主要包括两个方面：一是"生命的旋律"教育，让学生了解生命的起源、个体生命的成长、生病、衰老与死亡等过程和现象；二是"温馨你我他"活动，学校组织学生参观、访问养老院、孤儿院等，给老人、孤儿等带去生命的阳光与生活的温馨。台湾地区的中学普遍开设了正规的"生命教育"课，编制了生命教育教材和"生命教育教师手册"。②

我国内地死亡教育始于1987年安乐死问题的讨论。1988年7月天津医学院在大陆成立了第一家临终关怀研究中心，极大地推动了死亡学与死亡教育的发展。近年来，大陆死亡教育与死亡学研究有了一定进展，但在很大程度上仍然局限于专家学者的理论研究，对在校学生及普通民众的死亡教育还很不够。人们愿意谈怎样活得更好，而忌谈如何坦然面对死亡，这种传统观念束缚着人们主动了解死亡的本质与生死关系，对死亡教育的价值与社会功能也缺乏正确的认识，这是我国大陆死亡教育发展迟缓的一个重要原因。为此，大陆应借鉴西方发达国家和中国台湾地区对死亡教育

---

① 《肿瘤科护士对死亡教育的需求调查分析》，http：//doctor.fh21.com.cn/huli/20060927/16540157.shtml。

② 《国外及台湾地区死亡教育情况》，《中国教育报》2006年11月16日。

与生命教育的有益做法，把生死教育作为中小学教育的一项重要内容，在大学普遍开设生命教育、死亡教育的相关课程，同时在老年大学专设此类课程，使生死教育终生化，这无疑能在一定程度上帮助人们尤其是老龄人消解死亡焦虑。

了解老龄人的临终需求，并有针对性地实施临终伦理关怀，也是帮助他们消解死亡焦虑的有效方式。

第二节　临终需求与临终关怀的伦理原则

死亡不是一瞬间的事，而是生命整体过程中的一个阶段。随着我国进入老龄社会，每年死亡的老龄人数呈现增加的趋势。如何对老龄临终者实施伦理关怀，使之安详地走向生命终点，成为医学、心理学、伦理学、宗教学、社会学等诸多学科共同关注的社会伦理课题。了解老龄人的临终需求，才能确立临终关怀的伦理原则，并有针对性地实施临终关怀，帮助其实现人生的善终。

一、临终关怀的含义、起源及其发展概况

狭义的临终关怀是指对临终者实施医疗救护措施以减轻病痛，并给予生活照料与心理护理，使之安然地走向生命终点的医学伦理与社会伦理实践活动，实施主体包括医护人员、家属以及相关社会服务机构。广义的临终关怀不仅包括对临终者的关怀，还包括对其家属所进行的各种心理安抚与社会关怀，实施主体主要是医护人员与社区服务机构。现代医学伦理学所指临终关怀取其广义。临终关怀不仅是关于临终者之善终问题，也是与其亲友等生存者如何释放悲痛、重塑新生活密切相关的问题，是一项生死合一的社会伦理工程。

临终关怀（hospice；hospice care）可追溯到中世纪西欧修道院为濒死的朝圣者所提供的照护。世界上第一个临终关怀医院是英国的茜茜莉·桑德丝（Cicily Saunders）博士于1967年在伦敦创立的"圣克里斯托弗临终关怀护理医院"（St. Christophers Hospice）。现在，世界上已有包括英国、美国、法国、加拿大、澳大利亚、日本、新加坡、中国（含台湾、

香港地区）等在内的 60 多个国家和地区建有临终关怀机构，开展临终关怀服务。至 20 世纪 80 年代中期，英国已建立 430 多所临终关怀机构。美国于 1971 年建立第一所临终关怀护理院，至 1995 年已增至 2510 家。[①]

1988 年 7 月，天津医学院临终关怀研究中心成立，标志着我国临终关怀研究与实践正式起步。之后，北京松堂临终关怀医院、上海南汇护理院、北京朝阳门医院临终关怀病区、南京鼓楼安怀医院、浙江义乌市关怀护理院、沈阳医科大学附属中心医院临终关怀病房、宁夏银川市妇幼保健院老年临终关怀病房、暨南大学第一附属医院宁养院、武汉大学中南医院宁养院等相继建立。目前，我国临终关怀事业正处在初步发展阶段。

二、老龄人的临终需求

老龄人的临终需求究竟包括哪些方面，目前尚未有全国性的社会调查结果。本书将结合相关社会调查资料，对之进行概括分析。

天津医学院崔以泰教授等人于 1990 年在上海市、天津市居民中进行了关于死亡认识的社会调查，取上海市及天津市各 1000 名以上城市居民即占城市人口的万分之一或万分之二作为调查对象，接受调查人数为 2297 人。关于"对垂危患者的态度"，选择"尽可能挽救"的为 1291 人，占被调查总人数的 56.2%。关于"想到死亡时的感觉"，14.19% 的人选择"害怕恐惧"，4.53% 的人选择"沮丧泄气"，17.81% 的人选择"忧郁悲伤"，三项之和为 36.53%。对"面临死亡最关心的事"，18.15% 的人选择"死亡过程可能很痛苦"，10.06% 的人选择"我的亲友会哀伤"，两项之和为 28.21%。[②]

李义庭、付丽等人先后在北京市西城区、宣武区、顺义区和延庆县，以问卷、走访形式对近 700 人进行了"老年人社会关怀调查"，结果显示：认为"临终是需要关怀的"占被调查人数的 80.1%，"不需要"的占 18.6%，"说不清楚"的占 0.1%；关于临终关怀的基本内容，选择生活（照顾）关怀的占 43.4%，医学关怀的占 33.7%，心理关怀的占

---

① 王平、李海燕：《死亡与医学伦理》，武汉大学出版社 2005 年版，第 64 页。
② 崔以泰、黄天中：《临终关怀学　理论与实践》，中国医药科技出版社 1992 年版，第 202—205 页。

22.2%，临终料理的占 0.4%；认为社会需要设置临终关怀机构的占 72.2%，说不清楚的占 15.2%，不需要的占 8.4%；关于社会需要设置什么样的临终关怀机构：认为需要设立专门医院的占 35.6%，社区服务的占 18.3%，医院内附设科室的占 16.5%，家庭中的临终关怀服务的占 13.5%，志愿者占 5.3%，其他占 4.7%；临终关怀机构的性质应该是：合理收费型占 58.9%，慈善福利型占 35.2%，营利型占 3.4%，其他 2.5%。①

罗灿辉等人从湖南医科大学三所附属医院的住院病人中抽取了 200 例患有心血管疾病和肿瘤等非传染性疾病的临终患者进行了心理特征和护理需求调查，接受调查者平均年龄 50.64 岁，平均住院天数 8.1 天。调查发现，65% 的患者希望医务人员尽一切办法抢救；40% 的患者希望尽可能地延长生命；50% 的患者希望医生采取措施减轻肉体痛苦；60% 以上的患者表现出对人生、家人的留恋，希望家属时刻陪伴在身边，并希望有一个安静舒适的病房环境。②

张庆国、曹志勇就死亡态度、临终需要以及临终关怀能满足的需要等问题对济南市三家老年公寓 78 位老龄人所作调查结果显示，74.4% 的老人没有听说过临终关怀，25.6% 的老人从报纸、电视上看到过相关报道。关于"临终时的困扰"，有 41.0% 的老人选择"死亡会痛苦"，有 20.5% 的老人担心"亲友哀伤"。以上两项之和为 61.5%，充分反映了老龄人对临终关怀有着较强的需求。对患重病（主要是指无药可救的绝症）的临终者采取什么措施这个问题，43.6% 的老人选择了"减轻病人的痛苦与恐惧，使他能安然去世"，选择"尽力抢救"和"安乐死"的各占 28.2%。③ 实施安乐死的一个主要根据是减轻患有不可救治疾病的临终者的痛苦，这样，实际上选择"减轻病人痛苦、使之安然去世"的老人比例合计为 71.8%。

---

① 李义庭、付丽、刘芳等：《老龄化社会对老年人社会关怀对策的研究——对北京市老年人社会关怀调查的报告》，《医学与哲学》2006 年第 1 期。
② 罗灿辉、谢啸平、冯梅、姜冬九、陶新陆：《200 例住院临终患者的心理特征与护理需求》，《中华医院管理杂志》1997 年第 12 期。
③ 张庆国、曹志勇：《老龄人临终关怀的现状与需求——以济南市为个案的调查报告》，《新余高专学报》2003 年第 4 期。

在崔以泰等人的调查中，虽然很多被调查者不属于老龄人，但相关问题的回答可视为其未来临终需求的一种参考。根据上述调查，我们发现老龄人的临终需求主要包括如下几个方面：第一，尽力救治、延长生命，这是大多数临终老人的心愿；第二，减轻病痛；第三，多样化的照护需求；第四，希望有一个舒适的临终环境。

三、临终关怀的伦理原则

临终需求是确立临终关怀伦理原则的现实依据。关爱生命、全面疗护是临终关怀的宗旨，全力救治、舒适照护、消减痛苦是临终关怀的三个基本伦理原则。

（一）全力救治原则

临终者大体有三种情况：患绝症已至晚期或因各种疾病而生命衰竭；人至高龄导致生理功能自然衰竭且不可逆转；发生意外事故而生命垂危。老龄临终者以前两种情况居多。有人认为，对老龄临终者没有必要进行救治，因为即使采取救治措施也不可能祛除病根或改善生理器官功能。我认为，这是值得商榷的。理由如下：

其一，临终阶段究竟从何时计起，目前世界各国尚无统一标准。临终阶段是指一个人因不可治愈的疾病或年老而导致生理器官功能不可逆转地趋于衰竭、生命活动即将终结的持续阶段。美国以病人已无治愈希望、估计存活期不超过 60 天为限；日本以病人 3—6 个月生存期为限；英国以预后 1 年或不超过 1 年为限；一些国家从垂危病人住院治疗开始计算，平均期限约为 17.5 天。在我国，一般以病人处于疾病晚期、死亡发生前的 2—3 个月作为临终期限。① 临终时限的不确定性使我们没有理由轻易放弃对临终者的救治。

同时，不治之症的定义和范围是根据目前世界医疗技术以及医疗检测手段来确定的，现在被确定的绝症也许在未来一段时间可以被攻克。有人会说，这到底要等多长时间？一些病入膏肓者也许没有时间等待了。但这并不能成为放弃救治的充分理由。医学的发展速度是难以预知的，几年前、几个月前甚至几天前的不治之症有可能在明天、后天或未来一段时间

---

① 陈爱萍：《老年病人临终关怀进展》，《中华护理》2003 年第 7 期。

被攻克，现实中更有许多病例是医学无法解释的奇迹，如植物人昏迷多年后苏醒、被医生宣布患绝症最多只能活几个月的无救病人却又活了十几年等。① 因此，全力救治是临终关怀的基本原则。

其二，我国各地经济发展不平衡，不同地区医院之间医疗水平与设备条件差距很大，医务人员医疗素质也参差不齐。同时，由于患者存在较大的个体差异性以及病理变化的复杂性，在目前状态下，难以百分之百地保证对患者是否身患绝症并濒死的诊断是精确的。

其三，生命是无价的，老龄人虽已至生命的最后阶段甚至到了临终期，但除非到了生不如死的境地，大多数老人还是愿意最大限度地延长生命。近年来荷兰安乐死合法化的实施情况在一定程度证明了此论断。2001年，荷兰上院以 46 票赞成、28 票反对通过了安乐死合法化的法案，成为世界上第一个确认主动安乐死合法化的国家。德国格丁根大学研究人员对荷兰 7000 起安乐死案件进行分析后发现，其中不少人并非自愿安乐死，而是医生和家属配合，背着老人和病人作出了对之实施安乐死的决定。"非情愿的安乐死"比例高达 41%，其中有 11% 的患者死前仍神志清醒即完全有能力自主决定是否实施安乐死，却没有人问他们愿意选择活着还是死去。这使不少荷兰老龄人为逃避"提前"死亡而到德国等周边国家避难，此现象始于 2002 年下半年，随后"逃亡"事件不断增加②，这充分反映了老龄人强烈渴望延长生命。应该说，安乐死实施中的"草菅人命"现象是导致荷兰老龄人"避难"国外的主要原因，但不是唯一原因。也就是说，即使不出现安乐死中的"草菅人命"现象，恐怕很多老人对之还是深感不安的，因为不管是"非自愿的主动安乐死"还是"非自愿的被动安乐死"，他们都不愿意提前结束生命，不愿放弃对生命的救治。

我国居民对安乐死持何态度？崔以泰等人对上海、天津市民所作的关于死亡认识的社会调查资料显示，关于"对垂危患者的态度"，选择"尽可能挽救"的人数为 1291 人，占被调查总人数（2297 人）的 56.20%；选择"依病情及身心状况和疼痛情形做治疗努力"的为 533 人，占被调

---

① 韩东屏：《纵论安乐死之争》，中国人民大学复印报刊资料《伦理学》2005 年第 11 期。

② 姚立：《荷兰老人出国躲避安乐死》，《环球时报》2004 年 2 月 11 日。

查人数的 23.20%；选择"不应维持植物人生命"的占 19.02%。① 从总体上看，认为对垂危患者应尽可能采取医疗救治措施的占到了半数以上，表明在国人心中生命是至关重要的，也反映了我国城市居民对安乐死持比较谨慎的态度。尽管从理论上接受安乐死尤其是主动安乐死的人呈增加趋势，但是在实践上安乐死仍然面临很多障碍。在传统孝道影响下，当自己年老的父母、长辈身患绝症或生命垂危时，又有多少人能真正坦然地面对或选择安乐死呢?!

罗灿辉等人对 200 例住院临终患者进行的心理特征和护理需求调查显示，65% 的患者希望医务人员尽一切办法抢救治疗，并渴望能治愈疾病；40% 的患者希望尽可能延长生命；只有 5% 左右的患者希望停止抢救和采取医疗措施加速死亡。② 这说明绝大部分临终者有着强烈的求生欲望，明确表示愿意实施安乐死的只占极少数。

有人认为，临终关怀应淡化治疗、强调照护，"临终关怀中几乎一切针对病人的操作措施只有'照护'、'关怀'上的意义，并无一般的'治疗'意义可言"③。我认为这是值得讨论的。照护在临终关怀中居核心，这是没有异议的，但如果在临终关怀过程中放弃救治措施而只是给予一般性医务护理（如使用药物控制疼痛），这与消极的安乐死又有何异?

临终关怀的对象包括患绝症至晚期或因各种疾病而生命衰竭者，以及人至高龄生理功能自然衰竭且不可逆转者，如果他们确实因不堪忍受的极度痛苦而在意识清醒时多次明确表示愿意实施安乐死，那么，在不违反我国现行法律法规并严格遵守医疗操作规程的条件下，可以考虑实施安乐死。由于目前我国还没有安乐死的相关立法，安乐死的实施需慎之又慎。

① 崔以泰、黄天中：《临终关怀学 理论与实践》，中国医药科技出版社 1992 年版，第 205 页。

② 罗灿辉、谢啸平、冯梅、姜冬九、陶新陆：《200 例住院临终患者的心理特征与护理需求》，《中华医院管理杂志》1997 年第 12 期。

③ 王平、李海燕：《死亡与医学伦理》，武汉大学出版社 2005 年版，第 55 页。

中国首例安乐死案给我们留下的是长久的法伦理思考。①

其四，有人认为，救治临终病人是徒劳的，是对有限的社会医疗资源和家庭财富的浪费。实施安乐死的确可以节约社会资源与家庭经济开支，但这些相对于人的生命来说是不足惜的。当自己的父母、长辈生命垂危时，做子女的只要有孝心、爱心，在家庭经济条件允许的情况下，一般都不会放弃救治，除非患者本人因无法忍受的极度病痛而在意识清醒时多次明确表示放弃救治、自行死亡或实施主动安乐死。德国格丁根大学发表的关于荷兰安乐死的调研报告披露，有1/3的安乐死案例是因为家属没有经济能力继续救治病人。如果家属有经济能力救治患者，那又何乐而不为呢？"是否愿意将金钱用于维持为时不多的生命，是病人与其亲属的消费

---

① 死者夏素文，女，59岁，自1984年以来便患有肝硬化腹水症。1986年6月23日，病情恶化，神志不清，陷入昏迷，骨瘦如柴，腹大如鼓，腹部有一拳头大包块突出，双下肢溃疡渗出流水，股部生有褥疮，烂了两个碗口大洞。子女将其送往汉中市传染病医院治疗。住院期间，她多次试图挣扎着滚下床，说："我难受得很，让我死了算了。"医生蒲连升对她做了如下诊断：①肝硬化腹水，肝功失代偿期并低蛋白血症；②肝性脑病（肝肾综合征）；③渗出性溃疡并褥疮II度至III度。进院后，病情时好时坏，至6月27日下午病情又明显加重，昏迷不醒。为此，夏的儿子王明成、女儿王晓玲要求蒲大夫为其母亲实施安乐死。蒲开始不同意，但在王氏兄妹的再三恳求，并表示一切后果由家属承担、绝不找医院麻烦时，蒲终于答应了其要求。蒲当即为夏办理了出院手续，并为其开了"复方冬眠灵100毫克，肌注"的处方，处方上注明："家属要求安乐死"。王明成在处方上签有"儿子王明成"字样，以示对该行为负责。

处方送到护理部，当班护士和护士长均拒绝执行。蒲没有办法，只好让省卫校实习生蔡某去执行，谁知蔡某在见到处方上写有"家属要求安乐死"时，亦表示不能执行这种处方。这使身为肝炎科主任的蒲感到很难堪，他生气地对蔡说："不打针了？你回省卫校去好了！"蔡某无奈，只得违心地执行了这张处方。但在操作时又故意将1/4的药液排到地下。到当天下午3点病人仍是老样子。病人家属便找当班医生李海华按蒲的原方又开了"复方冬眠灵100毫克"，让护士赵某执行。6月29日凌晨5时，夏的心脏停止了跳动。

1990年3月15—17日，汉中市人民法院依法对该案进行了三天公开审理，公诉人指控蒲、王两被告犯有故意杀人罪。两被告的三名辩护律师均为被告做了无罪辩护。一年后，1991年5月17日，汉中市人民法院做出一审判决，依法宣告两被告无罪。但是，一审判决又认定"两被告人的行为显属剥夺公民生命权利的故意行为"，只是因为"情节显著轻微，危害不大"，才"不构成犯罪"。既"剥夺公民生命权利"，又"危害不大"，显然自相矛盾。由此引起了公诉机关的抗诉和两名被告人的上诉。然而，二审法院在经过了一年的审理后于1992年6月25日，以相同的理由作出终审裁定，驳回了汉中地区检察院的抗诉和上诉人的上诉，维持原判。

（案例来源：陈蕃、李伟长主编：《临终关怀与安乐死曙光》，中国工人出版社2004年版，第224—226页。）

自由，社会不宜横加干涉。"①

其五，生的希望与死的尊严之争。有人认为，安乐死偏重于死的尊严，临终关怀偏重于活的尊严；安乐死是终止病人的生命，临终关怀则是延长生命的量，亦提高生命的质。② 这是有道理的。然而，死亡，即使是有尊严地死亡（如安乐死尤其是主动安乐死），对于绝大多数人来说都是不愿意提前发生的。放弃救治即使不会使死亡提前发生，一般情况下也不会使生命延长。有人认为，为救治临终病人而在其身上插满管道，犹如上刑一样，有损其尊严。我想，哪怕只有一点生存希望，绝大多数人都是愿意全力争取的，所谓死亡尊严是无法与生命延续的希望相比的。并且，即使死得有尊严，这对于患者本人又有何益？有尊严地死在很大程度上是对生者的一种心灵安慰。

其六，底线伦理关怀的需要。底线伦理关怀是指对老龄人的人道主义伦理关怀。"人道"指关爱人的生命、尊重人的人格和权利。人道主义是关于人的本质、使命、地位、价值等的思潮和理论。它主要包括三个方面的内容：肯定人的"自由"、"平等"权利，倡导"博爱"与"公正"；维护人的生命、价值与尊严；重视并促进人的全面发展。人道主义思想发源并形成于西方，但作为一种处理人与人之间关系的基本原则，"人道"思想在中国传统伦理文化中源远流长，并集中体现为"仁"。"仁"是中国古代儒家基本的道德思想，也是最重要的道德规范之一。"樊迟问仁。子曰：'爱人'。"③ "爱人"就是同情、关爱他人，珍视生命。孔子还提出"泛爱众，而亲人"。④ 由爱亲而博爱众人，体现出一种关爱他人的人道主义普遍伦理情怀。"子张问仁于孔子。孔子曰：'能行五者于天下为仁矣。'请问之。曰：'恭、宽、信、敏、惠。恭则不辱，宽则得众，信则人任焉，敏则有功，惠则足以使人。'"⑤ "惠民"就是关爱民生、给民众以实际利益。孟子曰："老吾老，以及人之老；幼吾幼，以及人之幼，

---

① 韩东屏：《纵论安乐死之争》，中国人民大学复印报刊资料《伦理学》2005年第11期。
② 崔以泰、黄天中：《临终关怀 理论与实践》，中国医药科技出版社1992年版，第294页。
③ 《论语·颜渊》。
④ 《论语·学而》。
⑤ 《论语·阳货》。

天下可运于掌。"① 由己及人、由内而外，由近而远，是儒家行"仁"的理路，也是古代"人道"思想的实践路径。对老龄贫困者给予救济，保障其生养、死葬权，是古代统治者对老龄人给予人道主义伦理关怀的重要举措。以孝道为根基的中国传统伦理文化凸显了父权家长制的神圣性，并由此形成了中国传统社会中的老龄霸权。老龄人在家族中的权威是不容侵犯、不可动摇的。父祖是家族统治的首脑，家族的经济权、法律权、宗教祭祀权都掌握在他一人之手，家族中所有的人都在其掌管之下。当家族的年长者生病或至临终阶段时，全力救治并给予伦理关怀，不仅是人子之孝道，也是几千年来中国人固有的道德生活方式。

自工业革命以来，人类的生产生活方式发生了巨变，老龄人的霸权地位逐渐消淡，但孝养、关爱老人仍然是不变的社会伦理美德。作为最普遍、最一般的伦理原则和道德规范的社会主义人道主义是当今社会老龄伦理关怀的底线。救治老龄临终者并给予其全面的伦理关怀、使之完满地走向生命的终点，是社会主义人道主义的根本要求，是实现长寿、提高老龄人口生活质量的现实需要。每个人都是时间的移民，在时间的长河中迁移而达到生命的彼岸。今天的老龄人是昨天的青年人，今天的青年人是明天的老龄人。善待老人与善待幼童一样，是保持代际伦理关系和谐发展、实现社会公正的重要方面，它包含着善待青年人自己、善待一切人群的深远意义。因此，全力救治原则是老龄临终关怀的重要伦理原则。

（二）舒适照护原则

照护是临终关怀的主旨，贯穿于临终关怀的全过程。在临终医疗护理与日常生活照料中，照护要做到全面、舒适。

首先，要为临终老人提供足够的照护资源。我国老龄人尤其是高龄老人临终前绝大多数卧床不起，需要他人照料。2000 年"中国高龄老年人口健康调查"资料显示，临终前卧床不起的有2284 人，占死亡老人的68.8%；健康和不卧床的有1037 人，占死亡老人的31.2%。在死亡的高龄老人中，完全需要他人照料一周的占 19.6%，需要照料一个月的占35.2%，需要照料三个月的占 17.2%，需要照料6 个月的占9%，需要照料两年的占4.9%，需要照料两年以上的为 6.7%。可见，我国高龄老人

---

① 《孟子·梁惠王上》。

临终前存在比较大的照料需求。调查显示，完全由他人照料的高龄老人，有85%以上是由家庭成员提供照料，在农村这一比例最高，为90%。不论城市还是农村，照料者都以子女、孙子女为最多，而由社会工作者、保姆提供照料的比例较低。① 目前，我国农村老龄人口占全国老龄人口的绝大部分，他们中大多数人养老经济收入单一、没有医疗保障，只能依靠子女、配偶等家庭成员提供照料服务。在城市，虽然大多数老龄人有养老保障和医疗保障，但由于子女忙于工作、配偶身体状况不佳或已丧偶，临终照护也成为一大难题。因此，我国在健全社会养老保障与医疗保障制度的同时，应借鉴一些发达国家护理保险制度建设的经验，在经济比较发达的地区尝试建立护理保险制度，将老龄照护纳入社会制度安排。同时，要根据各地实际情况，建立临终关怀社区服务网，实现家庭照料与社区临终服务的最佳整合。深圳市从2007年1月1日起试行"临终关怀计划"，所有户籍在该市的临终老人均可获得政府1000元的服务额度，用于福利医疗机构购买精神慰藉和生活护理等服务。② 这是护理服务社会化的有益尝试，也体现了政府"为民"的品德。

其次，要给予临终者良好的饮食照料和护理服务。老龄临终者消化吸收能力大多明显降低，吸食少而稀，一般以流食为主。可根据其口味定做平时喜爱而又便于吞咽和消化的食物。有时，他/她喝几口家人做的可口的汤也许比输液效果更好，喝一小杯喜爱的酒或饮料会感觉很舒适。此外，衣着、衣被最好选用透气、柔软的棉质品。医护人员与家属在给临终患者输液、穿衣、帮助解手的过程中，动作要轻缓；还要帮助患者搞好个人卫生，勤换衣被，适时擦洗身子；对于卧床不起者要定时翻身，防止生褥疮；要及时清理各种污物等。这对于减少感染、提高临终生命质量是必不可少的。医护人员与家属要做到耐心、细致、体贴，切忌粗暴的言行举止或流露出不耐烦的神色，因为那是对临终者的一种伤害。

最后，要提供舒适的临终环境。可根据家庭经济承受能力、住房条件及个人意向，适当选择临终关怀实施地点，如可住进专门的临终关怀院、医院的临终关怀病房或住在自己家。英国、加拿大和其他欧洲国家注重完

---

① 战捷：《高龄老人临终前完全需要他人照料状况研究》，《中国人口科学》2004年增刊。
② 《"临终关怀"的社会意义》，《法制文萃报》2007年1月15日。

善专门临终关怀院的服务，美国的临终关怀服务则以为病人提供居家照料服务为重点，尽量不住临终关怀院。[①] 我国可根据城市与农村的不同情况以及不同家庭经济境况分别选择。城市一般以医院为主选地点，农村则以在家终了居多。医院除了给临终患者提供各种必要的医疗护理外，还要保持居室整洁，给患者一种舒适、温暖、安全的感觉。如：居室要面朝阳、温度适宜、空气清新；采用白色、浅蓝色、浅绿色等宜人色调；可摆上几盆鲜花或绿叶常青植物，让患者感到生命的活力与希望；还可根据患者的喜好播放音乐或戏曲等。

（三）消减痛苦原则

老龄人的临终痛苦既有肉体上的，也有心理上的。肉体上的痛苦主要是由不可治愈的疾病与老龄性器官衰竭所致。前者由病原微生物侵袭、机体细胞恶性肿瘤、血管梗阻或栓塞等引起，临床表现为各种显著的炎症肿疼、癌痛等。后者由机体组织器官老化（主要是变性萎缩）所致，临床表现为机体进行性器官功能衰竭，如老年性肺气肿、慢性肾功能衰竭、老年痴呆症等，病程较长，可达 10 年、20 年以上，常伴有并发症和合并症。[②] 消减病痛是临终关怀的一项重要任务，一旦患者躯体疼痛被适当控制，他们就能思考自己的生活并做好死后安排。

老龄临终者中，癌症患者较多。世界卫生组织（WHO）癌痛治疗专家委员会提出了癌痛药物治疗的三阶梯疗法，基本内容是：对病人疼痛的性质和原因进行正确评估，根据疼痛分级与原因，选用适当的止痛药物。第一阶梯是针对轻度疼痛者，主要选用非阿匹类止痛药，可配合使用辅助药物如安定等镇静剂。第二阶梯针对中度疼痛者，主要选用弱阿匹类止痛药，可辅助使用安定、布洛芬等药物。第三阶梯针对重度疼痛者，应选用强阿匹类止痛药如吗啡，也可配合使用安定、布洛芬等镇静剂。[③] 其他肉体源性的病痛也可参照此阶梯法进行镇痛治疗。用姑息、支持疗法减轻临终老人的病痛，使之平静地离开人世，这样，逝者无憾、生者也问心

---

① 邬沧萍主编，杜鹏、姚远、姜向群副主编：《社会老年学》，中国人民大学出版社 1999 年版，第 299—300 页。

② 博达：《老年临终期的基本需求结构及其低限特征》，《江西社会科学》2000 年第 9 期。

③ 王平、李海燕：《死亡与医学伦理》，武汉大学出版社 2005 年版，第 107 页。

无愧。

临终老人的心理痛苦主要来自以下方面：正当需要得不到满足；对死亡的恐惧；对家人不放心、担心亲友悲伤等。临终者的心理、性格较平时有较大变化，临终心理关怀因人因病而异，其基本要求是细心、体贴。具体方式包括：①了解并尽可能帮助临终老人了却心愿。②开导释疑，缓解心理焦虑与死亡恐惧。③亲友陪伴身边。有至亲至爱的人陪伴身边，对临终者是最大的安慰。罗灿辉等人对 200 例住院临终患者的心理特征和护理需求调查显示，近 70% 的患者希望医务人员让亲人陪伴在身边。[①] ④尽量满足老人吃、穿、社交等方面的要求。⑤对老人表达理解和爱。触摸式护理是大部分临终老人乐意接受的一种护理方式，亲人或医护人员坐在老人床边，握住他/她的手，耐心倾听其诉说或一起回忆有趣的往事，这会起到很大的心理安抚作用。对体力极虚而无力进行语言交流的老人，可以通过和善的神态与手势让其感受到人间的温暖和爱意。正如香港临终服务会主任钟淑子女士所言，医生和护士所能做的就是保证病人获得一直到死亡的照护，"不论你的情况有多坏，我们仍然能够尽一切努力减轻你的痛苦，我会陪伴你度过这些困难的日子，不会离你而去"[②]。⑥宗教关怀。宗教的临终法事是一种宗教性的临终关怀形式。汉传佛教中有为将亡人助念阿弥陀佛、为亡人做荐福佛事等活动。藏传佛教有中阴救度法。[③] 对于宗教信徒来说，宗教临终关怀是他们圆满人生、达至极乐净土的必要环节。因此，临终关怀应尊重患者的宗教信仰，并根据其不同信仰确定相应的心理治疗方案，采取不同的临终关怀形式。对于非宗教信徒而言，适当的宗教关怀也能在一定程度上消减其死亡恐惧，帮助其平静地离世。目前，宗教性临终关怀活动在一些地方悄然兴起，"助念团"在一些省份很活跃。如浙江温州苍南县马站地区有念佛的"助念团"，信众家中如有大事、要事，如儿女上大学、开业、寿诞以及病、死、灾异等，则前去念诵，以感恩祈福或消灾、超度亡灵。了生脱死、求生净土是"助念团"

---

①　罗灿辉、谢啸平、冯梅、姜冬九、陶新陆：《200 例住院临终患者的心理特征与护理需求》，《中华医院管理杂志》1997 年第 12 期。

②　陈蕃、李伟长主编：《临终关怀与安乐死曙光》，中国工人出版社 2004 年版，第 14 页。

③　参见何则明、江先文、汪云利《宗教死亡观与临终关怀》，《西南民族大学学报》（人文社科版）2006 年第 4 期。

成员的宗教理想目标。① 在香港的临终关怀活动中，宗教关怀具有特殊地位。2001 年香港的教会医院就已设立院牧部，专门负责宗教信仰工作，如灵实医院，该院的所有医生、50% 的护士信仰天主教和基督教。医院设有教堂，患者可以在每周规定的时间去做礼拜，也可根据患者所需，由院牧部的成员到其床前祈祷，帮助其解除思想包袱。② 这对于患者早日康复或消减临终痛苦无疑具有十分重要的抚慰作用。

老人无痛苦地、有尊严地离世是临终关怀的结果，但不是终点。丧亲安抚是临终关怀的延续。护士在丧亲安抚中承担着主要任务。护士不仅要提高职业道德修养，培养爱心与同情心，而且要掌握一定的安抚知识与技能。老人生前所在单位、社区居委会、左邻右舍、同事及亲朋好友在丧亲安抚中也都具有不同的作用。

第三节　丧葬伦理论

丧葬是生者为死者送行的一系列哀悼活动，是生者给予死者的最后伦理关怀。"生，人之始也；死，人之终也。终始俱善，人道毕矣。"③ 何为善终？善终就是善待生命的终了阶段，给人生画上一个圆满的道德句号。我国传统丧葬制度以孝道作为伦理根基，通过丧礼、葬礼、祭礼对善终做了细致入微的诠释。然而，当前一些地方厚葬之风盛行，使传统丧葬制度内蕴的孝道发生畸变，以节葬取代厚葬是文明丧葬的伦理选择。

一、传统丧葬制度的伦理根基及其伦理意涵

《荀子·礼论》曰："礼者，谨于治生死者也。"在我国古代社会，"礼"贯通于人生的整个过程，是关涉生与死的人伦总则。丧葬制度作为"礼"的重要组成部分，是关于善终的伦理原则与道德规范的总和。善终

---

① 林顺道：《浙江温州民间念佛诵经结社集会调查研究》，《世界宗教研究》2003 年第 4 期。

② 周立臻：《赴香港考察报告》，《现代护理》2002 年第 11 期。

③ 《荀子·礼论》。

既是老龄人在人生最后阶段的道德选择，也是孝子的道德义务以及整个社会的道德责任。"没有这个'终'，孝子之德，生命的意义就未完成。"①我国传统丧葬制度十分复杂，主要包含丧礼、葬礼、祭礼，每种礼制各有不同的规定。《礼记》中的《丧服小记》、《丧大记》、《祭法》、《祭义》、《祭统》、《奔丧》、《问丧》、《三年问》、《丧服四制》，以及《仪礼》中的《丧服》、《士丧礼》等是研究我国古代丧葬制度的主要典籍。

（一）丧葬制度的起源

自从有了人类，伴随着无可逃避的死亡，丧葬活动就成为人类生活的重要组成部分。丧葬作为一种民俗文化，起源于人类对死亡的恐惧。远古时代的人们相信灵魂是不灭的，人死后灵魂离开身躯继续活动。《庄子·知北游》曰："人之生，气之聚也。聚则为生，散则为死。"人之生死乃"气"之聚散。"气"由精气与形气构成，精气为"魂"，形气为"魄"。《左传·昭公七年》载："人生始化曰魄，既传魄，阳曰魂；用物精多，则魂魄强。"孔颖达疏："魂魄，神灵之名，本从形气而有；形气既殊，魂魄各异，附形之灵为魄，附气之神为魂也。"②"魂"是人的内在生命力所在，"魄"依托于人之身躯，死亡就是"魂飞魄散"，即构成人的精气之魂离开肉身继续活动，而"魄"随身消散，此所谓"魂气归于天，形魄归于地，自儿而归于鬼也。""魂气"虽归于天，但不能时刻在天上飘游，而需要一个"休憩"的"家"。如果灵魂无"家"可归，那么它或者成为旷野孤魂，或者要附着于一个活着的人，而给这个人带来种种厄运。为了安顿逝者的灵魂，同时使活着的人平安无恙，人们举行相应的丧葬活动安顿死者、表达哀思，并祈求赐福。考古发现，北京周口店山顶洞人在尸体周围撒有赤铁矿粉，这种葬俗与同时期的欧洲几乎相同，先人认为这样做能起到安魂的作用。新石器时代的文化遗存中，尸体随葬着死者生前使用过的生产工具或生活用品。③《礼记·檀弓下》云："葬于北方，北首，三代之达礼也，之幽之故也。"将死者葬于都城之北，头也朝北，因为这是灵魂归升之所。我国汉代有"上天苍苍，地下茫茫；死人归阴，

① 李景林：《儒家的丧祭理论与终极关怀》，《中国社会科学》2004年第2期。
② 《辞海》（缩印本），上海辞书出版社1990年版，第2285页。
③ 郭大东：《东方死亡论》，辽宁教育出版社1989年版，第26页。

生人归阳；生人有里，死人有乡”的碑文记载。① 这些情况表明，古人相信灵魂不灭，认为存在一个"归人"世界。

灵魂不灭的观念确立以后，世界便成了灵的世界和肉的世界的统一体。《礼记·祭法》云："人死曰鬼。""鬼"就是离开身躯继续活动的人的灵魂，它洞察人间世事，或降祸或赐福给世人。《礼记·檀弓下》载："君临臣丧，以巫、祝桃、茢、执戈，恶之也，所以异于生也。"君王参加臣子的葬礼，要施巫术，并带上桃枝、笤帚、戈，以避死者凶气，所以对待臣下活着时的礼节与丧礼不同。"鬼神之明必知之"、"鬼神之罚必胜之"② 反映了先民对灵魂不灭、鬼神有知的体认。

殷商时期，建立在死亡恐惧与鬼神崇拜基础之上的祖宗崇拜发展为一种普遍的社会现象。在殷人看来，先祖虽已离世，但他们只是到了另一个世界，这个世界是现实世界的一种翻版，有着等级之分、贫富之别，死而不灭的先灵与活着的人一样，仍然享用世间的一切，而这一切是由活着的后人提供的。"幽明两界好像只隔着一层纸，宇宙是人、鬼共有的；鬼是人的延长，权力可以长有，生命也可以长有。"③ 子孙后代要像孝养现世的父母长辈那样，为已逝的父母长辈找好安身之所，举行一定的安葬仪式告知世人他们与此世界的分离，也作为其向另一个世界的"报到"，由此形成了一套送死、善终的礼仪制度。阴宅风水之说最能体现阴阳两界的关联。日本学者村山智雄写道："墓地是父母的宅地，住宅是子孙的住所，父母与子孙的关系恰如根干和枝叶。如想要枝繁叶茂，与其把枝叶修理完好，还不如好好培植根干，才能又快又好地达到预想的目的。子孙与其在自己的住宅上下工夫，还不如把父母的住所安排妥当，才会更直接和迅速地对自己的生活产生影响。"④

"礼，履也，所以事神致福也"⑤，"礼"是事神祈福的活动，这里的"神"包括已经升天的父母先祖。王国维先生认为："盛玉以奉神人之器谓之丰"，"推之而奉神人之酒醴亦谓之醴，又推之，而奉神人之事通谓

---

① 周洁：《中日祖先崇拜研究》，世界知识出版社 2004 年版，第 79 页。

② 《墨子·明鬼下》。

③ 郭沫若：《中国古代社会研究》，人民出版社 1954 年版，第 48 页。

④ ［日］村山智雄：《朝鲜的风水》，东京国书刊行会 1931 年版，第 12 页。

⑤ （汉）许慎撰，（清）段玉裁注：《说文解字注》，上海古籍出版社 1981 年版，第 2 页。

之礼。"①"礼"字最早是指以器皿盛玉献祭神灵，后兼指以酒献祭神灵，更后则指一切祭祀神灵之事。将父母先祖神灵化是祖宗崇拜产生的血缘心理基础。孔子曰："之死而致死之，不仁而不可为也。之死而致生之，不知而不可为也。是故竹不成用，瓦不成味，木不成斫，琴瑟张而不平，竽笙备而不和，有钟磬而无簨虡，其曰明器，神明之也。"② 既不能把死者当做无知者，因为这样做是缺乏仁爱之心；也不能当做有知者，因为这是缺乏理智的表现；而应将其当做神明进行丧祭。由此看来，死亡的神秘化使另一个世界的父母先祖比在世时地位更高、更神圣，它能在冥冥之中静观世事、荫庇后人。可以说，中国人的祖宗崇拜是中国人的国教，是中国人的人间世界和神灵世界的主要联系。

（二）传统丧葬制度的伦理根基

《礼记·王制》将"冠、昏、丧、祭、乡、相见"归为"六礼"，《周礼》将"嘉、凶、吉、宾、军"作为"五礼"。"礼"是中国古代社会的人伦总则，是宗法等级制度和人们行为规范的总称。丧礼属于凶礼之一，包括丧、葬、祭三个部分。"丧"是关于活着的人即死者亲属在丧期内的服饰及其活动的规范，主要是指丧服制度。"葬"是关于死者应享待遇的礼制，分为葬制与墓制，前者包括死者服饰、明器、棺椁及葬礼仪式等，后者指陵、墓的规格，如占地面积、高度、形制及墓前神道、石刻等。"祭"是丧葬之祭，即丧期内之祭祀，具体分为丧祭与吉祭，前者指百日卒哭内（从死亡到下葬以及死者神主移至宗庙）之祭祀，后者指卒哭祭后至丧期期满之前的祭祀。③ 丧葬制度作为我国古代礼制的重要组成部分，主要功能在于"辨君臣、上下、长幼之位"，"别男女、父子、兄弟之亲，婚姻、疏数之交"④，这正是孝道之根本。

孝道是中国传统伦理文化的根荄。传统丧葬制度作为宗法等级制的载体和宗法伦理的重要体现，正是以孝道作为伦理根基。孝道从本质上是对家族内部父母与子女之间权利和义务关系的规定，主要体现为子女对父母

---

① 王国维：《观堂集林》第一册，中华书局1959年版，第291页。

② 《礼记·檀弓上》。

③ 丁凌华：《中国丧服制度史》，上海人民出版社2000年版，第2页。

④ 《礼记·哀公问》。

的赡养及父母死后的丧祭。孔子曰："生，事之以礼；死，葬之以礼，祭之以礼。"①"孝"不仅表现为现世的"亲亲"、"尊尊"，而且体现在父母、长辈死后，也要一如既往地奉行孝道。《孝经·孝纪行》曰："孝子之事亲也，居则致其敬，养则致其乐，病则致其忧，丧则致其哀，祭则致其严，五者备矣，然后能事亲。"《孝经·丧亲》曰："生事爱敬，死事哀戚，生民之本尽矣，死生之义备矣，孝子之事亲终矣。"《曾子·本孝篇》曰："故孝子之于亲也，生则有义以辅之，死则哀以莅焉，祭祀则莅之以敬，如此而成于孝。"都是讲子女对父母生、养、病、死、祭均有不同的伦理要求，但都是围绕"孝"进行的，生要敬养、死要礼葬、祭要虔敬，所谓"事死如事生，事亡如事存，孝之至也。"②

《礼记·丧服小记》云："亲亲，尊尊，长长，男女之有别，人道之大者也。""亲亲"、"尊尊"一方面体现为家庭内部子女对父母、长辈的孝敬之情；另一方面，体现在将家庭内部之孝道扩展至整个社会，移孝作忠，所谓"资于事父以事君而敬同。贵贵，尊尊，义之大者也。故为君亦斩衰三年，以义制者也。"③为父斩衰三年，为君亦如此。将孝道贯穿于由生到死的整个过程，并由家到国普遍推行，"亲亲"、"尊尊"之道就能世世代代延续下去。由此，丧葬制度成为传统礼制不可缺少的组成部分和调节宗法伦理关系的重要机制。

《礼记·曲礼下》曰："天子死曰崩，诸侯曰薨，大夫曰卒，士曰不禄，庶人曰死。"在"死"的称谓上，天子、诸侯、大夫、士、庶民各不相同，直观地表现了儒家丧葬制度的等级伦理特征。"死"的称谓尚且不同，丧葬礼制自然存在很大差别。

《礼记·大传》云："服术有六：一曰亲亲，二曰尊尊，三曰名，四曰出入，五曰长幼，六曰从服。"这是制定丧服制度的六条原则，体现了"亲亲"、"尊尊"在丧葬制度中的纲领性地位。"其恩厚者其服重，故为父斩衰三年，以恩制者也。"④血亲关系深厚、恩重的，丧服也重，为父

---

① 《论语·为政》。
② 《中庸》第十九章。
③ 《礼记·丧服四制》。
④ 同上。

斩衰三年，就是因为父亲的恩情最深。不同等级的官吏与庶民在殓服、复
衾颜色、尸口所含、铭旌、明器规格、柩饰等方面都有相应的规定，不得
乱用。同时，由于宗法制度明显偏重父系血亲关系，丧葬制度亦如此，如
《礼记·丧服四制》云："资于事父以事母而爱同。天无二日，土无二王，
国无二君，家无二尊，以一治也。故父在为母齐衰期者，见无二尊也。"
在先秦服叙中，宗亲即父族与外亲即母族呈现出极不平等的地位，所谓
"由父之父而递推之，百世皆吾祖也；由母之母而递推之，三世之外有不
知谁何者矣"①。父为至尊，母为至亲，为了突出父亲的至尊地位，必须
压制至亲的地位，此为"压降"。父亲在世，为母之服"压降"为齐衰杖
期；父亲已死，而余尊犹在，为母之服仍需"压降"为齐衰三年。

"亲亲以三为五，以五为九。上杀，下杀，旁杀，而亲毕矣。"② 这是
丧葬制度的总原则。"杀"意为递减，"上杀"是由父而祖父而曾祖父而
高祖父，"下杀"是由子而孙而曾孙而玄孙，均是共四世而穷，血亲锁链
一层远于一层，彼此情感渐次疏远，丧葬礼重一层轻于一层。服丧期就是
根据此原则依血缘亲疏而渐次递减：为父服斩衰三年丧，为祖父服齐衰
丧，为曾祖、高祖皆服齐衰三月；父为子服齐衰期（若为嫡长子则服斩
衰三年），为孙服大功九月，为曾孙服小功五月，为玄孙服缌麻三月；为
父之兄弟（伯父、叔父）服齐衰期，为祖之兄弟服小功五月，为曾祖之
兄弟则服缌麻；又父为兄弟之子视若己子而服齐衰期，为堂兄弟之子小
功五月，为族兄弟之子服缌麻，服至缌麻而尽。③

（三）传统丧葬制度的伦理意涵

"丧有四制，变而从宜，取之四时也。有恩，有理，有节，有权，取
之人情也。恩者仁也，理者义也，节者礼也，权者知也。仁、义、礼、
知，人道具矣。"④ "知"即"智"，"仁"、"义"、"礼"、"智"是中国传
统道德的核心，是丧葬制度所依据的伦理准则。"有恩"指丧葬要依据亲
情恩德对死者表达感恩之情，"有理"指丧葬应循理守义，"有节"是指

---

① 崔述撰著、顾颉刚编订：《崔东壁遗书》，上海古籍出版社 1983 年版，第 625 页。
② 《礼记·丧服小记》。
③ 杨天宇撰：《礼记译注》（上），上海古籍出版社 2004 年版，第 403—404 页。
④ 《礼记·丧服四制》。

丧葬要适度，"有权"指丧葬的权变性。丧葬制度的具体伦理意涵体现在以下五个方面。

第一，感恩为重。《荀子·礼论》云："事生不忠厚不敬文，谓之野，送死不忠厚不敬文，谓之瘠。君子贱野而羞瘠。"不论"事生"，还是"送死"，都是为了报答父母的养育之恩。儒家认为，事死与事生是并重的，孟子甚至认为"养生者不足以当大事，惟送死可以当大事"①。在一定程度上，事死似乎更能体现孝子的一片孝心，因为孝养对象已经辞世，丧葬是否适宜，完全在于人子的道德自觉，因而更能获得孝的荣耀。"故三年之丧，人道之至文者也，夫是之谓至隆，是百王之所同，古今之所壹也"②。为逝去的父母服丧三年，这种最隆重的葬礼为历代王者所遵循，古今一致。这是为什么？孔子说："子生三年，然后免于父母之怀。三年之丧，天下之通丧也。"③"斯礼也，达乎诸侯、大夫，及士、庶人。……三年之丧，达乎天子；父母之丧，无贵贱，一也。"④曾子曰："三年之丧，……自天子达于庶人，三代共之。"⑤父母生下儿女，至少要抚育三年，儿女才能离开父母的怀抱，所以，子女为父母也要服丧三年，自天子以至庶民概不例外。"三年之丧何也？曰：称情而立文，因以饰群别、亲疏、贵贱之节，而弗可损益也，故曰'无易之道'也。"⑥三年之丧符合人之常情，表明父母恩情最重，是区分群己、亲疏、贵贱的重要标志，是不可更改的人伦之道。三年之丧的普遍推行对于巩固宗法等级统治秩序具有重要意义。

第二，丧主敬哀。《礼记·少仪》曰：祭祀主敬，"丧事主哀。"《礼记·杂记下》载："子贡问丧，子曰：'敬为上，哀次之，瘠为下。颜色称其情，戚容称其服。"丧葬是发自内心地敬重死去的父母而表达哀痛之情的一种礼制，衣、食、住、行、容各方面都有严格规定。《白虎通·丧

---

① 《孟子·离娄下》。
② 《礼记·三年问》。
③ 《论语·阳货》。
④ 《中庸》第十八章。
⑤ 《孟子·滕文公上》。
⑥ 《礼记·三年问》。

服篇》云："丧礼必制衰麻，盖服以饰情，情貌相配，中外相应，故吉凶不同服，歌哭不同声，所以表中诚也。""中诚"指发自内心的敬重之情，丧葬活动是敬重之情的外显，丧服要饰情、情貌须相宜。"其往也如慕，其反也如疑。"① 为父母送葬时，如同小孩啼哭，葬毕返回时又像依恋父母而迟疑不愿回。"夫君子之居丧，食旨不甘，闻乐不乐，居处不安"②，居丧时，内心充满哀痛，食佳肴无味、听歌乐而不悦、居而不安。"三年之丧，言而不语，对而不问，庐、垩室之中，不与人坐焉。"③ 服三年之丧时，只说自己的事而不与别人议论事情，只回答别人的问话而不向别人发问。《礼记·丧大记》曰："父母之丧居倚庐，不涂，寝苦枕块，非丧事不言。君为庐宫之。大夫、士檀之。既葬，柱楣，涂庐，不于显者。君、大夫、士皆宫之。凡非适子者，自未葬，以于隐者为庐。""倚庐"是古人守丧时住的房子，用草木等物盖成，不涂泥。为表达对逝去父母的哀思，居倚庐、睡草苫、枕土块，以警示自己不忘父母之恩。孔子的学生高子皋为父服丧，"泣血三年，未尝见齿"④。鲁大夫县子曰："三年之丧如斩，期之丧如剡。"⑤ 服三年之丧心痛如刀斩，服一年之丧心痛似刀割。内心哀痛必外显于容，并以丧服表之，如《礼记·间传》云："斩衰何以服苴？苴，恶貌也，所以首其内而见诸外也。斩衰貌若苴，齐衰貌若枲，大功貌若止，小功、缌麻容貌可也。此哀之发于容体者也。"

　　《礼记·檀弓上》云："丧礼，与其哀不足而礼有余也，不若礼不足而哀有余也；祭礼，与其敬不足而礼有余也，不若礼不足而敬有余也。"丧葬是表达哀思的形式，寄托对逝去的亲人的哀思是丧葬的主要社会功能，内心之敬哀重于外在的礼数。儒家并不主张厚葬，而是主张丧葬要适宜，所谓"丧祭械用皆有等宜"⑥。《论语·八佾》载："林放问礼之本。子曰：'大哉问！礼，与其奢也，宁俭；丧，与其易也，宁戚。'""礼"

---

① 《礼记·檀弓上》。
② 《论语·阳货》。
③ 《礼记·杂记下》。
④ 《礼记·檀弓上》。
⑤ 《礼记·杂记下》。
⑥ 《荀子·王制》。

既不可多，也不可少，"礼贵在得中"，"唯其称也"①。既然"礼"不以奢为本，那么，丧葬之礼也不以厚葬为重，但也不能过于简单、草率，寄托哀思是其根本。

不仅要对逝去的亲人表达哀痛之情，对服丧之人也要表示同情，这是儒家仁爱思想在丧葬制度中的体现。孔子说："君子笃于亲，而民兴于仁。"② "爱亲"是"仁"的本始，"爱人"是"仁"的社会伦理本质。"子食于有丧者之侧，未尝饱也。于是日哭，则不歌。"③ 服丧者哀戚，饱食于其侧，是无恻隐之心，也是对服丧者的不尊重；若一日之中时哭时歌，则有亵于礼容。

第三，哀而不伤。古代丧葬制度十分烦琐，对守丧期间的服、食、住、言、行、容等都有严格规定，但它同时要求"毁不灭性，不以死伤生"④，"丧致乎哀而止"⑤ 体现了儒家仁爱的人伦精神。"丧礼，哀戚之至也，节哀顺变也，君子念始之者也。"⑥ 举行丧礼时，人子虽悲哀至极，但要节哀，要考虑父母最初生我之不易。孔子曰："毁瘠为病，君子弗为也。毁而死，君子谓之无子。"⑦ 人子既要表达哀痛之情，又不能因此而伤了身体，甚至生病而死，那样将被看做不孝。"居丧以礼，毁瘠不形，视听不衰，升降不由阼阶，出入不当门隧。居丧之礼，头有创则沐，身有疡则浴，有疾则饮酒食肉，疾止复初。不胜丧，乃比于不慈、不孝。五十不致毁，六十不毁，七十唯衰麻在身，饮酒食肉，处于内。"⑧ 守丧时因哀痛而难免身体消瘦，但不要瘦得皮包骨头，视力、听力也不要因此而减退，头上长了疮就要洗头，身上痒就要洗澡，生病了可以饮酒食肉。五十、六十、七十岁的人守丧更不要搞坏了身体，如七十岁守丧只穿丧服，

---

① 刘宝楠：《论语正义·八佾》注曰："礼之本意失于奢，不如俭。丧失于和易，不如哀戚。""先王之制礼也，不可多也，不可寡也，唯其称也。不同者，礼之差等。礼贵得中。"参见《诸子集成》第1卷，上海书店影印出版1986年版，第44页。

② 《论语·泰伯》。

③ 《论语·述而》。

④ 《礼记·丧服四制》。

⑤ 《论语·子张》。

⑥ 《礼记·檀弓下》。

⑦ 《礼记·杂记下》。

⑧ 《礼记·曲礼上》。

可以住在室内并饮酒食肉。又如《礼记·杂记下》云："丧事虽恶，必充饥。饥而废事，非礼也。"服丧期间饮食虽极为清淡，但要能充饥，因为饥饿而影响丧事，那也是违反礼制的。

丧期太长必毁伤身体，因此，三年之丧为最长之丧。《礼记·丧服四制》云："丧不过三年，苴衰不补，坟墓不培，祥之日，鼓素琴，告民有终也，以节制者也。""始死，三日不怠，三月不解，期悲哀，三年忧，恩之杀也。圣人因杀以制节，此丧之所以三年，贤者不得过，不肖者不得不及。此丧之中庸也，王者之所常行也。"三年之丧是最高的丧礼，贤者不得超过此期限，不孝者也不得少于它，这就是丧葬之中道。

第四，追思以承志。儒家言礼，以丧、葬、祭为一体①，目的在于"慎终追远"②。丧与葬更多表达的是"慎终"即丧尽其哀③，而祭祀更多体现了"追远"即追思以承志。斯人已逝，其高尚的德行与人品却是留给后人的宝贵财富，未竟之业有待后辈完成。孔子曰："武王、周公，其达孝矣乎！夫孝者，善继人之志，善述人之事者也。"④ 孔子认为，"孝"就是善于继承先人的遗志，善于秉承先人的事业。"祭者，所以追养继孝也。孝者，畜也。顺于道，不逆于伦，是之谓畜。是故孝子之事亲也，有三道焉：生则养，没则丧，丧毕则祭。"⑤ 丧祭是孝道之延伸，"养"、"丧"、"祭"是人子的人伦义务。父母在世时，以敬顺之心赡养之；父母去世，以悲哀的心情依礼葬之；葬后，适时、虔诚地祭祀他们，在追思中继承遗志、旺续祖业。这是孝子事亲须遵循的三个伦理原则，此所谓"君子生则敬养，死则敬享，思终生弗辱也"⑥。

第五，丧祭致和。孔子曰："立爱自亲始，教民睦也；立教自长始，教民顺也。教以慈睦，而民贵有亲；教以敬长，而民贵用命。孝以事亲，

---

① 李景林：《儒家的丧祭理论与终极关怀》，《中国社会科学》2004 年第 2 期。

② 《论语·学而》。

③ 刘宝楠著：《论语正义·学而》注曰："孔曰：'慎终者，丧尽其哀；追远者，祭尽其敬。君能行此二者，民化其德，皆归于厚也。'"参见《诸子集成》第 1 卷，上海书店影印出版 1986 年版，第 13 页。

④ 《中庸》第十九章。

⑤ 《礼记·祭统》。

⑥ 《礼记·祭义》。

顺以听命，错诸天下，无所不行。"① 以孝道为根基，由"亲亲"而"爱人"、行"仁"于天下，使家庭和睦、天下太平，是丧葬制度的社会伦理目标。"故得人之欢心，以事其亲。夫然，故生则亲安之，祭则鬼享之。是以天下和平，灾害不生，祸乱不作。故明王之以孝治天下也如此。"②孝养、礼葬、敬祭，始终如一，是孝道的内在要求，也是人与人之间和睦相处、家业兴旺、天下太平的治道。《礼记·祭义》云："祭日于坛，祭月于坎，以别幽明，以制上下。祭日于东，祭月于西，以别内外，以端其位。日出于东，月生于西，阴阳长短，终始相巡，以致天下之和。"祭祀日月要合于"阴阳长短"之变化，以达天下之和平，祭祀逝去的父母先祖也是这样，所谓"吉凶异道，不得相干，取之阴阳也。丧有四制，变而从宜，取之四时也"③。

二、丧葬现状及厚葬析因

由于传统文化的长期心理积淀，儒家丧葬制度对后世产生了深远影响，国人对丧葬活动大多很重视。当自己的父母、长辈辞世时，举行隆重的葬礼被视为孝行。而今，传统丧葬制度内蕴的孝道在一些地方已经发生畸变，形成了一股骇人的"白色消费"之风。

（一）人鬼争地，触目惊心

入土为安是我国的传统丧葬习俗。我国目前的土葬率约为70%，以每年700万死亡人口计算，每年约有500万人实行土葬。④ 若按平均一尸花费0.2分土地计算，则要占用耕地10万亩；每亩按1000斤粮食计，年损失粮食1亿斤，可供17万人吃一年；按每亩折合经济收入250元计，年均减少收入2500万元，以农村年人均基本生活水准2000元计，可供1.25万人生活一年。每口棺材按0.5方计，全国每年浪费木材250万方；每口棺材300元计，价值15亿元。一方面耕地严重不足，另一方面耕地又日复一日地被棺葬侵吞；一方面轻纺工业、农业以及人民日常生活需要

---

① 《礼记·祭义》。
② 《孝经·孝治》。
③ 《礼记·丧服四制》。
④ 宗奂文：《"白色消费"忧思录》，《投资北京》1995年第2期。

大量木材，另一方面许多珍贵木材随尸埋入地下。死人占了活人的土地，挤了活人的口粮，用了活人的木材，阴阳两界之争确乎激烈。

据调查，1995 年湘、浙、闽、粤、云、贵六省的"活人墓"已有近40 万座。其中，湖南省临湘县已有 5000 余座，杭州西湖一线景区有 1.7 万座，温州南阳乡 60％以上年过花甲的老人都有了"在生坟"。[①] 温州市林业局 1996 年 3 月所作调查表明，温州境内国道（主要是 104 国道）视野范围内青山被"白化"（指青山被各类刷白色灰浆的坟墓所蚕食的现象）的总面积为 22300 亩，含耕地 1500 多亩。其中，温州市丽岙镇山岭是"白化"最严重的地方，距 104 国道 50 多米的马鞍山上，多处地块坟坟相连，座座豪华的"椅子坟"触目惊心，一些坟前还建有亭台与围栏，整座山像披着白鳞的鱼脊。每座"椅子坟"最低花费 5000 元，多则十几万、几十万元，用于建墓的资金就达几亿元。[②] "修好坟、泽后人"的迷信心理和"富不富、看坟墓"的攀比心态是"活人墓"、"椅子坟"在一些地方愈演愈烈的主要原因。

（二）薄养厚葬，赎洗心债

在儒家看来，无论事死还是事生，都是为了践行人子之孝道，不可偏废任何一方。然而，现实生活中，薄养与厚葬的道德错位现象并不少见，厚葬成了一些人赎洗心债的一种补偿。一些子女在父母生前并不曾尽心赡养他们，在其清贫地过完一生安然离世后，却良心发现，大摆丧席，以求得心灵安慰与心理平衡。

据调查，1995 年山东省孟县人均年收入仅为 520 元，而为去世的 50 位老人操办丧事共花费 6.15 万元，人均丧葬费为 1230 元。50 位老人生前从儿女处得到的赡养费 10 年累计仅为 5.65 万元，也就是说，每位老人生前 10 年得到的赡养费总数仅为 1130 元[③]，竟抵不上人生最后一站的丧葬费！可这昂贵的丧葬费对于死者来说又有何用呢？它只不过是不孝子孙为获得孝名而不得不进行的一种面子消费。

丧葬费在一些地方是一笔不小的开支。按照长江中下游一些农村的习

---

①　宗奂文：《"白色消费"忧思录》，《投资北京》1995 年第 2 期。
②　傅昌波：《青山为何被"白化"》，《人民日报》1996 年 4 月 24 日。
③　宗奂文：《"白色消费"忧思录》，《投资北京》1995 年第 2 期。

俗，死者要让人瞻仰三天才能火化或土葬，为前来追悼的亲属、邻友及请来的吹鼓手、神汉等人办饭，一般人家要办 50 桌，以每桌 160 元计算，要花费 8000 元。加上棺材或骨灰盒、寿衣、烧纸、鞭炮及其他开销，往往要突破万元。湖南邵阳农村有两兄弟迫于舅舅的压力，花掉打工挣来的 10 多万元，将母亲厚葬，结果"埋了老娘，断了口粮"，安葬母亲后，兄弟俩又两手空空回广东打工了。"死不起人"的呼声在这一带农村越来越高。

（三）借尸还魂，迷信复燃

丧葬是生者为死者送行而举行的哀悼活动。在一些地方，借着死亡的黑色香火，迷信活动沉渣泛起。或是为了让逝去的父母、长辈在阴间享福，或是为了得到庇佑，请风水先生选看墓地、择安葬吉日，请道士、和尚或尼姑祈祷、诵经，做道场以超度亡灵，还要焚烧纸做的衣服、家具、电器、汽车、佣人、存款单等，丧葬服务可谓周到至致。在个别经济比较发达的沿海地区，"死文化"借尸还魂、迷信复燃，社会风气受到侵害，人们的心灵也遭受污染，富饶的贫瘠折射出物质文明与精神文明的巨大反差。

一些地方厚葬之风盛行主要有三个原因。一是丧葬的神秘化，这与祖宗崇拜有着内在关联。对祖宗的崇拜是中国人的传统心理，祭奠先祖是我国很多地方的传统习俗。祖父母及父母就是现世的祖宗，当他们去世时，修豪墓、择吉日、烧纸钱、做道场等，似乎可以使他们在阴间继续享福，也可使后人获得一种无形的荫庇。唯物主义认为，死亡是人生的终局，是自然之身的解体，不存在阴间或天堂。丧葬是对死者一生行为的总评，是寄托哀思、减轻生者内心伤痛的一种形式。厚葬于死者没有任何意义，只是对生者的心灵安慰。因此，正确认识死亡的本质与丧葬的意义，是破除厚葬陋习、实现丧葬革命的观念前提。二是孝的畸变与消费的畸形。一些不孝子孙在父母长辈有生之年，对其饮食起居很少过问，一旦父母长辈辞世，或迫于舆论的压力，或为了赎洗心债，或为了不被祖宗降祸，以厚葬示孝心。这难道是真孝吗?! 还有的以厚葬作为炫耀家门财富与地位的手段，使丧葬演绎为一股畸形消费的黑风。在父母长辈有生之年，以实际行动与爱心孝养他们，这才是真孝，厚养薄葬是我们应当推崇的现代孝理念。三是主管部门管理不到位。1997 年 7 月，国务院颁布了《殡葬管理条例》，指出殡葬管理的方针是："积极地、有步骤地实行火葬，改革土葬，节约殡葬用地，革除殡葬陋习，提倡文明节俭办丧事。"《条例》还规定，禁止在以下地区建造坟墓：耕地、林地；城市公园、风景名胜区和文物保护区；水库及河流堤坝附近和水源保护区；铁路、公路主干线两侧。殡葬要改革，思想要先行。在农村一些地方，摈除丧葬陋习、将祖祖辈辈所沿袭的土葬改为火葬，非短时期所能见效，需要人们革新观念，也需要各级政府民政部门细心做好丧户的工作，还需要其他部门的配合与支持。由于一些地方主管部门管理不到位，假火化、骨灰入棺再葬、违规埋葬等现象时有发生。有的殡葬管理部门受"黑色利益"驱动，以罚款代替火化，或将骨灰堂按方位、层架、大小进行等级处理，对追悼会也按不同规格收费，甚至与一些"黑色产业"相勾结，向丧家推销豪华丧葬用品与服务。一般人不会为丧事讨价还价，这在一定程度上助长了厚葬之风。

三、文明丧葬的伦理选择①

人生的最后一站是需要别人送行的，没有人送行未免显得凄凉。丧葬就是生者为死者送行的一系列哀悼活动，主要包括遗体处理与丧葬仪式。它是对死者一生的评价，同时反映出活着的人对待死亡的态度，折射出社会的文明程度。

寄托哀思、继往开来，让逝者的风范光照后人，这是丧葬的目的，也是其内容。内容决定形式，形式服从内容。让活着的人生活得更好，这才是符合道德的，也是最能告慰逝者并使之安息的举措。因此，以节葬取代厚葬是文明丧葬的伦理选择。

节葬最主要的是对遗体的从俭处理。土葬是我国广大农村沿袭了几千年的丧葬习俗。随着我国进入老龄社会，每年将有越来越多的老龄人走向人生的终点。土葬不仅要占用大量耕地，而且随着尸体腐烂、变质、溶解，大量病菌及某些有害微生物会对土壤、水分、植被等造成污染，有的病菌溶解于水土中，污染长达数十年。火化是一种既便捷又卫生的遗体处理形式，尸体焚化时 600—1000 度的高温足以杀灭任何病菌。随着火化设

---

① 参见刘喜珍《论丧葬道德》，《道德与文明》1994 年第 1 期。

备无公害技术的应用与推广，烟尘经过净化、消烟处理，火化方式将更加科学、卫生、文明。①

　　1956 年，毛泽东等老一辈革命家签名倡导火葬，拉开了我国丧葬改革的帷幕。1978 年，我国火化率为 18%，1988 年上升至 30%，1995 年为 34%。从总体情况看，火化率呈上升趋势。1997 年 7 月国务院颁发的《殡葬管理条例》规定："人口稠密、耕地较少、交通方便的地区，应当实行火葬"；"在实行火葬的地区，国家提倡以骨灰寄存的方式以及其他不占或者少占土地的方式处理骨灰"。现在，北京、天津、上海、广州等十三座大城市火化率已达 95%，北京高达 98%。然而，由于骨灰存放越积越多，一些城市骨灰堂已盒满为患。北京老山骨灰堂最大容量可放 4 万个骨灰盒，而最多时竟然存放了 5 万个。八宝山革命公墓用古建筑物改建的骨灰堂早在 1973 年就已存满。在周恩来总理的建议下，骨灰堂格子改小、层次增加、盒子也改小，还是不够用。后来相继腾出办公室扩建为骨灰堂，又砌建了一道存放骨灰盒的骨灰墙。然而，也只有副处级以上死者才可以登堂入室，后来只有部级以上干部的骨灰才有资格存放，副部级以下骨灰盒只能存放在骨灰墙内。天津市民政部门所属骨灰堂每年要新增"客户"3 万，每年新建、扩建骨灰堂的资金超过 70 万元，主要靠民政部门以借贷、延期付款等方式自筹。公墓可以在一定程度上缓解骨灰堂存放告急的问题，但一些公墓的价格让人望而生畏。在北京昌平、密云的某些经营性公墓，一平方米见方的墓穴已从几年前的几百元翻到几千元、甚至上万元，讲究一点的墓穴在三万元以上。再如北京西郊福田公墓：单人石料墓，1 平方米近 4000 元，1.7 平方米为 1.76 万元；双人石料墓：1.32 平方米为 6000 元左右；双人异形石料墓：1.30 平方米为 7000 元到 1.085 万元；其他异形墓：4 平方米为 7 万元，16 平方米为 16 万元。此价格已超过当时本地平均房价。②

　　绿色殡葬、回归自然既是现代环境伦理的要求，也是文明丧葬的伦理选择。从土葬到火葬是一次革命，从保留骨灰到不保留骨灰又是一次革命。在西方，火化率虽不高，对骨灰的处理方式却多样，有寄放在骨灰塔

---

① 杨伟：《火葬——殡葬改革之方向》，《民政论坛》1999 年第 3 期。
② 宗奂文：《"白色消费"忧思录》，《投资北京》1995 年第 2 期。

里的，有撒在草地、纪念圈中的，还有的撒在死者出生或工作过的地方。树葬是时下日本流行的一种丧葬方式：把骨灰埋在山中的墓地里，然后种上喜欢的花木做活墓碑，还可在树上挂上纪念饰物，这种方式为热爱大自然的人们所接受。日本一个市民团体曾对向岩手县临济宗寺院祥云寺树葬公园墓地提出树葬申请的 240 人进行了调查，对"申请树葬的理由"这个问题，70% 的人选择"可以回归自然"，40% 的人回答"不愿使墓地成为子女的负担"①。北京太子峪陵园是我国第一座骨灰纪念林，建林初就有 200 多位死者的骨灰掩埋在绿树丛中。1993 年，天津市郊区开辟了一座树木陵园，专供市民葬骨灰。亲人们只需将逝者的骨灰撒入树坑，再栽上树苗，以后即可按统一编号前来松土、锄草，以之祭奠。此举简便、经济、卫生，既依循了入土为安的民俗，又能满足后人祭奠的要求，也美化了环境，体现了人类源于自然归于自然的法则，同时映射了"化作尘泥更护花"的奉献精神。与江河大海、高山故地融为一体，则是另一种风格的丧葬形式，在这方面，老一辈革命家做出了表率，如：刘少奇的骨灰一部分播撒在河南大地、一部分融入大海，胡耀邦的骨灰撒在江西共青城，聂荣臻的骨灰撒在西昌沙漠，邓颖超的骨灰撒在天津海河，李先念的骨灰撒在大巴山、大别山与祁连山上……

　　丧葬改革还要尊重文化传统，做到因地制宜。火葬一般与文明、节俭、卫生、科学相联系；而土葬则与愚昧、落后、浪费、迷信等相关。土葬是我国农村的传统丧葬习俗，入土为安是绝大多数农村老人的心愿。在一些偏远的地区，尸体就地埋葬比火葬更方便、更经济，因为将尸体运至火葬场要支付一笔运输费，同时要支付火葬费及骨灰盒费等。在一些山区，更要翻山越岭或长途跋涉才能火化尸体，实在是劳民伤财。另外，一些少数民族各有不同的丧葬习俗，如藏族的天葬，傣族、门巴族的水葬，濮越族的悬棺葬，鄂温克族、鄂伦春族的树葬等。《殡葬管理条例》第六条规定："尊重少数民族的丧葬习俗；自愿改革丧葬习俗的，他人不得干涉。"因此，既要有步骤地推行丧葬改革，又要尊重文化传统与各民族的丧葬习俗，做到因地制宜。

　　安葬逝者只是完成了丧葬的第一步，祭奠逝者则是一种持久的缅怀活

---

① 闻川：《"树葬"化为草木伴青山》，《百姓》2004 年第 8 期。

动。清明节是我国最重要的传统祭祀节日，在这一天祭扫的习俗由来已久。"清明时节雨纷纷，路上行人欲断魂。"描写了清明节祭奠故亲、肝肠欲断的悲戚景况。每年的清明节及前后，不论农村还是城市，在墓地里常常飘散着数不清的元宝、冥币、纸钱，弥漫着熏人眼鼻的香烛，还有各式纸人、纸马、纸冰箱、纸轿车，甚至还有美元纸钞、笔记本电脑、飞机、别墅等，它们连同香烛、纸钱一起焚烧，据说是给逝者在另一个世界里的生活用品。毫无疑问，这些形式都寄托着人们对已故亲人的哀思。但我们也应看到，种种烧祭活动不仅浪费了大量钱财，也污染了空气，有时甚至引发火灾。据统计，广州一个清明节就烧掉300万元。① 2008年3月23日这一天，兰州有近15万市民扫墓，若以人均买祭品30元计算，就烧掉约450万元。② 祭奠先人、缅怀功德，表达哀思、继往开来，是祭扫的主要目的。2008年的清明节首次被规定为法定假日，人们有了固定的时间来祭奠故亲。那么，如何以一种简便而又文明的方式寄托哀思？祭奠形式反映出一个社会的文明程度。社区公祭、花祭、网祭等都不失为文明的祭祀方式。现代社会是一个网络社会，网祭越来越受到许多公众的认可。在祭祀网站，鼠标轻轻一点，就能为故亲献花、上香、点烛、献贡，还能点歌，不仅省时、省钱、省力，还很私密、环保、文明。这也许是今后丧葬改革的方向。

《左传·襄公二十四年》载："太上有立德，其次有立功，其次有立言，虽久不废，此之谓不朽。""立德"、"立功"、"立言"是人生不朽的三要道。假如活着为草芥，碌碌无为，而靠死后洋洋大观的丧葬排场为人生做最后的装饰，这实在是做形式主义的表演，也将增加后人的负担。《庄子·列御寇》记载了这样一个故事：庄子将死，弟子欲厚葬之，庄子曰："吾以天地为棺椁，以日月为连璧，星辰为珠玑，万物为赍送。吾葬具岂不备邪？何以加此！"弟子曰："吾恐乌鸢之食夫子也。"庄子曰："在上为乌鸢食，在下为蝼蚁食，夺彼与此，何其偏也。"葬身天地间乃

① 《广州一个清明烧掉300万 冥品甚至包括博士文凭》，http://news.enorth.com.cn/system/2003/04/04/000538969.shtml。

② 《兰州15万市民扫墓 陵园一天烧掉450万》，http://news.cqnews.net/system/2008/03/24/001123653.shtml。

为最后的逍遥，这种超越外在形式的丧葬观正是庄子与道为一、生死达观的最高诠释。墨家的节葬思想集中体现了我国传统丧葬伦理文化的精华。墨子坚决反对厚葬久丧，主张"埋葬之有节"①。他说："细计厚葬，为多埋赋之财者也；计久丧，为久禁从事者也。财以成者，扶而埋之；后得生者，而久禁之。以此求富，此譬犹禁耕而求获也。"②"衣食者，人之生利也，然且犹尚有节；埋葬者，人之死利也，夫何独无节于此乎？"③ 厚葬久丧既损财又费事，非仁义之举，因此，他主张"节丧"为政④。墨子的节葬思想为现代丧葬改革提供了一定的理论借鉴。

　　道德在经受着变革，对于丧葬的道德意义的评价也在经受着变革，无论是老龄人还是年轻人都应交出答卷。

---

① 《墨子·节葬下》。
② 同上。
③ 同上。
④ 同上。

主要参考文献

1. V. 奥斯特罗姆、D. 菲尼、H. 皮希特编：《制度分析与发展的反思——问题与抉择》，王诚等译商务印书馆 1992 年版。

2. 北京大学哲学系外国哲学史教研室编译：《西方哲学原著选读》上卷，商务印书馆 1981 年版。

3. 北京大学哲学系外国哲学史教研室编译：《古希腊罗马哲学》，商务印书馆 1982 年版。

4. ［美］加里·斯坦利·贝克尔：《家庭论》，王献生、王宇译，商务印书馆 1998 年版。

5. 陈可冀主编：《老龄化中国：问题与对策》，中国协和医科大学出版社 2002 年版。

6. 陈功：《我国养老方式研究》，北京大学出版社 2003 年版。

7. 陈蕃主编，刘兵副主编：《二十一世纪老龄问题研究》，宇航出版社 1993 年版。

8. 陈蕃、李伟长主编：《临终关怀与安乐死曙光》，中国工人出版社 2004 年版。

9. 陈映芳：《在角色与非角色之间——中国的青年文化》，江苏人民出版社 2002 年版。

10. 《辞海》（缩印本），上海辞书出版社 1990 年版。

11. ［古希腊］柏拉图：《游叙弗伦 苏格拉底的申辩 克力同》，严群译，商务印书馆 1983 年版。

12. ［美］丹尼尔·W. 布罗姆利：《经济利益与经济制度——公共政策的理论基础》，陈郁、郭宇峰、汪春译，上海三联书店、上海人民出版社 1996 年版。

13. 崔述撰著，顾颉刚编订：《崔东壁遗书》，上海古籍出版社 1983

年版。

14. 崔以泰、黄天中：《临终关怀学　理论与实践》，中国医药科技出版社 1992 年版。

15. 〔日〕村山智雄：《朝鲜的风水》，东京国书刊行会 1931 年版。

16. 《大学》，山东友谊出版社 1992 年版。

17. 戴望：《管子校正》，《诸子集成》第 5 卷，上海书店影印出版 1986 年版。

18. 〔美〕戴维·L. 德克尔：《老年社会学——老年发展进程概论》，沈健译，天津人民出版社 1986 年版。

19. 《邓小平文选》第三卷，人民出版社 1993 年版。

20. 丁凌华：《中国丧服制度史》，上海人民出版社 2000 年版。

21. 杜维明：《儒家伦理思想新论——创造性转化的自我》，曹幼华等译，江苏人民出版社 1991 年版。

22. 杜维明：《论儒家的宗教性》，段德智译，武汉大学出版社 1999 年版。

23. 杜预集解：《春秋经传集解》（三），上海古籍出版社 1988 年版。

24. （南朝）范晔撰：《后汉书》卷一、二，中华书局 1965 年版。

25. 方向东撰：《大戴礼记汇校集解》（上），中华书局 2008 年版。

26. 费孝通：《乡土中国　生育制度》，北京大学出版社 1998 年版。

27. 〔美〕E. 弗洛姆：《健全的社会》，孙恺详译，贵州人民出版社 1994 年版。

28. 高兆明：《制度公正论——变革时期道德失范研究》，上海文艺出版社 2001 年版。

29. 〔英〕威廉·葛德文：《政治正义论》第三卷，何慕李译，商务印书馆 1980 年版。

30. 〔美〕德尼·古莱：《发展伦理学》，高銛、温平、李继红译，社会科学文献出版社 2003 年版。

31. 郭齐勇主编：《儒家伦理思想争鸣集——以"亲亲互隐"为中心》，湖北教育出版社 2004 年版。

32. 郭大东：《东方死亡论》，辽宁教育出版社 1989 年版。

33. 郭沫若：《中国古代社会研究》，人民出版社 1954 年版。

34. 国家统计局人口和社会科技统计司编:《2002 中国人口》,中国统计出版社 2003 年版。

35. 国家统计局人口和就业统计司编:《2004 中国人口》,中国统计出版社 2005 年版。

36. 国务院人口普查办公室、国家统计局人口和社会科技统计司编:《2000 年第五次全国人口普查主要数据》,中国统计出版社 2001 年版。

37. 国务院人口普查办公室、国家统计局人口和社会科技统计司编:《中国 2000 年人口普查资料》(中册),中国统计出版社 2002 年版。

38. [英] 弗里德利希·冯·哈耶克:《自由秩序原理》(上),邓正来译,生活·读书·新知三联书店 1997 年版。

39. [德] 马丁·海德格尔:《存在与时间》,陈映嘉、王庆节合译,生活·读书·新知三联书店 1987 年版。

40. 何怀宏:《底线伦理》,辽宁人民出版社 1998 年版。

41. [德] 黑格尔:《法哲学原理》,范扬、张企泰译,商务印书馆 1961 年版。

42. [美] 乔恩·亨德里克斯、戴维斯·亨德里克斯:《金色晚年——老龄问题面面观》,程越、过启渊、陈奋奇译,上海译文出版社 1992 年版。

43. 桓宽撰:《盐铁论》,《诸子集成》第 8 卷,上海书店影印出版 1986 年版。

44. 胡锦涛:《高举中国特色社会主义伟大旗帜　为夺取全面建设小康社会新胜利而奋斗——在中国共产党第十七次全国代表大会上的报告》,人民出版社 2007 年版。

45. [美] N. R. 霍曼、H. A. 基亚克:《社会老年学——多学科展望》,冯韵文、屠敏珠译,社会科学文献出版社 1992 年版。

46. 科林·吉列恩、约翰·特纳、克利夫·贝雷、丹尼斯·拉图利普编著:《全球养老保障——改革与发展之路》,杨燕绥等译,中国劳动社会保障出版社 2002 年版。

47. [苏] A. И. 季塔连科主编:《马克思主义伦理学》,黄其才等译,中国人民大学出版社 1984 年版。

48. 靳凤林:《死而后生——死亡现象学视阈中的生存伦理》,人民出版社 2005 年版。

49. 焦循:《孟子正义》,《诸子集成》第 1 卷,上海书店 1986 年影印出版。

50. 〔美〕康芒斯:《制度经济学》(上册),于树生译,商务印书馆 1962 年版。

51. 〔美〕约翰·R. 科斯、A. 阿尔钦、D. 诺斯等:《财产权利与制度变迁——产权学派与新制度学派译文集》,上海三联书店、上海人民出版社 1994 年版。

52. 〔德〕柯武刚、史漫飞:《制度经济学——社会秩序与公共政策》,韩朝华译,商务印书馆 2000 年版。

53. 〔美〕L. 科尔伯格:《道德发展心理学 道德阶段的本质与确证》,郭本禹等译,华东师范大学出版社 2004 年版。

54. 李德浜:《老年社会学》,人民出版社 1988 年版。

55. 李零:《郭店楚简校读记》,北京大学出版社 2002 年版。

56. 厉以宁:《超越市场与超越政府——论道德力量在经济中的作用》,经济科学出版社 1999 年版。

57. 廖小平:《伦理的代际之维》,人民出版社 2004 年版。

58. 刘宝楠:《论语正义》,《诸子集成》第 1 卷,上海书店 1986 年影印版。

59. 〔美〕伊恩·罗伯逊:《社会学》(上册),黄育馥译,商务印书馆 1990 年版。

60. 〔美〕约翰·罗尔斯:《正义论》,何怀宏、何包钢、廖申白译,中国社会科学出版社 1988 年版 (2005 年 12 月第 7 次印刷)。

61. 〔美〕约翰·罗尔斯:《作为公平的正义:正义新论》,姚大志译,上海三联书店 2002 年版。

62. 罗国杰主编:《伦理学》,人民出版社 1989 年版。

63. 罗国杰、宋希仁编著:《西方伦理思想史》下卷,中国人民大学出版社 1988 年版。

64. 罗国杰主编:《中国传统道德》简编本,中国人民大学出版社 1995 年版。

65. 罗国杰主编:《中国传统道德·理论卷》,中国人民大学出版社

1995 年版。

66.《马克思恩格斯全集》第 1 卷，人民出版社 1956 年版。

67.《马克思恩格斯全集》第 3 卷，人民出版社 1960 年版。

68.《马克思恩格斯全集》第 20 卷，人民出版社 1971 年版。

69.《马克思恩格斯全集》第 23 卷，人民出版社 1972 年版。

70.《马克思恩格斯全集》第 25 卷，人民出版社 1974 年版。

71.《马克思恩格斯全集》第 26 卷（I），人民出版社 1972 年版。

72.《马克思恩格斯全集》第 35 卷，人民出版社 1971 年版。

73.《马克思恩格斯全集》第 42 卷，人民出版社 1979 年版。

74.《马克思恩格斯全集》第 46 卷（上册），人民出版社 1979 年版。

75.《马克思恩格斯选集》第一卷，人民出版社 1972 年版。

76.《马克思恩格斯选集》第 1 卷，人民出版社 1995 年版。

77.《马克思恩格斯选集》第二卷，人民出版社 1972 年版。

78.《马克思恩格斯选集》第 3 卷，人民出版社 1995 年版。

79.《马克思恩格斯选集》第四卷，人民出版社 1972 年版。

80. 马承洛主编：《上海博物馆藏战国楚竹书》（二），上海古籍出版社 2002 年版。

81. 马惠娣、张景安主编：《中国公众休闲状况调查》，中国经济出版社 2004 年版。

82. 马全祥、塘萍：《银发爱情　当代中国老人情感调查实录》，华龄出版社 2005 年版。

83.［美］玛格丽特·米德：《文化与承诺——项有关代沟问题的研究》，周晓虹、周怡译，河北人民出版社 1987 年版。

84.［美］玛格丽特·米德：《代沟》，曾胡译，光明日报出版社 1988 年版。

85. 苗力田主编：《亚里士多德全集》第八卷，中国人民大学出版社 1994 年版。

86.《明太祖实录》（一）第 20 卷。

87.《明太祖实录》（四）第 178 卷。

88. 穆光宗：《家庭养老制度的传统与变革》，华龄出版社 2002 年版。

89.［美］道格拉斯·C. 诺斯：《经济史中的结构与变迁》，陈郁、罗华平等译，上海三联书店 1994 年版。

90.（宋）欧阳修等撰：《新唐书》卷一十九、六十一，中华书局 1975 年版。

91.《普列汉诺夫哲学著作选集》第二卷，生活·读书·新知三联书店 1961 年版。

92.［美］罗科斯·庞德：《通过法律的社会控制——法律的任务》，沈宗灵、董世忠译，商务印书馆 1984 年版。

93. 钱东平：《政府德性论》，江苏人民出版社 2005 年版。

94. 瞿同祖：《中国法律与中国社会》，中华书局 1981 年版。

95. 全国老龄工作委员会办公室、中国老龄协会编：《第二次老龄问题世界大会暨亚太地区后续行动会议文件选编》，华龄出版社 2003 年版。

96. 全国老龄工作委员会办公室编：《老龄工作干部读本》，华龄出版社 2003 年版。

97. 汝信、陆学艺、李培林主编，黄平、陆建华副主编：《2004 年：中国社会形势分析与预测》，社会科学文献出版社 2004 年版。

98. 沈立人：《中国弱势群体》，民主与建设出版社 2005 年版。

99. 沈善洪、王凤贤：《中国伦理思想史》（上），人民出版社 2005 年版。

100.［美］西奥多·W. 舒尔茨：《人力资本投资——教育和研究的作用》，蒋斌、张蘅译，商务印书馆 1990 年版。

101.［美］丽莎·斯冈茨尼：《角色变迁中的男性与女性》，潘建国等译，浙江人民出版社 1988 年版。

102. 世界卫生组织编：《积极老龄化政策框架》，华龄出版社 2003 年版。

103. 舒雨等：《道德盲点》，内蒙古人民出版社 2004 年版。

104. 睡虎地秦墓竹简整理小组编：《睡虎地秦墓竹简》，文物出版社 1978 年版。

105. 司马云杰：《文化社会学》，山东大学出版社 1990 年版。

106. 孙诒让：《墨子闲诂》，《诸子集成》第 4 卷，上海书 1986 年店影印出版。

107.［英］汤因比、［日］池田大作：《展望二十一世纪——汤因比与池田大作对话录》，荀春生译国际文化出版公司 1985 年版。

108. ［英］苏珊·特斯特：《老年人社区照顾的跨国比较》，周向虹、张小明译，中国社会出版社 2002 年版。

109. 田雪原主编，肖振禹副主编：《人口·经济·社会可持续发展》，中国经济出版社 2003 年版。

110. 王伟、鄯爱红：《行政伦理学》，人民出版社 2005 年版。

111. 王国维：《观堂集林》第一册，中华书局 1959 年版。

112. 王计生主编，余亚平、胡余君、何先美副主编：《事死如生——殡葬伦理与中国文化》，百家出版社 2002 年版。

113. 王平、李海燕：《死亡与医学伦理》，武汉大学出版社 2005 年版。

114. （北宋）王钦若等编：《册府元龟》卷五十五《帝王部·养老》，中华书局 1960 年版。

115. 王树新：《社会变革与代际关系研究》，首都经济贸易大学出版社 2004 年版。

116. 王先谦注：《荀子集解》，《诸子集成》第 2、3 卷，上海书店影印出版 1986 年版。

117. 王晓军主编：《社会保障精算原理》，中国人民大学出版社 2000 年版。

118. 王小锡、华桂宏、郭建新：《道德资本论》，人民出版社 2005 年版。

119. 卫兴华主编，魏杰副主编：《中国社会保障制度研究》，中国人民大学出版社 1994 年版。

120. 魏英敏主编：《新伦理学教程》，北京大学出版社 2003 年第 2 版。

121. 韦政通：《伦理思想的突破》，中国人民大学出版社 2005 年版。

122. 韦政通：《中国文化概论》，岳麓书社 2003 年版。

123. 邬沧萍主编，杜鹏、姚远、姜向群副主编：《社会老年学》，中国人民大学出版社 1999 年版。

124. 吴忠民：《社会公正论》，山东人民出版社 2004 年版。

125. ［古罗马］西塞罗：《论老年 论友谊 论责任》，徐亦春译，商务印书馆 1998 年版。

126. ［美］K. W. 夏埃、S. L. 威里斯：《成人发展与老龄化》，乐国安、韩威、周静等译，华东师范大学出版社 2003 年版。

127. 夏勇：《人权概念起源》，中国政法大学出版社 1992 年版。

128. 《孝经》，远方出版社 2004 年版。

129. 肖群忠：《孝与中国文化》，人民出版社 2001 年版。

130. 肖巍：《女性主义关怀伦理学》，北京出版社 1999 年版。

131. ［英］休谟：《人性论》（下册），关文运译，商务印书馆 1983 年版。

132. 《续文献通考》（一）卷四十九，浙江古籍出版社 1988 年版。

133. （汉）许慎撰，（清）段玉裁注：《说文解字注》，上海古籍出版社 1981 年版。

134. ［古希腊］亚里士多德：《政治学》，吴寿彭译，商务印书馆 1965 年版。

135. ［古希腊］亚里士多德：《尼各马科伦理学》，苗力田译，中国社会科学出版社 1999 年版。

136. 杨天宇撰：《礼记译注》（上、下），上海古籍出版社 2004 年版。

137. 易法建：《道德场论》，湖南出版社 2001 年版。

138. 姚新中、焦国成：《中西方人生哲学比论》，中国人民大学出版社 2001 年版。

139. 于洪编著：《外国养老保障制度》，上海财经大学出版社 2005 年版。

140. 曾钊新：《道德与心理》，湖北教育出版社 1989 年版。

141. 曾钊新、孙仲文、陆立德主编：《社会学教程》，吉林教育出版社 1987 年版。

142. 朱贻庭主编：《中国传统伦理思想史》，华东师范大学出版社 1989 年版。

143. 张晋藩：《中国法律史论》，法律出版社 1982 年版。

144. （清）张廷玉等撰：《明史》卷二、卷三，中华书局 1974 年版。

145. 张永杰、程远忠：《第四代人》，东方出版社 1988 年版。

146. 周辅成编：《西方伦理学名著选辑》上卷，商务印书馆 1996 年版。

147. 周洁：《中日祖先崇拜研究》，世界知识出版社 2004 年版。

148. 《周礼·仪礼·礼记》，岳麓书社 1989 年版。

149. 周中之主编：《伦理学》，人民出版社 2004 年版。

150. 《中国人类发展报告 2005　追求公平的人类发展》，中国对外翻译出版公司 2005 年版。

151. 《中庸》，山东友谊出版社 1992 年版。

152. The Department of Economic and Social Affairs of the United Nations Secretariat：*The World Ageing Situation：Exploring a Society for All Ages.* New York：United Nations Publication，2001.

153. Rossella Palomba："Italy：the Invisible Change"，in Hein Moors and Rossella Palomba（ed.），*Population，Family，and Welfare：A Comparative Survey of European Attitudes.* Vol. 1. Oxford：Clarendon Press，1995.

154. Chris Phillipson："Family Care of the Elderly in Great Britain"，in Jordan I. Kosberg（ed.），*Family Care of the Elderly：Social and Cultural Changes.* Sage Publication Inc.，1992.

155. Joan C. Tronto：*Moral Boundaries*，New York·London：Routledge，Chapman and Hall，Inc.，1993.

156. 博达：《老年临终期的基本需求结构及其低限特征》，《江西社会科学》2000 年第 9 期。

157. 陈爱萍：《老年病人临终关怀进展》，《中华护理》2003 年第 7 期。

158. 陈德君：《人口老龄化与养老服务保障体系》，《人口研究》2001 年第 6 期。

159. 陈皆明：《投资与赡养——关于城市居民代际交换的因果分析》，《中国社会科学》1998 年第 6 期。

160. 陈晓明：《老年人再婚难在哪》，《长寿》2002 年第 6 期。

161. 丁华、徐永德：《北京市社会办养老院入住老人生活状况及满意度调查分析》，《北京社会科学》2007 年第 3 期。

162. 丁元、赵光敏：《社会道德场初探》，《河南师范大学学报》（哲学社会科学版）1998 年第 4 期。

163. 杜鹏、邬沧萍：《跨学科交叉研究与 21 世纪老年学的发展》，《中国人民大学学报》2001 年第 3 期。

164. 杜鹏、武超：《中国老年人的主要经济来源分析》，《人口研究》1998 年第 4 期。

165. 杜鹏、殷波：《两代人对老年人再婚态度的实证分析》，《人口研究》2004 年第 4 期。

166. 范忠信：《中西法律传统中的"亲亲相为隐"》，《中国社会科学》1997 年第 3 期。

167. 费孝通：《家庭结构变动中的老年赡养问题——再论中国家庭结构的变动》，《北京大学学报》（哲学社会科学版）1983 年第 3 期。

168. 傅昌波：《青山为何被"白化"》，《人民日报》1996 年 4 月 24 日。

169. 龚群：《论社会伦理关系》，《中国人民大学学报》1999 年第 4 期。

170. 韩东屏：《纵论安乐死之争》，中国人民大学复印报刊资料《伦理学》2005 年第 11 期。

171. 贾琳：《明天我们怎样养老》，《中国老年报》2002 年 2 月 3 日。

172. 蒋志学、刘艳、赵艳霞：《老年人生活质量指标体系探析》，《市场与人口分析》2003 年第 3 期。

173. 金一虹：《再婚与再婚家庭研究》，《学海》2002 年第 2 期。

174. 景权：《影响老年人再婚质量的原因》，《老年人》2005 年第 5 期。

175. 邝峰：《一种新型社会养老模式：居家养老》，《辽宁师范大学学报》（社会科学版）2005 年第 3 期。

176. 《老年人需要相伴还是爱情》，《科技文萃》1995 年第 9 期。

177. 李景林：《儒家的丧祭理论与终极关怀》，《中国社会科学》2004 年第 2 期。

178. 李义庭、付丽、刘芳等：《老龄化社会对老年人社会关怀对策的研究——对北京市老年人社会关怀调查的报告》，《医学与哲学》2006 年第 1 期。

179. 《"临终关怀"的社会意义》，《法制文萃报》2007 年 1 月 15 日。

180. 林顺道：《浙江温州民间念佛诵经结社集会调查研究》，《世界宗教研究》2003 年第 4 期。

181. 刘桂山：《英国推出"道德"股指》，《北京青年报》2001 年 7 月 12 日。

182. 刘清平：《美德还是腐败？——析〈孟子〉中有关舜的两个案例》，《哲学研究》2002 年第 2 期。

183. 刘喜珍：《老龄道德资源初探》，《道德与文明》2006 年第 4 期。

184. 刘喜珍：《论劳动后阶段的道德延伸》，《求索》1995 年第 5 期。

185. 刘喜珍：《论丧葬道德》，《道德与文明》1994 年第 1 期。

186. 罗淳：《关注老年贫困》，《新华文摘》2005 年第 24 期。

187. 罗灿辉、谢啸平、冯梅、姜冬九、陶新陆：《200 例住院临终患者的心理特征与护理需求》，《中华医院管理杂志》1997 年第 12 期。

188. 马金：《浅析我国丧偶老人再婚问题》，《南方人口》1998 年第 1 期。

189. 苗树彬等：《寻找经济转轨与社会公平统一的发展道路——中科院"经济转轨与社会公平改革形势分析会"综述》，《光明日报》2004 年 8 月 17 日。

190. 穆光宗：《老龄人口的精神赡养问题》，《中国人民大学学报》2004 年第 4 期。

191. 彭定光：《制度运行伦理》，中国人民大学复印报刊资料《伦理学》2004 年第 7 期。

192. 任净：《从老有所养到老年小康的模式探索——"居家养老院"的调查分析和多层次发展设想》，《中国发展》2005 年第 2 期。

193. 宋希仁：《伦理与道德的异同》，《河南师范大学学报》（哲学社会科学版）2007 年第 5 期。

194. 谭琳、徐勤、朱秀杰：《"搭伴养老"：我国城市老年同居现象的社会性别分析》，《学海》2004 年第 1 期。

195. 万俊人：《从政治正义到社会和谐——以罗尔斯为中心的当代政治哲学反思》，《哲学动态》2005 年第 6 期。

196. 王德文、张恺悌：《中国老年人口的生活状况与贫困发生率估计》，《中国人口科学》2005 年第 1 期。

197. 王正鹏、叶青：《空巢怎样变"爱巢"》，《北京晨报》2000 年

12 月 19 日。

198. 闻川：《"树葬"化为草木伴青山》，《百姓》2004 年第 8 期。

199. 邬沧萍：《提高对老年人生活质量的科学认识》，《人口研究》2003 年第 5 期。

200. 吴振云、李娟、许淑莲：《不同养老方式下老年人心理健康状况的比较研究》，《中国老年学杂志》2003 年第 11 期。

201. 徐北：《日本老人退休不下岗》，《北京青年报》2008 年 6 月 25 日。

202. 徐若兰：《老年再婚的社会学思考》，《社会福利》2003 年第 8 期。

203. 杨通进：《论正义的环境》，《哲学研究》2006 年第 6 期。

204. 杨善华、贺常梅：《责任伦理与城市居民的家庭养老——以"北京市老年人需求调查"为例》，《北京大学学报》（哲学社会科学版）2004 年第 1 期。

205. 杨镇涛：《对老年人再婚问题的社会调查》，《中原精神医学学刊》2001 年第 3 期。

206. 杨伟：《火葬——殡葬改革之方向》，《民政论坛》1999 年第 3 期。

207. 姚远：《老年人社会价值与中国传统社会关系的文化思考》，《人口研究》1999 年第 5 期。

208. 姚立：《荷兰老人出国躲避安乐死》，《环球时报》2004 年 2 月 11 日。

209. 伊密：《社区——接过家庭照顾功能的第一棒》，《人口与经济》2000 年第 3 期。

210. 于学军：《中国人口老化与代际交换》，《人口学刊》1995 年第 6 期。

211. 袁峰、陈四光：《美国死亡教育发展概况》，《湖北教育学院学报》2007 年第 1 期。

212. 战捷：《高龄老人临终前完全需要他人照料状况研究》，《中国人口科学》2004 年增刊。

213. 张桂宝：《关注老年人的精神赡养》，《家庭医学》2000 年第 6 期。

214. 张恺悌、夏传玲：《老年社会学研究综述》，《社会学研究》

1995 年第 5 期。

　　215. 张庆国、曹志勇：《老龄人临终关怀的现状与需求——以济南市为个案的调查报告》，《新余高专学报》2003 年第 4 期。

　　216. 郑晓江：《论死亡焦虑及其消解方式》，《南昌大学学报》（人文社会科学版）2001 年第 2 期。

　　217. 郑晓江：《宗教之生死智慧与人类的灵性关怀》，《南京师范大学文学院学报》2005 年第 4 期。

　　218. 郑晓江：《论死亡的超越》，《江西财经大学学报》2001 年第 1 期。

　　219. 周长城、饶权：《政策层面的生活质量指标体系》，《江苏社会科学》2002 年第 1 期。

　　220. 周立臻：《赴香港考察报告》，《现代护理》2002 年第 11 期。

　　221. 中华人民共和国国务院新闻办公室：《中国的社会保障状况和政策》，《人民日报》2004 年 9 月 8 日。

　　222. 宗奂文：《"白色消费"忧思录》，《投资北京》1995 年第 2 期。

后　记

　　本书是在我的博士论文基础上修改、扩展而成的。

　　老龄伦理研究既是对老龄人现实生活的伦理思考，也是对自己未来的伦理探求。因此，我既是以年轻一代中的一分子关注老龄群体，又是从未来的我的视角来构建老龄伦理体系。从1991年攻读硕士学位以来，我一直关注老龄问题与老龄伦理，并以"论劳动后阶段的道德延伸"为题作硕士学位论文，之后相继发表了几篇有关老龄伦理问题的学术论文，为博士论文的写作打下了一定基础。2004年9月到中国人民大学攻读博士学位，我即围绕老龄伦理搜集资料，以期做进一步的研究。然而，老龄伦理的复杂性超出了我的预想，我经常被它的社会学性质所围缚。在导师焦国成教授的悉心指导下，我得以站在一个新的社会伦理学视角来研究老龄伦理，才有今天"柳暗花明又一村"收获的喜悦。毕业后一年多的时间里，我一直在修改、充实论文，多次请教焦老师，他都耐心给予指导。我为其渊博的学识所深深折服。焦老师不仅是我学业上的导师，也是我人生道路的引航者，其严谨治学的精神与优秀的人品是我终身学习的榜样。谨在此对恩师致以诚挚的敬意和感谢！

　　中国人民大学伦理学教研室的肖群忠教授、龚群教授、葛晨虹教授、吴潜涛教授、曹刚教授、宋希仁教授、郭清香副教授，以及清华大学的肖巍教授、北京师范大学的廖申白教授、中国青年政治学院的陈升教授、中国社会科学院的陈瑛研究员，他们在我进行博士论文开题、写作、答辩以及后来的修改成书过程中分别提出了许多宝贵意见。曾钊新教授是我的硕士导师，我对老龄伦理的研究最早得益于他的指导。本书能够顺利出版，还得力于中国社会科学出版社编审卢小生老师。在此，一并向诸位老师表示衷心的感谢！

　　对老龄伦理的思考从我的青春时代就已开始，而今我已步入不惑之年，其中很多问题都还只是一种初步的理论探求。我的父母及身边的老龄人为我的研究提供了直接参照，每当看到他们，我就想：未来的我会是什么样？时间的脚步从不停息，它载着每一个人从幼童、少年，走向青年、中年，直至老年，最后到达生命的彼岸。通过研究老龄伦理，我深刻地感受到人生易尽、生命可贵。随着时光的推移，我对人生的感悟将更加深刻，对老龄伦理的研究也将进一步深入。

刘喜珍

2009 年 1 月于北京